2024
콘텐츠가
전부다

2024 콘텐츠가 전부다

노가영
선우의성
이현지
주혜민

미래의창

머리말

얼어붙은 드라마와 영화 시장

2022년 미국의 OTT, 지상파, 케이블TV에서 만들어진 방송 콘텐츠는 2,024편으로 이는 사상 최대의 편수였다. 역사적으로 특정 시기에 제작 편수가 많아진 때를 '피크_Peak TV의 해'라고 부르니 작년은 제대로 '피크TV의 해'였던 셈이다. 수요와 공급의 논리에 따라, 그다음 해의 콘텐츠 제작 편수는 다소 줄어드는 것이 일반적인 경향이긴 하다.

그러나 한국시장은 조금 더 처참하다. 단순히 제작 편수가 줄어드는 것을 넘어, 콘텐츠는 만들어졌는데도 플랫폼 편성이나 극장 개봉일을 잡지 못한 작품들이 세 자릿수에 달한다. 이는 곧, 영화와 드라마 투자자들이 움직일 수 없다는 뜻이다.

여기에는 두세 가지의 요인들이 복합적으로 작용한다. 2018년 이후 본격화된 넷플릭스의 K-드라마 투자와 글로벌 유통으로 표면상의 르네상스는 시작됐다. 그러나 〈콘텐츠가 전부다〉 시즌2에서부터 줄곧 우려해온 대로 지속 가능하지 않은 K-드라마의 OTT 납품 구조가 탈이 나기 시작한 것이다. 게다가 한국인 특유의 치열한 기획과 피·땀·눈물이 범벅된 성실한 제작 방식은 웃프지만 마진Margin 수익마저 늘리기 어렵다. 천정부지로 치솟고 있는 — 엄밀히는 글로벌 공룡 OTT들이 올려놓은 — 콘텐츠 제작비도 얼어붙은 투자시장에 한몫했다.

TV 방송 광고 축소의 타격을 받고 있는 지상파와 종편 PP(방송채널 사용사업자)들은 제작 편수를 줄이거나 상대적으로 싼 제작비로 만들 수 있는 예능 콘텐츠에 집중한다. 몇 년 새, K-드라마의 글로벌 인기로 유입된 신규 투자자들로 방송국 편성 없이 드라마가 사전 제작되며 공급이 대폭 늘어났기 때문이다. TV 드라마로 국한하자면, 전년 대비 50% 이상 축소라고 하니 얼어붙은 시장의 정도를 짐작하게 하는 대목이다.

극장영화도 마찬가지다. 흔히 성수기라고 일컫는 여름시장과 추석시장에서 〈밀수〉를 제외한 모든 작품들이 연이어 손익분기점을 못 넘기고 종영했다. 여기에는 코로나19의 장기화가 가져온 소비 패턴의 변화와 극장 티켓값 상승 등의 이유가 있겠지만, 관객들이 여지없이 알아채는 '창고영화'라는 점도 한몫했다.

'창고영화'란 촬영과 후반작업이 끝났는데도 개봉일을 잡지 못해 2년 이상 창고에 묵혀 있는 개봉 대기작들을 뜻한다. 개봉을 못 했다는 건, 투자사가 돈을 회수하지 못 했다는 뜻이므로 신규 투자가 멈추게 된다. 가까스로 개봉해도, 관객들은 오래된 영화로 인식하고 제작 당시의 뜨거운 기획은 어느새 오래된 기획이 되고 만다.

지금 영화와 드라마 중심의 영상 콘텐츠 판에 돈이 돌지 않는 이유다.

과정의 시대, 그리고 리얼리티

2023년 8월과 9월, 대한민국은 〈나는 솔로〉(이하 〈나솔〉) 16기가 점령했다. 〈나솔〉은 케이블 채널 ENA와 SBS플러스가 공동 제작한 리얼리티 예능이다. 2021년 첫 방송을 시작한 이 데이트 예능에서 그 어떤 기수보다 16기가 많은 논쟁을 낳았는데 종영하고 삼 주가 넘었는데도 여전히 유튜브와 틱톡, 릴스에 콘텐츠 재생산이 폭발 중이다. 사회에서 벌어지는 갖가지 오해와 와전에 대한 해석과 상황 패러디, 출연진에 대한 애정과 비난, 이 모두를 아우르는 문화인류학적인 해석까지 2023년 하반기 〈나솔〉은 하나의 문화 현상으로 떠올랐다.

필자는 《2024 콘텐츠가 전부다》를 탈고하였으나, 원고에서 〈나솔〉을 언급하지 않았었다. 부끄럽지만 글로벌 시장을 뒤집은 K-드라마가 아닌 케이블 채널 예능인 〈나솔〉에 대한 선입견이 은연중에 있었을 것이다. 그럼에도 〈나솔〉 열기가 가라앉지 않자, 찜찜한 마음에 6명 정도 있는 단톡방에 공개 질문을 올렸다.

"〈카지노〉, 〈더 글로리〉, 〈밀수〉, 〈마스크걸〉, 〈무빙〉, 〈나솔〉 중에 몇 작품을 봤나요?"

설마설마했으나, 6명 모두가 시청한 유일한 콘텐츠는 〈나솔〉이었고, 5명이 시청한 콘텐츠는 〈더 글로리〉와 〈밀수〉였다. 그래서 출판사에 마감 시간을 늦추는 양해를 구한 뒤 K-리얼리티 챕터에 〈나솔〉 현상을 설명했다.

〈나솔〉은 기존의 리얼리티 예능과는 다르다. 나무위키에서 〈나솔〉을 사실주의가 아닌 '극'사실주의 데이트 예능이라고 소개한 부분도 지극히 의도가 있어 보인다. 최근의 리얼리티 예능과 다큐멘터리에 대한 관심은 '가장 재미있는 건 스토리텔링이지만, 가장 궁금한 건 진실'이라는 것으로도 해석된다. 동시에 스마트 디바이스의 일상화와 콘텐츠 폭증에 따른 과한 피로감도 리얼리티 트렌드로 흐르고 있다. 뉴스와 인포테인먼트 콘텐츠에서 결괏값(또는 보도 내용)이 나오기까지의 과정을 확인하고 싶은 대중 심리도 결국 '신뢰할 수 있는 콘텐츠인가'에 대한 확인이다.

이렇게 지금의 시청자는 '콘텐츠'마저도 공정하고 신뢰할 수 있길 바라며, 이는 리얼리티 콘텐츠에 대한 관심으로 발현되고 있다.

유튜브, 유튜브 또 유튜브

업계 지인들과의 커뮤니티에서 수년째 늘 나오는 질문이 있다. '유튜브의 다음(플랫폼)은 무엇일까.' 그러나 어느새 이 질문은 이렇게 바뀌었다. '유튜브는 웹3 시대에서 어떻게 진화할까.'

더 이상 누구도 유튜브를 대체할 플랫폼에 대해서 궁금해하지 않는다. 유튜브의 다음은 또 유튜브이기 때문이다. 세계 경제를 좌지우지하는 블랙록 CEO인 래리 핑크Larry Fink가 유튜브에서 실시간 경제 인터뷰를 하며, K-팝 슈퍼 아이돌에게 유튜브는 모든 IP 전략의 시작이다. 한물간 스타들이 유튜브에서 제2의 전성기를 보내는 건 흔해졌으며 기업자본이 유튜브로 흐르면서 스타 PD와 A급 연예인들이 유튜브로 대거 이동했다.

2023년 10월, 유튜브 채널 〈조승연의 탐구생활〉에서는 벽돌 책으로 유명한 《스티브 잡스》를 집필한 전기 작가 월터 아이작슨Walter Isaacson과 조승연의 대담이 올라왔다. 미국을 대표하는 지식인이자 전 CNN의 CEO이기도 한 월터가 그의 신간 《일론 머스크》의 마케팅을 국가기관의 초청이나 지성인의 성지가 된 EBS의 클래스e가 아닌 한국의 유튜브 지식 채널에서 진행한 것이다. 둘의 대담은 대부분 책에 대한 이야기였지만, 그중 인상적이었던 월터의 메시지를 공유하자면 다음과 같다.

"내가 저널리스트였던 시절에 정보를 퍼뜨리려면 편집장의 감독이 필요했다. 지금은 당신과 같이 파괴적이고 새로운 방식으로 정보를 확산하는 사람들이 필요하지만 위험한 정보를 퍼트리는 사람들은 경계해야 한다. 유튜브의 가장 큰 파괴적 혁신은 정보의 흐름이 자유로워졌다는 것이나 여기에는 장단점이 있으며 그 좋은 점이 80%인지, 90% 정도인지에 대해서는 토론이 필요하다."

여기에는 두 가지 핵심이 있다. 전통 저널리스트 출신인 월터는 그의 신간을 한국의 유튜브 채널에서 알리면서도 유튜버가 파괴적인 방식으로 정보를 확산한다고 생각한다는 것, 그리고 월터가 말한 그 80% 때문에 유튜브는 어쨌든 건강한 방향으로 더 진화할 것이라는 점이다.

얼마 전 유재석이 진행하는 웹예능 시리즈 '핑계고'에 배우 공유와 조세호가 출연했다. 적나라한 방바닥에 둘러앉은 출연진들은 PD 허락 없이 화장실에 다녀오고, 대본이 아예 없어 화제는 왔다 갔다 하며 중간에 배고프다고 짜파게티를 끓이면서 수다를 떤다. 이런 상황이 낯설던 공유가 겸연쩍은 듯이 한마디 던지며 웃는다.

"아, 그러니깐 이렇게 대본도 없이 막 떠드는 게 콘텐츠가 되는 시대인 거죠?" 정확하다. 지금은 그런 시대다.

유튜브에서 움직이는 기업 브랜디드 콘텐츠의 양과 규모도 가파르게 증가하고 있다. 단언컨대 최근 크고 작은 기업들의 유튜브 마케팅 방식을 보면, 머지않아 상품 마케터들은 유튜브에서 콘텐츠 기획자이자 PD가 돼야 할 것이다.

'절찬 상영 중'에서 어느새 '절찬 스트리밍 중'으로

김태호 PD가 유튜브 예능에 출연해서 MBC의 〈무한도전〉 이야기를 꺼낸다. 그때는 온 가족이 같은 시간에 같은 방송을 보던 시대라서 토요일 본방송 때에는 본인이 살던 18층 아파트를 계단으로 천천히 오르면서 집집마다의 시청자 반응을 들었다고 한다. 그러면서 그 시절을 지상파 3사의 PD 200명이 온 국민의 웃음을 책임지던 시대로 추억했다.

지금은 어떠한가. 바야흐로 아무것도 기다리지 않는 시대다. 더 정확히는 기다릴 필요가 없는 시대다. 유일하게 기다려서 보던 뉴스마저 글로벌 뉴스룸을 시작으로 TV를 떠나 스트리밍 서비스로 이전하고 있다. 믿기 어렵지만, BBC는 지상파 중단 시점을 2030년 정도로 보고 지상파 플랫폼 시대의 종언을 예언했다. 정해진 시간에 정해진 곳에서 콘텐츠를 보고 듣는 상품은 경쟁력이 낮아지는 것이 아니라 아예 사라질 것이다.

콘텐츠를 보는 채널과 선택지가 다양하다는 건, 모두가 같이 경쟁한다는 뜻이다. 영화 전문지 《씨네21》에 실린 롯데 컬처웍스의 콘텐츠사업 본부장 인터뷰를 읽었다. 극장영화의 배급 시기를 어떻게 정하느냐에 대한 질문에 그의 대답은 이러하다. "(콘텐츠 채널이 다양해지며) 어느 때가 성수기 혹은 비수기라고 구분하기 어려워졌다. 영화관만 볼 게 아니라 시장 전체를 봐야 한다. 넷플릭스 〈오징어 게임〉이 이슈였던 추석 때 크고 작은 영화가 극장에 있었지만 모든 이슈를 〈오징어 게임〉이 가져갔다. 고객은 이슈가 되는 콘텐츠에 (시간과 돈을) 집중한다. 〈재벌집 막내아들〉이 이슈일 때도 TV 드라마 〈재벌집 막내아들〉은 극장영화인 〈아바타: 물의 길〉과 경쟁하면서 소비된다. 그래서 극장 스크린 수에 대한 전략을 넘어 OTT 라인업이나 지상파 라인업 등 주변 환경도 살피면서 배급 시기를 정해야 한다."

'(극장에서) 절찬 상영 중'이라는 마케팅 문구가 어느새 '(OTT에서) 절찬 스트리밍 중'으로 바뀌어 버린 광고 포스터가 떠오르는 지점이다.

시기의 문제이지 살아날 것이다

앞서 언급했듯이, 영화와 드라마 시장은 얼어붙어 있다. 이에 따라 해외 OTT에 더 의존해야 하지만 이 시장도 녹록지 않다. 넷플릭스라는 혁신의 아이콘은 190여 개국에 가장 빠르고 손쉽게 K-콘텐츠를 유통시켰다. 내수시장에 갇혀있던 K-콘텐츠가 글로벌 랭킹에 오르는 것은 달콤한 케이크였으나 납품 구조에 익숙해지며 독이 되고 있다. 이러한 불완전한 형태가 수년째 반복되며 납품 마진만으로 운영이 어려운 제작사들은 허덕이고 소비 행태가 변해버린 시청자들로 인해 로컬 방송국과 극장, 토종 OTT들은 힘들어진 것이다.

결론부터 말하자면, OTT가 끝이 아니다. OTT는 실리콘밸리의 기술 진화에 따른 과도기적인 플랫폼이다. 지속 가능한 사업모델은 창작자와 공급자와 소비자 모두에게 합당해야 한다. 지금의 구조는 콘텐츠 공급자뿐 아니라 OTT마저도 힘들어한다. OTT가 취하는 구독모델은 가입자가 규모의 경제에 도달하지 않으면 공급자가 버티기 힘들다. 가입자가 글로벌 규모로 커지지 않으면 원가(콘텐츠 투자비) 부담을 감당하기 어렵고, 비용 감축이 시작되면 낮아지는 상품력에 소비자는 탈퇴한다는 뜻이다. 지금 넷플릭스를 제외한 전 세계의 모든 OTT들이 돈을 벌지 못하는 이유다. 어마어마한 양의 콘텐츠를 모아 싸게 제공하는 구독모델이 새로운 과제에 직면한 것이다. 다시 극장처럼, IPTV 상품처럼 콘텐츠 단건 결제의 시대가 열릴 것이라고 스멀스멀 의견이 모이는 이유이기도 하다.

이런 측면에서 보자면, 한국의 게임과 웹툰 그리고 떠오르고 있는 키즈 콘텐츠는 건강한 사업 생태계를 갖고 있다. 게임과 웹툰은 글로벌 시장에서 플랫폼과 콘텐츠 모두에서 사업 주권을 갖고 있으며, 키즈 산업도 유튜브에서 본인의 상품을 알리고 무궁무진한 IP 사업으로 확장시키고 있다. 이들 모두의 공통점은 B2B 납품이 아닌 B2C 기반의 구조라는 점이다. 고객이, 시청자가 보면 볼수록 더 많은 수익이 창작자에게 돌아가는 구조이다. 즉, 글로벌 판에서 B2C 결제 시스템이 제대로 완성되면 창작 집단이 얼마나 폭발할 수 있는지를 '로스트아크'와 〈나혼자만 레벨업〉과 '아기상어'는 충분히 보여줬다.

그럼에도, 지난 3~4년간 우리는 K-콘텐츠의 기획력과 만듦새를 글로벌 시장에 제대로 뽐냈다. K-컬처의 글로벌 현상이 우연이 아님은 충분히 검증된 것이다. 그리고 이젠 한국인이 만든 'Made by Korea' 딱지를 넘어 전 세계가 '한국과 한국인, 한국의 역사'라는 한국 이야기에 집중한다. 할리우드가 한국어 비중 60% 이상의 콘텐츠를 들여다보고 한국에서 벌어지는 문화현상을 정기적으로 보고하는 컨설턴트를 채용하는 세상이다. 문화가 먼저 보이고 이후 문화의 주인과 역사가 궁금해지는 현상, 이것이 곧 K-프리미엄이다. 한국과 한국인이라는 소재, 한국의 'Something(무언가)'까지 모조리 콘텐츠로 받아들이는 트렌드가 완성된 것이다.

이는 2023년 10월, 호주 시드니에서 열린 사우스바이사우스웨스트 sxsw에서 〈범죄도시〉, 디즈니+ 〈카지노〉의 강윤성 감독님이 K-콘텐츠가 다루는 가족과 사회의 이야기는 세계적으로 공감대를 형성했다고 언급한 것과도 잘 연결되는 지점이다.

참 아이러니하고도 잔인하다. 전 세계에 고통을 준 코로나19가 한국을 힙Hip 한 국가로 만들어놨다. 그런데 이제 막혀버린 사업구조가 다시 콘텐츠 산업계를 힘들게 한다. 한국의 창작자들과 스튜디오 수뇌들이 콘텐츠의 대가를 제대로 인정받을 수 있도록 다시 구조를 짜야 한다. 그리고 그 구조는 지속 가능해야 한다. 콘텐츠의 인기가 많아질수록 창작자들이 그만큼 보상받는 구조. 콘텐츠는 본래 흥행 산업이므로, 이러한 구조가 바로 이 사업의 본질이라 할 수 있겠다.

한국의 영상 콘텐츠 산업은 시기의 문제이지 다시 살아날 것이다. 인간은 누구나 이야기를 만들어 내고 듣고 보고 전달하고 싶어 하는 본능을 갖은 '호모 내러티브쿠스'이며, 여전히 전 세계 시청자들은 한국의 이야기를 궁금해하기 때문이다. 머지 않아, 글로벌 시장에서 더 건강한 구조로 생산될 K-스토리가 나올 것이다.

2024년의 K-콘텐츠를 기대한다.

2023년 10월 집 서재에서

대표저자 노가영

느린 성장의 시대

소리 없는 전쟁을 하며 느린 성장의 시대에 접어든 OTT 스트리밍 산업. 그럼에도 그들은 '매일의 TV'가 돼 유튜브와 경쟁해야 하는 OTT 수난의 시대를 살아가고 있다.

콘텐츠 프랜차이즈 전략

글로벌 시장에서 콘텐츠 프랜차이즈 사업이 본격화됐다. 시청자들의 돈과 시간을 뺏는 것이 치열해진 지금, 그 어느 시절보다 절실해진 프랜차이즈 전략을 알아본다.

K-리얼리티

리얼리티 콘텐츠기 급증하고 있다. 쇼츠와 릴스, 자극적인 콘텐츠 홍수의 시대에 우리는 왜 현실에 기반한 콘텐츠에 눈이 가는지, BBC가 주목한 K-리얼리티 열풍을 엿본다.

인포테인먼트 Info-tainment

설득과 진정성이 더해지지 않으면 팔리지 않는다. 사실을 전달하는 뉴스에도 재미가 필요하다. 뉴스도 콘텐츠가 돼야 하는 시대에 인포테인먼트의 역할을 이야기한다.

새로운 유튜브 성공법칙

레드오션이 되어버린 유튜브, 치열해진 유튜브 세상에서 현재, 그리고 가까운 미래에 유튜브로 성공하기 위해서는 어떤 법칙을 따라야 할까? 유튜브의 새로운 성공법칙을 알아본다.

마이크로 유튜브 마케팅

유명 유튜브만 브랜디드 콘텐츠를 만들 수 있다? 아직 규모는 작지만, 상품의 타깃에 부합하는 가성비 높은 채널들이 뜬다! 이제 '마이크로 유튜브 마케팅' 시대를 말한다.

K-키즈

대한민국의 키즈 콘텐츠가 전 세계 어린이들을 사로잡고 있다. 국내에 키즈 콘텐츠가 몇 없던 환경에서 이제는 글로벌 시장이 인정하는 키즈 콘텐츠 강국이 된 대한민국, K-키즈의 인기 트렌드를 알아본다.

글로벌 IP 아기상어

전 세계 유튜브 누적 조회수 1위, 북미시장을 포함해 전 세계적으로 전례 없는 성과를 만들어 낸 핑크퐁 아기상어. 아기상어의 성공 배경은 무엇일까?

◖◗ 캐치! 티니핑

'파산핑', '한국판 포켓몬스터'라는 수식어를 만들어 내며 돌풍을 일으키고 있는 화제작 〈캐치! 티니핑〉. 티니핑이 어떻게 아이들의 마음을 훔쳤는지, 앞으로 이들의 행보는 무엇인지 면밀하게 살펴본다.

◖◗ K-엔터

이제는 노는 물이 달라졌다! 분명히 K-엔터지만 그들의 주 무대가 글로벌 시장이다. 내가 모르는 아이돌 그룹들이 이미 글로벌 스타인 흐름에서, 이들의 팬덤은 어디까지 확대되고 있는지 그 배경에 대해 알아본다.

◖◗ K-팝과 미국시장

빌보드 차트인을 위해 K-엔터는 어떤 전략을, 미국시장에서 메인 스트림으로 도약하기 위해 어떤 노력을 하고 있으며, 그 성과는 어떻게 발현되고 있는지를 면밀히 살펴본다.

◖◗ 기업 유튜브의 오리지널 콘텐츠

왜 다양한 기업들은 유튜브를 통한 브랜드 마케팅에 힘을 쏟고 있는 것일까? 기업 유튜브의 오리지널 콘텐츠가 마케팅의 핵심으로 떠오르고 있는 이유를 알아본다.

◖◗ 기업 웹예능

재미없는 기업 웹예능 콘텐츠는 가라! 방송국의 웹예능 콘텐츠와 정면 승부하는 기업의 웹예능 콘텐츠, 그리고 기업이 웹예능에 주목해야 하는 이유를 알아본다.

◖◗ 트렌드 상류

틱톡 하면 챌린지, 해시태그밖에 몰랐던 당신을 위한 이야기다. 틱톡이 왜 Z세대를 중심으로 확산하고 있고, 모든 트렌드가 시작되는 플랫폼일 수밖에 없는지 알아본다.

◖◗ 틱톡=광고플랫폼?

소비자 입장에서만 접근했던 틱톡을 기업 입장에서 분석해보며 광고플랫폼으로 급부상하게 된 틱톡의 현재와 커머스까지 확대되며 새로운 판을 짜고 있는 틱톡의 야심에 대해서 심도 있게 분석해본다.

목차

1

CHAPTER

플랫폼은 죽고, 콘텐츠는 사는, OTT 수난의 시대

2

CHAPTER

英 BBC,
한국 문화현상의 넥스트는 K-리얼리티다

3

CHAPTER

유튜브 성공법칙이
깨진다고?

4
CHAPTER

뽀로로에서 아기상어까지
글로벌을 사로잡은 K-키즈의 모든 것

5
CHAPTER

K-팝,
이제 노는 물이 달라졌다

6 기업과 브랜드는 왜 지금 오리지널 콘텐츠에 집착하는가

CHAPTER

7 틱톡, 틱톡 또 틱톡 그럼에도 크리에이터 퍼스트!

CHAPTER

CHAPTER

1

플랫폼은 죽고, 콘텐츠는 사는, OTT 수난의 시대

그래도 넷플릭스 vs. 슈퍼리치 아마존 vs. 사면초가 디즈니

경기불황, 인플레이션, 러시아의 우크라이나 침공, 해고와 구조조정……. 2023년을 얼룩지게 한 글로벌 경제시장의 키워드들이다. 특히 단기간에 성장한 북미시장의 빅테크 기업들의 경우, 실질적인 타격과 눈에 보이는 가시감이 훨씬 컸다. 넷플릭스와 월트 디즈니(이하 디즈니)도 마찬가지였다. 글로벌 미디어 기업들의 시가총액이 대략 5천억달러(한화 약 639조원)가 증발했고 짐작할 수 있듯이 최근 한 해 두 공룡들의 주가는 45~50% 사이 빠졌다.

이 와중에도 조금씩 회복해가고 있는 넷플릭스를 우선 들여다보자. 2022년 1분기 20만명, 2분기 97만명의 가입자 감소가 있었으나 이후 2023년 3분기까지 연속 5분기 가입자 수가 증가하며 안정을 되찾고 있다. 물론 연간 성장률은 1~2%대에 그치며 글로벌 데이터 플랫폼 인사이더는 구독자 수$_{Subscriber}$와 달리 실제 시청을 하는 시청자 수$_{Viewer}$는 감소한 것으로 전망했다. 이처럼 돈 내고 구독은 하지만 시청은 하지 않는 고객들이 많다는 것은 당연히 장기적으로 봤을 때 부정적인 신호다.

설상가상, 유치원과 청소년기부터 IT서비스에 일찍 노출된 MZ세대들은 디지털 세상에서 취소와 구독, 또 취소와 재구독 패턴이 일상화된 집단이다. 이들이 구독하고 절독하는 것은 대화 중에도, 식사 중에도, 운전 중에도 할 수 있는 일이다.

극장영화 한 편의 가격 대비 한 달 내내 마음껏 콘텐츠를 볼 수 있는 OTT 스트리밍은 취향에 예민한 이들에게는 어찌 보면 과잉이다. 다량의 콘텐츠를 무한정 제공해준들, 내가 보지 않으면 가성비가 좋다고 느끼지 않는다.

물론 더 본질적인 문제는 동종 사업자들의 대거 등장과 이들의 저가 정책이다. 넷플릭스와 아마존, 디즈니+ 외에도 애플TV+, 맥스MAX, 파라마운트+ 등 그야말로 OTT들이 넘쳐나고 스트리밍이 전부인 시대다. 게다가 우리 각자가 매월 콘텐츠에 쓸 수 있는 돈은 한정돼 있다 보니 이 시장을 틈타서 광고 기반의 무료 스트리밍 서비스 FAST Free Ad-supported Streaming TV도 호황이다.

볼 것이 득실댄다. 이들 모두는 각자만의 장기를 쏟아부으며 고객의 돈과 시간을 잡고 있다. 누군가는 비싼 콘텐츠를 팔고, 누군가는 합리적인 가격으로 유혹하며 또 누군가는 콘텐츠는 공짜로 보여줄 테니 들어오기만 하라고 한다.

2022년 말 넷플릭스와 디즈니+가 광고를 시청하면 구독료를 할인해주는 상품을 출시한 것도 바로 이 맥락이다. 이쯤 하면 모든 사업자가 한풀 숨을 죽이는 것은 당연해보인다. 바야흐로 느린 성장의 시대다.

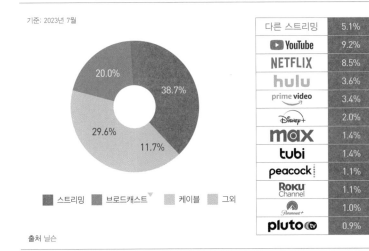

▶▶ TV에서 차지하는 시간 점유율 1위인 스트리밍

기준: 2023년 7월

다른 스트리밍	5.1%
YouTube	9.2%
NETFLIX	8.5%
hulu	3.6%
prime video	3.4%
Disney+	2.0%
max	1.4%
tubi	1.4%
peacock	1.1%
Roku Channel	1.1%
Paramount+	1.0%
pluto tv	0.9%

38.7% / 20.0% / 29.6% / 11.7%

■ 스트리밍 ■ 브로드캐스트▼ ■ 케이블 ■ 그외

출처 닐슨

　　그런데 재미있는 것은 지금부터다. 할리우드와 실리콘밸리의 합작품인 OTT 스트리밍은 이처럼 느린 성장의 시대에 접어들었으나, 이들이 TV에서 차지하는 시간 점유율은 더 늘어나고 있다. 무슨 말이겠는가. 케이블TV와 IPTV 같은 유료방송 시청 시간이 더 줄어들고 있다는 뜻이다. 2023년 7월 기준으로 OTT 스트리밍 점유율은 전년 대비 또 상승한 39%로 유료방송(케이블) 점유율과의 격차를 더 벌리고 있다.

　　거기에 2023년 5월부터 9월까지 이어진 할리우드 작가조합과 동반된 배우조합의 파업▼▼으로 오히려 유료방송의 점유율이 하락하기 시작했다. OTT 스트리밍은 미국을 제외한 다국적 콘텐츠의 종합선물세트

▼　　모든 호스트에게 동시에 일괄 전송하는 전통적인 TV의 송출 방식.
▼▼　넷플릭스가 최근 생성형 AI 개발에 관심을 두면서 더 예민한 쟁점으로 올라선 것으로 해석된다.

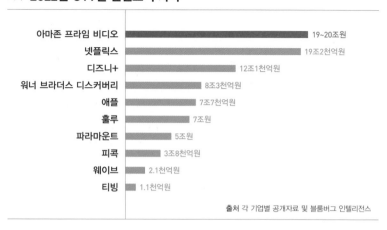

▶▶ 2022년 OTT별 콘텐츠 투자액

아마존 프라임 비디오	19~20조원
넷플릭스	19조2천억원
디즈니+	12조1천억원
워너 브라더스 디스커버리	8조3천억원
애플	7조7천억원
훌루	7조원
파라마운트	5조원
피콕	3조8천억원
웨이브	2.1천억원
티빙	1.1천억원

출처 각 기업별 공개자료 및 블룸버그 인텔리전스

이다 보니 비교적 할리우드 더블 파업의 영향을 덜 받는 구조다. 오히려 그간 유료방송이 직격탄을 맞았던 것이다.

다시 미국 지상파 채널 폭스TV를 예로 들자면, 이처럼 하락세인 TV 시청률에서도 현재 MBC 〈복면가왕〉 포맷인 〈더마스크드 싱어The Masked Singer 〉에서 시청률의 대부분이 나온다는 것이 꽤 웃프다. 이러나저러나 이 와중에도 K-콘텐츠의 글로벌 입지를 엿볼 수 있으니 말이다.

어쨌든 OTT 스트리밍 산업은 느린 성장의 시대에 접어들었다. 그 안에서 소리 없는 전쟁이 일어나고 있지만 그럼에도 지금 미디어 판은 '스트리밍의 스트리밍에 의한 스트리밍을 위한' 시장만이 유일하게 성장하고 있다. 그리고 그 중심에 유일하게 돈을 버는 넷플릭스가 있다.

2023년 넷플릭스는 긴 터널을 지나 가입자를 다시 늘리고 있고 월간 TV 시청점유율에서도 유튜브와 넷플릭스가 엎치락뒤치락 선의의 경쟁을 하는 중이다. 콘텐츠 투자액 역시 2022년 150억달러(한화 약 19조2천억원), 2023년 170억달러(한화 약 21조7천억원)로 아마존 다음의 큰손을 유지하고 있다. 이마저도 NFL 중계권같은 아마존의 스포츠 판권료를 제외하면 넷플릭스가 앞선다.

비즈니스 인사이더도 전체 디지털 시청자의 65.6%를 차지하는 넷플릭스의 강세는 2023년 이후까지 이어질 것으로 전망했다. 실제로 2023년 3분기 역시 애널리스트의 예측을 시원하게 뒤집고 900만명에 가까운 신규 구독자를 유치했다. 이로써 어닝쇼크라는 전년도의 불명예는 털어냈으며 2억 4,715만명이라는 압도적인 독주체제를 재증명한 셈이다.

게다가 넷플릭스는 꾸준히 메가히트작이 나오고 있다. 2022년 하반기에는 1970~1990년대 미국의 연쇄살인마 제프리 다머의 실화를 다룬 〈다머Dahmer-Monster: The Jeffrey Dahmer Story〉로 콘텐츠 시장을 주름잡았는데, 이 인기로 말할 것 같으면 공개 첫 주에 〈오징어 게임〉의 시청 시간을 앞지르는 신드롬을 만들 정도였다. 넷플릭스는 이 성공에 힘입어 사회에 큰 영향을 미친 또 다른 괴물 이야기들인 몬스터 세계관 시리즈를 이어갈 것이라 발 빠르게 공표했다.

이들은 〈다머〉 외에도, 블록버스터급 오리지널들을 선보일 준비를 하고 있다. 2023년 3분기에는 어마어마한 글로벌 팬덤이 있는 일본 애니메이션 〈원피스〉의 실사판과 레전드 법정 드라마 〈슈츠〉, 추억의 HBO 시리즈인 〈밴드 오브 브라더스〉 등이 효자 노릇을 톡톡히 했다. 그리고 4분기에는 넷플릭스의 역사와 함께하는 〈더 크라운〉의 마지막 시즌이 기다리고 있다. "그래도 넷플릭스"라는 말이 절로 나온다.

다음은 아마존이다. 모두 기억하고 있을 것이다. 2017년 아카데미

시상식이 열리던 LA 돌비극장, 할리우드 스타감독 사이에 테크계 거물이자 아마존 CEO 제프 베이조스가 흰 턱시도를 입고 쭈뼛거리던 장면을 말이다. 제프 베이조스는 2010년 아마존 스튜디오를 설립하고 구독 멤버십인 아마존 프라임의 확대를 목적으로 10여 년간 꾸준히 콘텐츠에 투자하고 있다. 그리고 2022년엔 넷플릭스가 손대지 않은 스포츠 중계권까지 포함해 업계 최고 투자액에 도달했다.

연매출 600조원▼이 넘어가는, 한마디로 콘텐츠에 전혀 목을 맬 필요가 없는 빅테크 기업이 부리는 허세로 간주하기에 아마존은 꽤 오래 꾸준히 그리고 콘텐츠 투자액을 늘리고 있다.

2022년, 아마존은 애플과의 경합 끝에 〈007〉, 〈록키〉 시리즈를 갖고 있는 MGMMetro Goldwyn Mayer을 한화 10조원이 넘은 금액에 인수했으며 미식축구 NFL의 11년 독점 중계권을 따냈다. 역사상, TV가 아닌 OTT가 빅 스포츠를 혼자서 중계하는 것은 아마존이 처음이다. 한 차원 다른 스케일의 콘텐츠 투자를 하고 있는 아마존이다.

이번엔 과거의 화려한 영광을 뒤로하고 사면초가에 빠진 디즈니+를 들여다보자. 넷플릭스가 2023년에 들어 안정세를 보이고 있는 반면, 디즈니+는 2023년 2분기에 400만명, 3분기에는 무려 1,100만명이 이탈하는 가입자 감소가 이어지고 있다. 그야말로 폭풍전야에 휩싸인 디즈니 제국이다. 게다가 2023년 3월에는 7천여 명의 임직원을 해고하는 것을 넘어 제작이 확정됐던 삼십여 편의 드라마 시리즈와 영화 제작을 모조리 취소시켰다. 2019년 이후 OTT 스트리밍 사업의 적자가 누적되

▼ 2022년 삼성전자의 연매출은 300조원이다.

2024 콘텐츠가 전부다

고 2년 사이 주가는 반토막이 난 뒤 일련의 상황들이다.

이러한 시국에 디즈니 코리아 대표가 "그럼에도 불구하고 한국 콘텐츠의 투자 계획에는 변동이 없다", "대규모 구조조정에도 K-콘텐츠 투자 계획에 변화가 없다는 건 그만큼 한국시장에 더 집중할 것임을 말한다"고 선언해주니 안도감이 든다. 연이어 2023년 8월 공개된 20부작 K-드라마 〈무빙〉의 성공으로 디즈니 코리아는 반등에 성공했다. 닐슨코리아클릭에 따르면, 한국의 디즈니+ 이용자 수는 〈무빙〉 공개 전주 대비 90% 이상 늘었다.

분위기 반전에 성공한 디즈니+는 지난 9월 22일 진행된 간담회에서 홍콩, 타이완, 일본, 동남아 등 대부분의 아시아 국가에서 〈무빙〉이 좋은 성적을 거두었음을 내부 지표로 설명했고 시즌2 제작에 대한 강한 의지도 내비쳤다. 해외 미디어 매체 《롤링스톤즈》도 〈무빙〉을 디즈니+와 훌루Hulu에서 역대 가장 많이 시청된 K-드라마로 소개했다.

참고로, K-드라마 역사상 최대 제작비가 소요된 〈무빙〉의 650억원은 회당 제작비가 32억원인 셈이니, 회당 300억원 이상의 제작비를 쓰는 디즈니+의 마블 시리즈에 비하면 10% 수준이다. 다시 한번, K-드라마의 높은 기획력과 가성비가 재조명된 〈무빙〉이다.

그럼에도 참으로 한 치 앞을 알 수가 없다. 디즈니 초대 회장인 월터 일라이어스 디즈니Walter Elias Disney의 작고 이후, 최장기간 CEO를 역임했던 밥 아이거Bob Iger의 자서전 《디즈니만이 하는 것The ride of a lifetime》에는 "디즈니+의 추진은 마치 우리 스스로 사업의 붕괴를 서두르는 것과 같다"는 표현이 있다. 단 한 줄의 문장에 전통 미디어 제국의 수장이 'OTT 스트리밍'이라는 낯선 의사결정을 해야 하는 것에 대한 갈등이

단위: 달러

201.91

151.36

밥 아이거 CEO 복귀
95.58

90.15

2021년 3월 8일   2022년 2월 18일   2022년 11월 21일   2023년 7월 12일

2023년 2분기에는 400만명의 가입자를 잃었고 연이어 3분기에는 1,100만명이 이탈했다. 그럼에도 디즈니 코리아 대표는 K-콘텐츠 투자 계획에는 변화가 없다고 밝혔다.

출처 디즈니+

2023년 8월 공개된 K-드라마 〈무빙〉은 OTT 종합 화제성 순위 1위를 차지하고, 아시아태평양 국가들에서 디즈니+ 최다 시청 시간을 기록했다. 드라마가 큰 성공을 거둔 덕에 디즈니+는 새로운 전환점을 맞이하고 있다.

오롯이 녹아 있다.

혹여 100여 년간 디즈니를 먹여 살려온 극장영화나 TV 방송 매출이 낮아지진 않을까 우려하던 아이거의 심정도 이해가 간다. OTT 스트리밍 사업이 잘되면, 극장이나 TV 방송 같은 전통 사업과 경쟁하며 결국 서로를 갉아먹는 형태가 된다. 디즈니 내부에서도 OTT 스트리밍에 대한 각 사업 수장들의 반대가 빗발쳤을 것임을 어렵지 않게 예측할 수 있다. 그럼에도 밥 아이거는 디즈니 제국의 수장으로서 시대적 흐름을 져버리지 않고 'OTT 스트리밍'이라는 과감한 의사결정을 하게 된다.

다시 강조하자면, 아이거가 "전통 사업의 붕괴를 서두르는 것과 같다"고 했던 신사업은 바로 디즈니+다. 그의 고뇌 끝에 2019년 11월, 디즈니+는 출시됐고, 그후로 3개월이 채 되지 않아 코로나19가 시작된다. 정말 말도 안 되는 타이밍이다. 바로 이럴 때 "될 놈은 된다"라는 말을 쓰는 게 아니겠는가. 결과적으로 디즈니는 코로나19의 수혜를 듬뿍 안고 넷플릭스가 8여 년에 걸쳐 전 세계에서 모은 1억 명이라는 가입자 숫자를 고작 1년 3개월 만에 만들어 냈다. 아름다운 순항을 시작한 셈이다.

그런데 3여 년이 흐른 지금의 디즈니+는 어떠한가. 구독자 증가는 콘텐츠 투자비를 못 따라오고, 심지어 OTT가 느린 성장의 시대로 접어들며 오히려 구독자가 이탈하고 있다. 2022년 3분기 실적 발표에서는 OTT 스트리밍 사업부의 누적 적자가 10조 원에 달한다는 쉽사리 믿기 어려운 소식을 전했다. 디즈니 제국의 미래이자 차세대 먹거리라는 확신으로 밥 아이거가 내부 반발을 딛고 추진한 OTT 스트리밍이 오히려 그들의 발목을 잡고 말았다.

여기에 엎친 데 덮친 격으로 〈인어공주〉, 〈백설공주〉 같은 고전 애니메이션의 실사 영화화 과정에서 원작 캐릭터와는 거리감이 있는 주연 배우들의 인종이 뜨거운 화두가 됐다.

〈인어공주〉는 개봉 전부터 각종 SNS에 "#NotMyAriel(내가 알던 인어공주가 아냐)"이라는 해시태그가 확산되다가 개봉 후엔 손익분기점도 넘지 못하고 흥행에 실패했다. 그리고 개봉이 예정된 〈백설공주〉에는 라틴계 배우가 캐스팅됐는데, 이 역시 원작 훼손이라는 논란에 또다시 불을 지폈다. 결국 디즈니가 지향하고자 하는 다양성에 대한 혁신적인 메시지▼가 원작 훼손이라는 벽에 부딪혀서 소셜 노이즈를 만들어낸 것이다.

결국 2022년 하반기 〈토르: 러브 앤 썬더〉, 〈블랙 팬서: 와칸다 포에버〉 등 극장영화들의 애매한 성적은 2023년 〈인어공주〉까지 이어졌고, 이때 개봉된 여덟 편의 영화는 9억달러(한화 약 1조2천억원)에 달하는 적자를 만들었다.

2023년, 월트 디즈니는 100주년을 맞이했다. 그러나 얄궂게도 20세기를 지배한 디즈니 왕국의 새로운 도전들은 예측하기 힘든 방향으로 계속 어긋나고 있다. 여전히 디즈니는 방대한 양의 IP를 가진 콘텐츠 왕국이지만 지금 누구도 디즈니를 21세기 문화의 게임 체인저라고 말하지는 않는다.

OTT 산업은 미디어 역사의 단면과 고객의 소비 행태는 바꿨지만 수익에 있어서는 과도기를 지나고 있다. 그러나 동시에 느린 성장의 시대를

▼ 이를 정치적 올바름이라는 뜻으로 PC Political Correctness 주의라고 한다.

지나고 있다는 건, 코로나19 기간 비약적으로 급성장한 OTT 산업이 정상화의 궤도에 오르기 위한 성장통일 수 있다. 특히 한국을 비롯한 아시아의 경우에는 아직 수치로 정점을 찍지 못했다. 실례로 OTT 종주국이라고 하는 북미 가구의 구독 서비스 이용률이 70~80%인 반면, 한국이 30~40%에 불과하다는 것은 많은 메시지를 내포한다.

2019년 디즈니+, 워너 브라더스 디스커버리 등을 비롯한 할리우드 계열의 OTT들은 넷플릭스에 제공하는 그네들의 콘텐츠를 순차적으로 빼내고 독자적인 경쟁력에 집중했다. 하지만 넷플릭스가 어떤 회사인가. 100여 년이 넘는 할리우드 전통 스튜디오들과는 달리 비디오, DVD 유통업자라는 콤플렉스를 극복하고자 '콘텐츠 최우선주의'라는 철학을 토대로 회사를 운영해왔다. 그리고 누가 뭐래도 지금은 넷플릭스다.

OTT의 본질은 원하는 고객이 콘텐츠를 보기 위해 직접 돈을 내고 서비스에 들어오게 하는 것이다. "우린 아직 스마트TV 시청 시간의 8%만 점유할 뿐이다." 이젠 CEO가 아닌 넷플릭스의 의장이 된 리드 헤이스팅스가 했던 말이다. 이는 스마트TV의 성장세를 염두에 둔 발언이겠지만 "I'm still hungry"라는 히딩크 감독의 명언이 떠오르기도 한다. 전통적인 헐리우드 스튜디오가 아니라는 콘텐츠 콤플렉스와 OTT의 본질 사수 그리고 혁신에 대한 집착은 지금의 넷플릭스를 만들었다.

"넷플릭스와 디즈니, 누가 OTT의 승자가 될 것인가?"

전 세계의 어떤 짓궂은 매체도 더 이상 이렇게 묻지 않는다.

반짝이고 비싼 오리지널에서
주말드라마와 예능으로

매주 수요일이면 자정이 넘어가는 순간만을 기다렸다. 자정을 갓 넘기면 넷플릭스에 〈나는 솔로〉 16기가 업로드됐기 때문이다. 〈나는 솔로〉는 그간의 넷플릭스 오리지널처럼 기획 단계부터 글로벌 시장을 겨냥한 블록버스터급 리얼리티 예능은 아니다. 2022년 K-데이팅 리얼리티 쇼로 글로벌 TV쇼 4위까지 등극했던 〈솔로지옥〉 같은, 때깔 좋고 고급스러운 리얼리티쇼가 아니라는 뜻이다.

〈나는 솔로〉는 케이블TV 채널인 ENA와 SBS플러스의 자체 오리지널로 시작해서 꾸준한 팬덤으로 가성비 좋게 생산되는 전형적인 한국형 방송 콘텐츠다. 나무위키에 '진행과 편집이 올드하다'는 평까지 있을 정도이니, 기존의 넷플릭스 오리지널과는 거리가 있는 셈이다. 이렇게 지금 넷플릭스는 비싸고 간지나는(?) 오리지널 콘텐츠뿐만이 아니라 정해진 시간에 규칙적으로 들어가 업로드를 기다리는 고정 콘텐츠들이 넘쳐나고 있다.

OTT의 본질이란 말 그대로 'Over The Top', 어느 디바이스에나 올라타서 내가 원하는 시각에 원하는 장소에서 원하는 콘텐츠를 시청하는 서비스다. 그런데 우리는 어느 요일 몇 시에 딱 맞춰 OTT에 들어가서 콘텐츠를 시청하기도 한다. 과거 매주 토요일, MBC 〈무한도전〉을 위해 저녁 6시 25분만 되면 거실TV 앞에 옹기종기 모여들었던 것처럼 말이다.

2023년 하반기 최대의 히트 드라마였던 JTBC 〈킹더랜드〉가 그랬다. 그 어렵다는 TV 시청률 10%를 넘어서며 〈킹더랜드〉는 남녀노소 모두의 사랑을 듬뿍 받았고 덕분에 드라마의 주연이었던 이준호와 임윤아의 인기도 글로벌 시장에서 더 뜨거워졌다. 그런데 드라마의 본방송은 어느 채널에서 할까? 뭐, JTBC 아니면 tvN이겠지. 짐작은 되지만 우리는 정확히 모르고 또 굳이 알 필요도 없다. 매주 토요일과 일요일 밤 11시가 넘으면 넷플릭스에 어김없이 업로드되기 때문이다. 드라마는 본방송이 시작되고 30~40분을 갓 넘긴 시점에 넷플릭스에 올라오며 사람들은 이를 바로 시청한다. 넷플릭스가 거실TV가 되는 순간이다.

2022년 연말, 넷플릭스와 디즈니+는 광고를 살짝 시청하면 구독료를 깎아주는 상품을 차례로 출시했다. 디즈니+는 아직 한국시장에는 미출시 상태지만, 이처럼 OTT 산업에서 구독경제의 틈이 벌어지고 '광고'라는 사업모델이 추가되면 제공되는 콘텐츠도 확장돼야 한다. 물건을 담는 그릇이 달라지면 물건의 모양과 성질에도 변화가 필요하다.

광고모델의 성공은 흔히 시청 시간에 비례한다. 최대한 시청자들이 넷플릭스에 더 오래 머물고 더 자주 들어와야 광고를 볼 확률이 높기 때문이다. 그렇다 보니 고작 2시간짜리 영화 한 편에 수천억원의 제작비를 쏟아붓는 고급스러운 오리지널 무비보다는 가입자를 매일 유입해서 최대한 오래 놀게 하는 거대 물량의 데일리 방송 콘텐츠들이 더 효율적이다.

시청하는 디바이스에서도 비슷한 양상이 보인다. 넷플릭스가 거실 TV가 돼 간다는 것은 우리가 넷플릭스를 IPTV나 케이블TV처럼 대한다는 뜻이다. 넷플릭스가 우리의 일상에 더 적극적으로 투입될수록 우리는 TV라는 집안의 스크린을 통해 시청하게 된다.

다음 그래프를 보더라도 넷플릭스의 종주국인 북미시장의 경우, 가입은 모바일과 PC로 하는 것이 일반적이지만 6개월 정도 지나면 가입

▶▶▶ 넷플릭스를 시청하는 디바이스 패턴

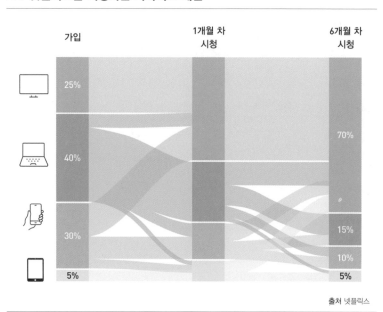

출처 넷플릭스

자의 70% 이상이 가정의 TV로 넷플릭스를 시청하고 있었다.

넷플릭스의 공동 CEO 테드 서랜도스도 비슷한 이야기를 한 바 있다. 그는 2022년도 3분기 실적 발표에서 향후 계획에 대해 이렇게 말했다.

"넷플릭스는 이제 명품 드라마 시리즈prestige drama series에 방점을 두지 않고 있다. 우리의 목표는 다양한 장르에 걸쳐 지금과 미래 소비자들에게 어필할 수 있는 대중문화 엔터테인먼트 콘텐츠Pop Culture Entertainment를 생산하는 것이다."

이제 넷플릭스는, 아니 레거시 미디어 판을 침범하고 있는 OTT 스트리밍은 반짝이고 비싼 오리지널에서 일반인들이 즐기는 방송 플랫폼으로 흘러가고, 그 중심에 TV형 드라마와 스낵형 예능들이 자리 잡고 있다. 2023년 상반기 넷플릭스 화제작이었던 송혜교 주연의 〈더 글로리〉는 평단의 호평과 함께 대중적으로도 압도적인 글로벌 바이럴을 만들었다. 하지만 공개 후 이삼 주만 넘어가도 〈더 글로리〉를 반복해서 시청할 이유가 없어진다.

이제 OTT는 매일매일의 콘텐츠가 필요한 시대가 됐다. 넷플릭스가 기획한 오리지널 콘텐츠가 한날한시에 전 회차가 공개되는 건 시청자를 매일 들어오게 하는 전략은 아니다. 실제로 2023년에는 매주 규칙적으로 정해진 시간에 공개되는 〈일타 스캔들〉, 〈철인왕후〉, 〈여신강림〉, 〈환혼: 빛과 그림자〉, 〈킹더랜드〉 등의 TV형 콘텐츠들이 효자 노릇을 했다.

넷플릭스가 글로벌 TOP10의 콘텐츠 선정 기준을 바꾼 것 역시 짧고 가벼운 일상의 콘텐츠가 늘어나는 트렌드를 고려한 정책으로 해석된다. 넷플릭스에서는 TOP10 랭킹이 매우 중요하다. 도대체 몇만 편, 몇십만 편의 콘텐츠가 구겨 넣어져 있는지 알 길이 없는 넷플릭스에서 TOP10은 구독자에게 효율적인 나침반이며, 동시에 콘텐츠 제공자에게 이보다 더 좋은 마케팅 도구가 아닐 수 없기 때문이다.

그런데 그간 넷플릭스의 TOP10 산출은 오로지 시청 시간이었다. 당연히 같은 작품을 반복해서 시청한 시간은 누적될 테지만, 러닝타임이 짧은 콘텐츠는 상대적으로 불리해 랭킹에 들어가기에 물리적인 어려움이 존재했다. 그러나 2023년 6월에 변경된 새로운 산출 방식은 시청 시간을 러닝타임으로 나누어 조회수를 산출해 누구도 손해 보지 않는 TOP10을 제공하고 있다.

2023년 6월부터 넷플릭스는 새로운 방식으로 랭킹을 정하고 있다.

아마존의 스트리밍 플랫폼인 프라임비디오가 매주 목요일 밤의 미국 프로풋볼NFL 독점 중계권을 11년 계약한 것은 중장기적으로 OTT가 가야 할 방향성이다. 이런 게 바로 OTT가 매일의 TV가 되는 순간이다.

2020년, 리드 헤이스팅스는 "넷플릭스는 뉴스와 광고는 절대 제공하지 않을 것이다"라고 호언장담했지만 넷플릭스는 2022년에 광고상품을 출시했다. 헤이스팅스의 말은 이미 한 번 무너졌지만, 현재의 시장 흐름이라면 또 한 번 무너질지도 모르겠다. 뉴스야말로 매일의 TV가 되기 위한 가장 고전적인 방법이기 때문이다.

그런데 이들은 왜 매일의 TV가 되려고 할까. 이는 유튜브의 성장과도 연결된다. 유튜브의 광고 매출이 넷플릭스 수준으로 올라섰고, 13.99달러 정도 하는 유튜브 프리미엄은 넷플릭스의 지금 그리고 미래 가입자들의 시간과 돈을 갉아먹고 있다. 2023년 8월 기준으로 유튜브 프리미엄 구독자가 8천만명에 달하는데, 이는 단순 계산으로도 연간 매출액이 14조원에 달한다는 것을 알 수 있다. 광고의 광고에 의한 광고를 위한 구글 제국에서 구독 매출이 급성장하고 있다는 것은 참 아이러니하다. 심지어 구독형 OTT들이 느린 성장의 시대에 들어온 상황에서 더더욱 그렇다.

결국 유튜브의 전략을 한 줄로 말하자면, 모두의 일상을 파고들어 콘텐츠를 확장해가는 것이며 일상이 미디어로 흐르고 있는 지금, 모두의 일상을 등에 업은 채 유료모델 시장마저 삼켜가는 것이다.

아시아시장도 구독형 OTT들에 큰 영향을 주고 있다. 2023년 아시아시장은 넷플릭스 가입자 4,050만명▼으로 47억명이라는 아시아 인구수 대비 갈 수 있는 땅이 충분히 남아 있다. 구독형 OTT가 포화되지 않은 귀한 땅이라는 뜻이다. 이렇게 정복해야 할 금싸라기 땅에서 유튜브 비중이 60% 이상인 것도 슈퍼 OTT들이 일상의 시간을 파고드는 콘텐츠에 집중해야 하는 이유다.

▼ 한국의 넷플릭스 가입자는 900만명이다. 계정 공유로 실 사용자는 그 이상으로 추정된다.

2022년 7월 영국 데이터 분석회사 글로벌데이터에 따르면, 전 세계 구독형 OTT 구독자가 15억 명을 돌파하며 역사상 처음으로 유료방송 가입자인 14억 명을 넘어섰다. 앞서 충분히 설명했듯이 성장은 정체됐으나 시장 규모는 2022년 1,030억달러에서 2027년 1,550억달러까지 커질 것으로 예상된다.

〈기묘한 이야기〉, 〈오렌지 이즈 더 뉴 블랙〉, 〈더 크라운〉, 〈그레이 맨〉 같은 슈퍼 오리지널 트렌드는 10년이 지나 과거의 영광이 됐다. 이 같은 반짝이는 다이아몬드 콘텐츠들은 OTT 신화를 만들어 냈지만, 생산 시간과 빅머니라는 제약은 느린 성장의 시대를 걷고 있는 OTT들의 장벽이다. 매일의 TV가 되기 위해서는 주말드라마와 예능, 정기적으로 편성되는 뉴스와 스포츠가 필요하다.

코로나19 시즌에 급성장한 광고 기반의 무료 스트리밍 TV인 FAST 서비스도 일상의 콘텐츠 영역으로 더 들어온 모양새다. FAST란 시청자가 광고를 보는 대신에 콘텐츠가 종일 흐르는 TV 채널인데 한국 시청자에게는 삼성전자 스마트TV의 '삼성 TV 플러스'로 친근하다. 지상파나 종편 TV 채널들과의 차이점은 특정 콘텐츠만 집중적으로 공략하는 채널이라는 점이다.

예를 들어, FAST에서 tvN 〈미스터 션샤인〉 채널을 선택하면 〈미스터 션샤인〉의 전 회차가 계속 반복 재생된다. 이 역시 유료방송 TV 입장에서는 무료로 고객의 시간을 뺏는다는 점에서 부정적일 수 있다. 스마트TV에서 내가 선호하는 장르와 콘텐츠의 FAST 채널만 잘 골라서 시청하면 고객의 성향에 따라서는 유료방송 TV 가입이 불필요할 수 있기 때문이다.

이러한 FAST가 최근 우리의 일상이 됐다. 실제로 드라마와 예능, 뉴스와 스포츠에 이르기까지 채널 종류가 공격적으로 늘어났고 드라마와 요리 예능 같은 오리지널 콘텐츠도 만든다. 실례로 테이스트메이드Tastemade라는 채널의 오리지널 콘텐츠가 제49회 에미상Daytime Emmy 후보에 오르기도 했다. 그야말로 과거 전통 TV가 하던 전략을 취하는 것이다.

FAST 서비스의 성장에는 무료라는 점도 중요하나, 결국 내 방에서 TV로 콘텐츠를 시청하는 것이므로 OTT 스트리밍이 일상으로 한 발 더 들어온 형태이다. 1억 가구 이상에 콘텐츠를 제공하는 아시아 최대의 FAST 서비스 운용사 '뉴 아이디'의 경우, K-드라마를 넘어 최근 먹방과 실시간 뉴스까지 일상의 K-콘텐츠를 24시간 방영하고 있다.

최근 FIFA(국제축구연맹)와 미국의 유명한 TV 토크쇼 진행자인 코넌 오브라이언Conan O'Brien도 삼성 TV 플러스에 단독 채널을 론칭했다. 한국에서는 영화전문잡지 《씨네21》이 단독 채널을 열었다. 이렇게, 하나의 콘텐츠가 하나의 작은 OTT가 돼 간다. 과거 크리에이터들이, 셀러브리티들이, TV 방송국들이 유튜브에 하나씩 채널을 만들던 시절을 지나서 2023년에 이들은 스마트TV 위에 올라타고 있다.

판을 갈아엎은 OTT라고 한들, 그들의 플랫폼 성장은 이미 멈췄다. 그렇다면 고객의 일상에 더 침투해 그들의 시간을 잡아야 한다. 모두의 콘텐츠 전략이 더 중요해진 지금, 저비용·고효율의 일상의 콘텐츠를 채워 넣자.

DP2·스위트홈2·지우학2·오겜2, 시즌2의 시대가 왔다

2000년대 초반, 필자가 한국 영화 산업에 종사했을 때 이야기다. 업계 종사자들이 모이면 할리우드를 부러워했다. 할리우드 영화는 극장개봉 첫 주에 전 세계에 동시 유통이 됐으며 콘텐츠의 프랜차이즈Franchise 시스템이 안정적으로 정착돼 있었다. 프랜차이즈는 통상적으로 상호와 상표 등을 제공해 사업을 지원하는 가맹업이며 쉽게는 '체인'이라고도 부른다. '혹시 그 동네에 교촌 치킨 체인 있어?', '성수동 그 카페가 한남동에 체인이 생겼더라?'라는 식인데 원칙으로는 프랜차이즈라고 부르는 것이 맞다.

하지만 잠깐 짚고 넘어가자. 콘텐츠 산업의 프랜차이즈는 우리가 일반적으로 생각하는 가맹업의 프랜차이즈와는 조금 개념이 다르다. 이는 미디어 프랜차이즈Media Franchise에서 시작됐으며 IP가 있는 원작 매체를 영화, 드라마 시리즈, 소설과 게임 등 다른 매체로 전개하는 전략을 취한다. 한마디로 한 영화의 핵심 캐릭터가 연결된 캐릭터들과 상호 시너지를 내고 드라마 시리즈, 출판, 음악, 테마파크 등으로 사업이 확장되는 구조다. 미디어 프랜차이즈는 기업의 지속성장이론Corporate Theory of Sustained Growth 이라고도 일컫는다.

거창한 사업모델의 확장이 아니더라도 한국시장의 콘텐츠 산업에서도 프랜차이즈란 말을 자주 쓴다. 최근 예로는 시즌2와 시즌3 모두 천만 관객을 모아, 이른바 쌍천만 흥행 신화를 쓴 〈범죄도시〉 시리즈가 대표적이다. 단순히 동일한 제목과 스토리 설정에 대한 유사성을 갖고 이어가면 통상 프랜차이즈라고 부르는 것이다. 〈범죄도시〉는 배우 마동석이 주인공임과 동시에 제작자고 그의 몸짓과 액션이 하나의 스토리이자 문법이 됐다는 점에서 1970~1980년대를 휘저었던 할리우드의 〈록키〉, 〈람보〉 등의 시리즈와 비교된다.

프랜차이즈 시리즈물을 크게 구분하자면 시간순으로 이어지는 시퀄(가장 일반적이다), 과거로 돌아가는 프리퀄(마블영화의 유니버스에서 자주 등장한다), 특정 캐릭터가 별도로 독립한 스핀오프(〈겨울왕국〉에서 독립한 〈올라프〉가 이 사례다) 등이 있다.

조금 거슬러 가자면 2014년 〈명량〉, 2022년 〈한산〉, 2023년 12월 개봉 예정인 〈노량〉으로 이어지는 이순신 시리즈와 2017년 〈신과함께-죄와 벌〉에서 2018년 〈신과함께-인과 연〉까지 연달아 천만 관객을 모았던 〈신과함께〉 시리즈, 2006년에서 2019년까지 이어진 〈타짜〉 시리즈도 있다. 그리고 어쩌면 1965~1979년 사이에 출생한 X세대들에게는 2002년에서 2008년까지 제작됐던 〈공공의 적〉 시리즈나 20여 년간 무려 여섯 개의 작품이 공개된 〈가문의 영광〉 시리즈를 프랜차이즈 영

한국시장의 프랜차이즈 영화 계보. 비교적 산업화의 길로 먼저 들어선 극장영화에서 K-콘텐츠의 프랜차이즈가 시작됐다.

화로 기억할 것이다. 이를 우리는 '연작 영화' 또는 '연작 시리즈'라고도 부른다.

한국시장의 프랜차이즈는 규모와 빈도에서 할리우드에 비할 바는 아니지만 2000년대에 이르러 비교적 산업화의 길로 먼저 들어선 극장영화에서 물꼬를 텄다. 그리고 이젠 프랜차이즈가 OTT 세상에서 일어나고 있다. 전 세계를 잇는 OTT 그물망에서 다양한 브랜드들이 프랜차이즈 사업을 시작한 것이다.

2010년대에 넷플릭스와 아마존이 OTT 스트리밍 시장을 열고, 코로나19를 거치면서 OTT 산업은 전 세계적으로 급성장했다. 이후 사업자들의 공급 과잉이 이어지며 OTT는 끊임없이 합체되거나 사라져가고 있으며 콘텐츠는 더 폭발하고 있다. 한국도 그렇다. 양사의 공식 입장은 아직이지만, 2023년 5월에 1, 2위 토종 OTT였던 티빙과 웨이브가 합병에 대한 논의를 시작한 것으로 보도된 바 있다.

이러한 흐름에서 고객들은 시간을 쪼개어 써야 할 테니 서비스 간의 시간 뺏기 전쟁이 한창이다. 고작 손바닥만 한 스마트폰에서 우리는 시청, 쇼핑, 검색, 게임, 뱅킹, 운동에 이르기까지 모든 서비스를 즐길 수 있고, 서비스 제공자들은 우리의 시간을 뺏는 경쟁을 하는 것이다.

프랜차이즈가 주목받는 또 다른 이유는 검색과 검증이라는 시대적 분위기에서 찾을 수 있다. 1990년대 WWWWorld Wide Web의 시대가 정보의 평준화와 검색의 시대를 가져왔다면, IT 소셜미디어가 지배하는 2020년대로 들어와 검증이라는 역할이 더해졌다. 평생 공부해도 소화하지 못할 검색 포털의 거대한 정보량과 소셜세상에서 돌아가는 나의 피드Feed와 대중의 댓글은 의견보다 사실이 설득보다 검증이 당연한 세상을 만들어 냈다.

한마디로 광고가 더 먹히기 어려운 시대다. 이미 명민한 마케터들은 "마케팅이 잘 안 먹혀"라며 답답함을 토로하고 있다. 물론 아예 안 통하다는 이야기가 아니라 과거에 비해서 투자비용 대비 마케팅 효과가 덜하다. ROI(투자자본수익률)가 낮다는 말이다. 그렇다면 이러한 검색과 검증의 시대에 콘텐츠의 가장 큰 미덕은 콘텐츠의 존재 자체만으로 스스로 마케팅 효과가 일어나는 것이다. 그리고 여기엔 프랜차이즈만 한 것이 없다. 프랜차이즈 전략은 그 어느 시절보다 기능적으로 절실해졌다. 이는 소비자들의 돈과 시간을 뺏는 것이 치열해진 시대의 콘텐츠 전략이며 과거 대비 공급자와 투자자 관점에서 원작이나 이전의 시즌이 존재하는 콘텐츠가 더욱 각광받는 이유다.

국내 최대 투자배급사인 롯데컬처웍스의 콘텐츠 사업본부장이 《씨네21》과의 인터뷰에서 우선 투자해야 할 콘텐츠는 "시퀄과 프리퀄 혹은 스핀오프가 가능한 IP인지와 그 IP가 브랜드가 될 수 있는지"에 있다고 답한 것도 프랜차이즈의 중요성을 짚어내고 있다.

2023년 8월 20일, 파라마운트의 글로벌 CEO 밥 배키시가 "(모두가) 돈이 없으니 입증된 프랜차이즈로 집중한다"고 했던 말 그대로다. 물론 OTT들이 콘텐츠 IP를 보유하면서 당연히 기회비용의 관점에서도 썸씽 뉴Something New보다는 있는 IP를 활용하는 것은 당연한 전략이겠다. 이렇듯 돈을 아끼다 보니 시즌제가 늘어나고 있다.

K-콘텐츠 르네상스의 본격 신호탄을 터뜨린 〈오징어 게임〉의 경우, 어마어마한 글로벌 바이럴을 일으켰으나 투자를 했던 넷플릭스가 온전히 IP를 가지고 있는 것은 잘 알려진 사실이다. 최근 넷플릭스는 드라마

많은 관심을 받았던 콘텐츠가 시리즈로 이어지면 시청자들의 지속적인 관심을 유발할 수 있으며, 그들을 서비스에 더 오래 머무르게 한다. 이미지는 K-드라마의 프랜차이즈 사례들.

〈오징어 게임〉 시즌2 제작을 확정했고 영국시장에서는 〈오징어 게임: 더 챌린지〉라는 이름으로, 전 세계에서 모인 456명의 선수가 456만달러의 판돈을 걸고 싸우는 리얼 버라이어티의 예고편을 공개했다. 넷플릭스는 오징어 게임 IP를 적극적으로 활용하고 있다. 〈오징어 게임: 더 챌린지〉의 지원자들이 영국의 공군비행장에서 혹한과 배고픔을 견디며 여의찮은 환경에서 촬영한 이슈는 논외로 하더라도 말이다.

2023~2024년에 걸쳐 공개될 OTT의 시즌제 K-콘텐츠를 소개해본다. 공개 시점과 상관없이 전 세계의 시선을 한눈에 받을 작품은 누가 뭐래도 〈오징어 게임〉(이하 〈오겜〉) 시즌2다. 2022년 6월, 시즌1의 제작자이자 연출자인 황동혁 감독은 "이제 기훈이 돌아옵니다. 프런트맨이 돌아

옵니다, 더 새로운 게임으로 다시 만나 뵙겠습니다"라는 손 편지로 시즌2를 폼(?)나게 알렸다. 2023년 7월에는 대본 리딩 현장이 공개됐다. 시즌2에는 배우 임시완, 강하늘, 박성훈, 양동근, 최승현 등이 새로운 캐스팅으로 합류했다.

이 밖에도 이미 공개된 〈D.P.〉 시즌2는 넷플릭스 국내 1위로 시작해 3주 이상 한국시장을 평정했고, 〈스위트홈〉 시즌2는 2023년 연말에 공개 예정이며, 글로벌 신드롬이었던 〈지금 우리 학교는〉(이하 〈지우학〉) 시즌2와 〈오겜〉 시즌2는 2024년 공개를 앞두고 있다. 〈오겜〉의 경우 2020년 당시 기준으로 역대 넷플릭스 1위를 차지했던 모든 오리지널 콘텐츠 중에서도 최장기간인 53일간 글로벌 1위에 올랐으며, K-학원 좀비물로 반향을 일으켰던 〈지우학〉도 넷플릭스 TV쇼 글로벌 1위를 15일간 지켰다.

이번엔 시청자 관점에서 의미를 보자. 성공적으로 시즌1을 마친 시리즈의 경우 시청자들은 더 많은 이야기가 궁금하기 마련이다. 캐릭터들의 뒷이야기는 물론이고 세계관에 대해서도 더 깊이 알고 싶어 한다. 이렇다 보니 시즌2로 이어질 때 드라마는 절반 이상의 팬덤을 이미 확보하고 있는 셈이다. 연속되는 시즌은 이렇게 지속적인 관심을 유발하면서 시청자들이 더 오래 서비스에 머무르게 하는 것이다. 디시인사이드_{DCINSIDE} 등 유행처럼 번지는 콘텐츠 커뮤니티 문화가 시즌제 콘텐츠에서 더 활발한 이유이기도 하다.

최근 OTT들의 콘텐츠 공개 방식이 굉장히 다양해지고 있는 것도 흥미롭다. 엄밀히 정규 시즌제라고 부르기에는 서로 다른 논리와 입장이 있겠으나 넷플릭스의 〈더 글로리〉, 디즈니+의 〈카지노〉, 티빙의 〈아일랜드〉 등은 전체 이야기를 파트1와 파트2로 나누어 2~3개월 이내로 연이어 공개하는 방식을 택했다. 특히 〈카지노〉는 시즌이 시작하면 3화까지만 선공개하고, 이후 주당 한 편씩 오픈하는 전통 TV 드라마의 방식을 취했다. 1년 길게는 2년가량 기다려야 하는 기존 시즌제보다 감칠맛이 나는 새로운 공개 방식은 시청자 스스로가 다양한 추측을 하고 콘텐츠의 떡밥을 찾아내게 하면서 바이럴 효과를 최단기에 뽑아낼 수 있다.

웹툰이나 소설 등 원작이 있는 콘텐츠를 드라마로 제작하는 경우가 늘어나면서 자칫 방대한 이야기를 영상에 못 담는 경우들도 생겼다. 하지만 시즌제라는 긴 호흡을 택하면 드라마는 안정감 있게 캐릭터의 성장 배경이나 스토리를 공백 없이 채워 나갈 수 있고 시청자들의 만족도는 커지고 이야깃거리도 다양해지게 된다. 이는 2023년 8월에 공개된 〈무빙〉과 관련해, 원작자인 강풀 작가가 캐릭터별 충분한 서사를 위해 디즈니+에 20회차를 제안한 것과도 연결되는 지점이다.

그간 할리우드와 달리 한국시장에서는 프랜차이즈 성격의 콘텐츠를 비판하고 경외시하는 경향이 있었다. 속된 말로 '흥행작 우려먹기'라는 선입견이 작용해서다. 그러나 현재 봉착한 미디어 산업 환경과 팬덤문화 트렌드로 프랜차이즈 콘텐츠는 더 많이 등장할 것으로 보인다.

2024년에는 〈오겜〉, 〈지옥〉, 〈지우학〉의 시즌2가 공개된다. K-드라마의 시즌2를 기대한다.

애플은 왜
할리우드 거물이 필요한가

시대적으로 대접받는 콘텐츠는 IT 기술과 한 몸처럼 움직이곤 한다. 콘텐츠 산업 역사상 압도적으로 시장을 지배하고 있는 유튜브와 넷플릭스 모두가 기술 혁명을 가져온 IT 서비스다.

지금은 모바일 중심으로 이들을 시청하고 있지만 앞으로도 그럴 것인가. 이미 삼성과 애플은 스마트폰의 대체제가 될 AR 글라스를 출시하거나 출시를 앞두고 있다. 돌이켜보면 제조사들조차도 불과 몇 년 전에만 해도 종이처럼 접어지는 스마트폰이 한국시장에서 수백만 대씩 팔릴 것이라고 아무도 상상하지 못했다. OTT가 시장을 지배하고 있다지만, OTT가 끝이 아닌 것처럼 콘텐츠를 시청하는 스마트폰도 그다음의 대체제가 지금 코앞에 와있다. 그렇기에 우리는 차세대 디바이스에 맞춰 콘텐츠와 한 몸인 IT 서비스들은 어떤 변화가 있을 것인지, 유튜브와 넷플릭스에 어떤 새로운 콘텐츠 시장이 열릴 것인지에 주목해야 한다.

2023년 6월, 애플은 세계개발자콘퍼런스wwDc에서 자사의 헤드셋인 비전 프로Vision Pro를 소개했다. 사실 스키 고글형이라는 디자인만 보면 그간 구글, 메타에서 출시해온 VR 헤드셋과 비슷해보인다. 그러나 이번 비전 프로는 맥과 아이폰의 뒤를 이어 완전히 새로운 디바이스의 역사를 열게 될, 애플의 표현으로는 '공간 컴퓨팅'이라는 없었던 패러다임을 가져온 헤드셋이다.

비전 프로를 딱 쓰면, 아이폰 사용자에게 친숙한 사파리와 포토, 메시지, 애플뮤직 등의 다양한 앱이 눈앞에 펼쳐진다. 마치 PC와 스마트폰의 배경화면을 바꾸듯이 내 눈앞에 보이는 앱에 깔리는 배경들을 원하는 대로 바꿀 수 있다. 그 배경이 온전히 가상인 것보다 오히려 일부는 현실 공간을 배경으로 바꿀 수 있는 것도 신선하다. 애플의 모든 기기와 실시간 호환이 가능한 것은 물론이다. 그리고 이 모든 것들은 어떤 보조장치의 도움 없이 인간의 눈과 손가락, 음성만으로 조작할 수 있다. 결국 우리 신체의 움직임으로 공간을 제어하고 있으니 이쯤 하면 애플이 말한 '공간 컴퓨팅'이라는 키워드의 맥락이 이해된다.

2023년에 이런 디바이스가 등장한 세상이 왔다. 직업상 콘텐츠 헤비유저인 필자는, 비전 프로를 쓰면 내 눈앞에 넷플릭스 스크린을 너비 30미터까지 키워서 시청할 수 있다는 점이 가장 압도적이었다. 참고로 국내에서 가장 큰 스크린과 설비를 갖췄다는 CGV용산아이파크몰 아이맥스관의 스크린 가로길이가 31미터다.

이제 다음이 중요하다. 이 큰 화면을 무엇으로 채울 것인가? 팀 쿡 CEO의 말처럼 비전 프로는 수십 년간의 애플의 혁신이다. 그러나 우리는 모두 잘 알고 있다. 역사에 정점을 찍어온 디바이스들도 킬러콘텐츠와 함께 서비스로 수용하지 않으면 혁신은 혁신으로만 남는다는 것을 말이다.

흔히 새로운 제품이나 서비스는 대중에게 받아들여지기 전까지 겪는 침체기인 캐즘Chasm을 버텨내야 하는데, 이 덫을 극복하기에 가장 효과적인 것은 역시 콘텐츠다. 2015년 애플 워치가 공개됐을 때 쓸모 있는 앱, 당장 구미가 당기는 앱은 찾기가 힘들다는 온갖 사용자의 비난을 기억하고 있을 것이다.

팀 쿡은 의구심을 해소해주려는 듯, 비전 프로를 선보일 때 우리가 예상치 못한 거물을 소개했다. 밥 아이거 디즈니 CEO가 생뚱맞게 애플의 프리젠테이션 단상에 올라선 것이다. 세계개발자콘퍼런스에 등장한 할리우드 거물이라니! 이야말로 시가총액 1위의 빅테크 기업과 콘텐츠 킹덤과의 조우였다. 밥 아이거는 "Thanks, Tim!"이라고 화답하며 비전 프로에 올라탄 디즈니의 이야기를 시작했다.

이날, 밥 아이거가 제시한 미래는 가히 환상적이었다. 비전 프로를 통해 볼 수 있는, 익히 우리에게 친숙한 디즈니 영화와 시리즈들과 스포츠 경기, 그리고 내셔널 지오그래픽의 다큐멘터리가 이보다 더 생생할 수 있을까 싶었다. 다큐멘터리에 등장하는 깊은 바닷속 거북이는 집이 수족관으로 뒤바꾼 듯한 기분을 불러일으켰고, 미키마우스는 우리 집 거실에 있는 소파를 총총 뛰어다녔다.

늘 시장은 기술이 아닌 사람의 마음이 움직였고, 그 마음은 스토리가 움직여 왔다. 애플은 이를 정확히 알고 있는 듯했다. 100여 년간의 슈퍼 IP들과 스포츠, 다큐멘터리 등등. 디즈니의 콘텐츠는 방대하다. 아무리 디즈니가 주가 문제로 허덕이고 있다고 해도, 애플에 이만한 콘텐츠

애플이 비전 프로의 출시와 함께 제시한 공감적 경험. 유저는 비행기 안에서 비전 프로를 쓰고 2023년 아카데미 작품상 수상작 〈에브리씽 에브리웨어 올 앳 원스〉를 눈앞에 펼쳐진 가상 스크린으로 시청한다.

파트너가 있을까 싶긴 하다. 당시 밥 아이거는 비전 프로를 명확히 "플랫폼"이라고 호칭하며, 콘텐츠 시청의 공간적 경험을 강조했으며 비전 프로와의 협업에 쐐기를 박았다. 2023년 9월 기준으로 애플은 자사의 OTT인 애플TV+ 뿐만이 아니라 디즈니+와 협업을 완료해서 비전 프로의 고객들이 다양한 콘텐츠를 즐길 수 있도록 했다.

할리우드 슈퍼 거물의 등장으로 비로소 비전 프로는 전 세계를 놀라게 한 빅테크의 혁신을 넘어 차세대 아이폰을 넘볼만한 일상의 디바이스로 한 발짝 다가왔다. 고작 3분 50초라는 짧은 등장 시간 동안, 밥 아이거는 3,500달러라는 강한 벽이 느껴지던 비전 프로에 화룡점정을 제대로 찍었다. 비전 프로의 등장 전까지 VR 헤드셋 시장을 쥐고 있는 메타의 VR 헤드셋이 게임 콘텐츠로 1천만 대 판매를 돌파했다면, 애플은 디즈니를 잡은 셈이니 적어도 이론상으론 메타를 절반은 꺾고 출발하고 있다.

실리콘밸리의 최첨단 기술이라고 꼭 시장을 흔들 수 있는 상품이 되는 것은 아니다. 이노베이터와 얼리어답터라고 불리는 혁신가 집단에서 시작되는 기술이 보급되기 위해서는 하나의 킬러서비스 앱이 필요하고 그 서비스는 콘텐츠와 결합하면서 비로소 확산한다.

다음 그림은 미국의 사회학자 에버렛 로저스Everett Rogers의 기술수용주기론을 콘텐츠 수용주기로 일반화해서 변환한 것이다. 이노베이터와 얼리어답터에 갇힌 신기술 사용자를 머저러티(다수수용 집단) 전체가 아닌 적어도 얼리 머저러티(전기 다수수용 집단)까지라도 수용하기 위해서는 킬러콘텐츠가 필요하다.

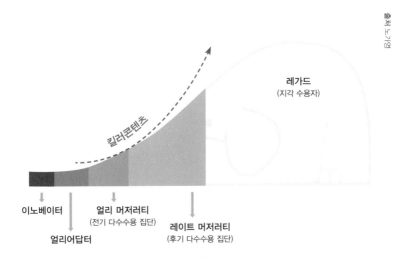

출처 노기엽

신기술이 다수수용 집단으로 확산되기 위해서는 킬러콘텐츠가 필요하다.

우리는 2013년도에 세상을 바꿀 것 같았던 3D TV의 사업 철수와 《더 타임스》가 2012년 최고의 발명품이라고 극찬했던 구글 글라스의 종언을 기억하고 있다. 사라짐의 이유는 기술의 부재가 아닌 기술과 결합돼야 할 콘텐츠의 부재였다.

코로나19 기간 급부상했던 메타버스를 예로 들어보자. 메타버스는 차세대 인터넷으로 불리며 교육, 쇼핑, 소셜 기능 외에도 미래 의학과 공간의 이동 단축 등 수십조원에 달하는 경제 가치가 있다.

물론 지금도 엔터테인먼트 영역에서는 꽤 보편화된 게임이나 실감 콘텐츠 경험 등을 메타버스로 이용하고 있지만, 대중적 확산을 위해서는 플러스알파가 필요하다.

가령 실감형에 더해질 대중적 재미, 그 무엇으로도 대체하기 어려운 일상의 손쉬운 즐거움을 예로 들 수 있겠다. 애플의 비전 프로도 마찬가지며 이를 위해 팀 쿡은 디즈니와 손을 잡았다.

"현실에서 재미있는 콘텐츠가 가상환경에서도 매력적인 재미를 선사한다."

호주의 한 메타버스 커뮤니티에 업로드된 글이다. 이는 좀 거슬러 올라가자면, 과거 봉준호 감독이 넷플릭스와 협업한 오리지널 영화 〈옥자〉를 공개하며 "극장에서 재미있는 것이 모바일에서도 재미있다"고 했던 인터뷰와도 비슷한 맥락이다.

대중 콘텐츠의 미덕은 결국 다수의 사람을 만족시키는 것이다. 그 본질을 달성하면 극장, 유료방송, OTT, 메타버스 플랫폼, VR과 XR 글라스에서도 같은 효과를 가져올 수 있다.

코로나19 시즌, 전 세계 1위 메타버스 플랫폼 로블록스에서 〈오징어 게임〉 숏폼 시리즈가 큰 바이럴을 일으켰다. 콘텐츠는 귀엽고 흥미로웠으나 조악한 느낌이었고 무엇보다 원작만큼의 파급력은 없었다. 이는 결국 어떤 플랫폼이나 디바이스의 대중화를 위해서는 기존 IP를 활용하는 것이 아닌, 오리지널 콘텐츠가 필요하다는 것을 보여준다.

지금 전 세계 시가총액을 좌지우지하는 실리콘밸리의 빅테크 기업들은 그들만의 결합에 집중할 것이 아니라 메이저 스튜디오들과의 본격적인 연대를 먼저 해야 할 것이다. 지금의 IT 서비스는 필연적으로 킬러 서비스와의 융합이 요구된다.

누구나 노란 오뚝이처럼 생긴 귀여운 미니언즈 캐릭터들을 잘 알고 있다. 마치 21세기에 일곱 난쟁이가 환생한 것 같기도 한 미니언즈들은 NBC유니버설의 슈퍼 IP인 〈슈퍼배드Despicable me〉의 주인공들이다. 〈슈퍼배드〉는 2024년에 시즌4로 돌아올 예정인데, 만약 비전 프로에서 〈슈퍼배드〉 시즌5에 투자해 독점으로 공개한다면 어떨까?

NBC유니버설의 OTT인 피콕Peacock에서 공개되지 않고 오로지 비전 프로에서만 볼 수 있다고 가정해보자. 애플의 비전 프로를 쓰면 내 방은 〈슈퍼배드〉의 악당 캐릭터인 그루의 실험실이 되고 수십 개의 미니언즈 캐릭터들이 총총 뛰어다닐 것이다. 비전 프로를 통해 AR로 구현된 미키마우스가 소파에서 TV, 그리고 내 가슴팍으로 안겨 오듯이 말이다.

세계개발자콘퍼런스에서 할리우드 거물에게 주어진 3분 50초는 비전 프로가 가진 수천 개의 기술을 단숨에 스토리로 바꿔냈다. 과거, 메타의 마크 저커버그는 고글형 글라스를 출시하며 교감을 최우선시했으나 콘텐츠를 괄시했다. 반면, 팀 쿡은 최절정의 순간에 밥 아이거에게 마이크를 넘기며 콘텐츠와 한 몸이 될 애플의 미래를 전 세계에 공표했다. 하이테크가 스토리가 되는 순간이다. 기술이 만들어 낸 혁신의 디바이스에 생태계를 더하면서 늘 세상을 바꿔온 애플이 메타와 구글이 했던 길을 가지 않길 바란다.

안정성보다 이야기의 신선함이 요구되는 시대가 다시 왔다.

강윤성 | 〈범죄도시〉 시즌1, 〈카지노〉 시즌1~2 영화감독

천만 프랜차이즈 영화 〈범죄도시〉 시즌1의 각본과 연출을 맡아 큰 성공을 거두며, 〈범죄도시〉 시리즈의 시작을 알렸다. 이후, 2023년 디즈니＋ 오리지널인 〈카지노〉 시즌1~2는 대중과 평단의 호평 속에 제2회 청룡시리즈어워즈의 최우수 작품상을 받았다. 차기작으로는 윤태호 작가의 웹툰 원작 〈파인〉을 계획하고 있다.

〈범죄도시〉, 〈롱리브더킹: 목포영웅〉에 이어 2023년 생애 첫 시리즈작인 〈카지노〉가 대중에게 공개됐습니다. 극장영화와 달리 OTT는 러닝타임, 회차, 수위 등에 있어서 자유롭다지만 최근에는 콘텐츠 공개 방식에서도 차별화가 두드러집니다. 넷텐릭스가 빈지 워칭Binge Watching(몰아보기)이라는 단어를 대중화했음에도, 넷플릭스의 〈더 글로리〉, 디즈니+의 〈카지노〉, 최근의 〈무빙〉까지 서로 다른 공개 방식을 취하는데요. 어떤 측면으로는 OTT에 주말 연속극 패턴이 더해지는 것으로 보입니다. OTT가 일상에 침투돼 가는 패러다임일 수도 있고요. 이런 공개 방식의 다양성은 크리에이터 입장과 OTT 입장에서 어떤 점이 다른가요?

엄밀히 말하자면, OTT가 콘텐츠를 공개하는 방식을 제작사와 상의할 의무는 없습니다. 크리에이터 입장에서도 콘텐츠를 공개하는 방식에 따라 기획 방향이나 대본이 달라지지는 않고요. 오히려, 크리에이터는 시청자들의 바이럴에 집중합니다.

예를 들어 디즈니+의 〈카지노〉는 처음에 3회를 한꺼번에 공개하고 이후 매주 1회씩 공개하는 방식을 취했고, 넷플릭스의 〈더 글로리〉는 파트1과 파트2 각각 모두 한꺼번에 8회차가 공개됐습니다. 관련해서 구글 트렌드[*]를 보면, 〈카지노〉는 화제성이 꾸준히 유지되는 곡선이었으며, 〈더 글로리〉는 시청자들이 빈지 워칭을 집중적으로 했을 것으로 추정되는 초반에만 월등히 높은 결과를 보입니다.

물론 콘텐츠를 공개하는 방식의 차이에 따른 당연한 결과지만, 검색 바이럴이 점차 폭증하는 것이 화제성을 지속시키는 데에는 오히려 긍정적일 수 있겠다는 생각이 들었습니다. 〈무빙〉도 마찬가지인데 이렇게 큰 시리즈들이 패턴을 만들어 가면서 시청자들이 새로운 방식에 익숙해지고 있습니다.

글로벌 OTT가 광고 상품을 추가하면서 이러한 공개 방식의 다양성이, 시청자를 더 자주 유입되게 하기 위함이라면 향후 넷플릭스가 변화를 줄 가능성도 있어 보입니다. 그러나 결국 크리에이터는 초반에 화제성을 최고치로 올리느냐, 단계적으로 증폭시키느냐에 관계없이 몰입도 높은 콘텐츠를 만드는 것에 집중하는 것이 본질입니다.

○●○○○

〈카지노〉 공개 후, 대중과 평단의 호평을 함께 받으면서 자주 받으시는 질문일 테지만요. 《씨네21》 인터뷰에서 차기작도 시리즈물을 하고 싶다는 기사를 읽었습니다. 극장영

---

[*] 여러 국가와 언어에 따라 검색 질문의 인기도를 분석하는 사이트.

화와 시리즈는 기획과 생산의 입장에서, 또 대중과 소통해야 하는 입장에서 어떤 차이가 있나요?

극장은 무대 인사나 관객과의 대화GV, Guest Visit 같은 오프라인 접점들이 있습니다. 관객과의 소통 측면에서는 연극적인 요소들이 있다고도 보여요. 그런데 OTT 시리즈들은 일단 공개되면 오롯이 시청자들이 스스로 판단하게 되고, 그게 전부일 가능성이 높습니다.

그럼에도 OTT 시리즈의 가장 큰 장점은 글로벌 확장성입니다. 과거에 극장영화는 무수히 많은 국가들에 판매됐더라도 국가마다 개봉 시점이 다르고 마케팅 방향성도 다르니 글로벌 확산에 한계가 있었습니다. 반면 OTT 시리즈물은 전 세계에 일관된 마케팅 전략으로 동시 유통되므로 시장이 훨씬 넓어진 현상을 체감할 수 있어요.

결과적으로 대중과의 직접적인 소통에 있어서는 아쉬움이 있으나, 서로 다른 국가의 시청자들이 동일한 시점에 동일한 콘텐츠를 보고 디지털 바이럴이 폭증된다는 것은 놀라운 경험입니다.

○○●○○

〈범죄도시〉의 연이은 성공으로 (〈범죄도시〉 시즌2~3는 직접 연출하지 않으셨음에도) 강윤성 감독하면 프랜차이즈 IP의 대명사처럼 인식되곤 합니다. 굳이 마블의 전성시대까지 거슬러 올라가지 않더라도 지금의 글로벌 시장은 극장영화나 시리즈와는 무관하게 프랜차이즈형 콘텐츠(또는 원작이 확실한 콘텐츠)가 늘어나고 있습니다. 공급자 입장에서 흥행의 안정성과 콘텐츠 다양성의 부족이라는 양날을 갖고 있는데요. 어떻게 보시는지요?

일본을 예로 들자면 콘텐츠가 여러 번의 검증을 거쳐서 실사화가 되는 편입니다. 소설이나 만화Manga 등을 거쳐 영화나 드라마로 만들어지는 식이죠. 그런데 이렇게 돌다리 두드리듯이 검증에 검증의 과정을 거쳐도 꼭 흥행으로 이어지진 않아요. 신선하지 않을 수 있으니까요.

그간 한국은 온전히 새로운 이야기를 만들어서 대중에게 알리는 것을 잘 해왔습니다. 2023년 여름, 극장에서 개봉한 〈밀수〉나 〈콘크리트 유토피아〉 경우 완전히 새로운 이야기이거나 반복된 영화 공식들이 없었거든요. 관객은 늘 새로움을 찾는 경향이 있습니다. 지난 수년간 많은 콘텐츠들이 웹툰에서 기인해왔잖아요. 그런데 꽤 잘된 웹툰이라고 하더라도, 일반 대중한테 보편적으로 알려지지 않은 이야기일 수 있습니다. 웹툰의 날카로운 팬덤형 유명도가 흥행으로 100% 연결되지 않을 수도 있고요. 오히려 웹툰은 시각적으로 펼쳐진 콘텐츠라서 투자사와 크리에이터 모두 영상화를 위한 의사결정이 원활합니다.

그간 전통적인 투자 기업들은 검증된 프로젝트인지가 중요했습니다. 빅머니가 투여되는 텐트폴 영화tentpole movie 일수록 더 그래왔고 산업화되면서 투자에 데이터를 요구하기 시작했어요. 그러다 보니 비슷한 성격의 콘텐츠가 투자되고, 새로운 무언가는 투자 리스크로 받아들여지곤 했습니다. 그런데 관객과 시청자는 본능적으로 늘 새로운 이야기를 원해요. 즉 플랫폼과 콘텐츠 창작자 모두 때론 데이터로 검증된 안전한 콘텐츠에서 벗어나서, 그간 없었던 이야기에, 특히 프랜차이즈 IP라면 시리즈가 갈수록 서사의 발전이 일어나고 있는지 등에도 집중할 필요가 있습니다.

2000년도 초반, 봉준호 감독의 〈플란다스의 개〉나 장준환 감독의 〈지구를 지켜라〉처럼 그 시대의 새로움이 다시 선택되어야 하는 시기인 것 같습니다.

○○○●○

무거운 질문일 수 있는데요. 코로나19가 지났음에도 여타의 국가들에 비해 한국이 유난히 극장 산업 회복률이 더딘 편입니다. 2023년도 60% 정도의 회복률을 보일 것으로 예측되는데요. 여기에는 A급 연출자들이 OTT 시장으로 이동한 것과 극장영화 투자사들이 움직이지 않는 (물리적으로 움직이기 어려운) 측면이 동시에 작용하기 때문으로 보입니다. 2023년 7월에는 tvN 〈알쓸별잡〉이라는 프로그램을 통해 한국의 지식인들이 크리스토퍼 놀란 감독을 만나러 뉴욕에 갔었는데요. 당시 놀란 감독이 극장에서 보는 영화를 "모두가 한 콘텐츠를 같이 보는 것", "그 순간을 놓치면 다시는 되돌아갈 수 없는 경험"으로 이야기합니다. 극장영화의 미래 또는 변화의 키를 어떻게 보시는지요?

한국인만큼 자국 콘텐츠를 좋아하는 국가가 없습니다. 역사적으로 매년 영화 산업을 결산하면 자국 영화가 50% 정도를 점유하는 매우 희소한 국가입니다. 그래서 저는 현재 극장 산업의 침체를 관객의 변화보다는 콘텐츠 측면으로 해석하고 있습니다. 무슨 말이냐면 공급자인 콘텐츠 투자사들이 움직이지 않으니 새 작품이 나오지 못하고, 이렇다 보니 극장에 발걸음이 뜸해진다고 생각해요. 관객들은 "볼 게 없다"고 이야기하시거든요.

그렇다면 지금 필요한 건 '한국 볼거리'입니다. 시대에 맞는 새 작품을 찾아내고 새로운 마케팅 방식도 적극적으로 수용할 필요가 있습니다. 소셜미디어를 활용한 자발적인 마케팅을 하면서 비용을 효율적으로 집행하는 거죠. 이를 위해서는 공급자의 활성화가 우선이고, 이를 통해 새 작품들이 나오기 시작하면 관객들은 다시 돌아올 것으로 보입니다. 한국은 한국 볼거리를 좋아하는 시장이니까요.

○○○○●

현재 전 세계적으로 수익을 만들어 내는 OTT는 넷플릭스뿐입니다. 10달러 안팎의 가격으로 압도적인 양의 콘텐츠를 제공하는 OTT의 구독모델은 규모의 경제가 완성되지 못하면 불안정할 수밖에 없습니다. 디즈니는 스트리밍 사업부D2C의 누적 적자와 연이은 극장영화의 실패 등으로, 애플의 디즈니 인수설도 사라지지 않고 있습니다. OTT 수익구조 문제가 이어진다면, 과거 케이블TV 전성기를 지나 단건 결제 시장이 다시 열리는 패턴도 가능할 텐데요. 그렇다면 향후 제작사들은 중장기적으로는 IP를 수호하는 방향으로 가야 하지 않을까 싶은데, 감독님은 어떤 생각을 갖고 계시는지요?

짧은 시기에 OTT가 극장보다 큰 위력을 갖게 되었지만, 많은 제작사들이 OTT 모델의 한계를 느끼고 있습니다. OTT 같은 구독경제 모델은 지속적으로 가입자를 끌어오지 못하면 수익성에 문제가 생기잖아요. 실제로 넷플릭스를 제외하고는 글로벌 OTT들이 어려움을 겪고 있고, 합병을 준비하는 토종 OTT들도 있습니다. 게다가 OTT 사업에서 원가에 해당하는 콘텐츠 제작비는 계속 상승하고 있거든요.

그렇다면 이제 어떤 시장으로 흘러갈까 예상해보면 모두가 넷플릭스 산하의 공급 채널이 될 것 같지는 않습니다. OTT 수익구조가 좋아지지 않은 상황에서 기술적 진화가 더해진다면 오히려 콘텐츠 단건 결제 시장이 다시 열릴 수도 있고요. 혹은 현재의 OTT 구독경제 모델에 단건 결제가 섞이는 하이브리드 모델도 가능합니다.

이렇게 되면 좋은 IP를 보유한 제작사들은 스스로 펀딩이 가능해집니다. 예를 들어 내가 스타워즈 제작자인데 어느 플랫폼에, 어떤 조건으로, 언제까지 서비스할 것인지를 결정할 수 있는 거죠. 힘의 논리에 따라 슈퍼 IP를 갖은 제작사는 거대 플랫폼과 좋은 위치에서 협상할 수 있는 시장이 올 겁니다. 지금처럼 글로벌 OTT에 납품하고, 이중 몇 편이 흥행하면 기업가치를 높여 팔거나 상장으로 가는 방향성은 콘텐츠 사업에서 지속 가능한 모델이 아닙니다. 음악도 곡 하나의 저작권으로 100년 넘게 수익을 창출하잖아요. 창작자들에게 현재의 구조가 지속된다면 사업적 의미는 낮습니다.

중장기적으로는 OTT 통폐합으로 사업자 개수가 줄어들고, 광고주까지 OTT로 이동해가면 TV 방송국은 아침 드라마나 비교적 저렴한 예능, 시사교양 콘텐츠들에 더 집중할 수 있습니다. 플랫폼의 정체성과 경쟁력에 따라 각자의 역할들이 나누어지며 새로운 판이 열릴 수 있습니다.

결국 크리에이터 집단 그리고 스튜디오들은 좋은 IP를 기획하고 소유하는, 말 그대로 '콘텐츠의 본질'을 쌓아야만 지속 가능한 비즈니스로 연결될 것입니다.

英 BBC, 한국 문화현상의 넥스트는 K-리얼리티다

쇼츠와 릴스, 콘텐츠 홍수의 시대에
왜 리얼인가

리얼리티Reality 콘텐츠가 늘어나고 있다. 그런데 '리얼리티'란 무엇인가. 말 그대로 현실에 기반한 콘텐츠를 말하며 리얼리티 예능, 다큐멘터리, 뉴스 등이 대표적이다. 여기에서 오디션이나 야외 서바이벌 등은 리얼리티임에도 최소한의 기획 대본이 필요하므로 한국시장에서는 예능이라는 단어를 더해 통상 리얼리티 예능이라고 부른다.

본격적으로 대국민 투표 시스템을 도입했던 과거의 〈슈퍼스타K〉에서 최근 Mnet의 〈걸스플래닛999〉, 〈보이즈 플래닛〉 같은 음악 서바이벌, 코로나19 이후로 활발히 생산되는 MBC의 〈태어난 김에 세계일주〉, tvN의 〈서진이네〉, 〈콩 심은 데 콩 나고 팥 심은 데 팥 난다〉 같은 여행 리얼리티 등이 대표적이다.

각본이 있는 예능에서 벗어나 2010년대 이후로 하나의 트렌드로 정착한 참여관찰 예능들이 모두 리얼리티의 범주에 속한다. 소위 한국에서 '예능'이라고 부르는, 드라마가 아닌 TV쇼 시리즈 대부분이 리얼리티 콘텐츠인 셈이다.

글로벌 시장에서는 스크립트Scripted 와 논스크립트Non-Scripted 콘텐츠로 구분하는 것이 일반적이다. 스크립트는 말 그대로 대본이므로 결국 대본이 있고 없음의 차이를 말한다. 스크립트 콘텐츠는 영화, 드라마, 애니메이션, 토크쇼 등이며, 논스크립트 콘텐츠는 뉴스, 다큐멘터리 그리고 최소한의 구성이 있는 리얼리티 TV쇼 등이다.

편의상 스크립트 콘텐츠는 픽션이라고 이해해도 무방하다. '최소한의 구성'을 언급한 이유는 출연자에게 미션이 주어지는 서바이벌, 다큐멘터리에 삽입되는 배우들의 재현 장면, 아프리카에서 수년간 촬영하는 영국 국영방송 BBC의 환경 다큐멘터리에서도 최소한의 장치와 구성은 필요하기 때문이다.

구성이 최소한이라면 논스크립트고 이는 대부분 논픽션 콘텐츠로 분류된다. 리얼리티 콘텐츠가 늘어나는 트렌드는 최근 기업들의 마케팅이 광고라는 직접적인 방식에서 제품의 역사나 생산 과정에서 있었던 실제 이야기를 다양하게 들려주는 것과도 연결되는 지점이 있다.

예를 들어본다. 갤럭시를 향한 글로벌 관심도가 커지면서 삼성전자는 미국 라스베이거스를 첫 번째로, 미국 뉴욕과 샌프란시스코, 스페인 바르셀로나, 독일 베를린, 영국 런던 등 해외 주요 도시에서 갤럭시 신제품을 소개하는 행사 '언팩Unpack'을 열기 시작했다. 이들은 수년간 오프라인 행사와 라이브 스트리밍을 동시에 진행하는 형식으로 행사를 개최했고, 그중 라이브 스트리밍은 평균 5천만 뷰 이상에 달하는 관심을 끌기도 했다.

하지만 코로나19의 장기화라는 변수가 등장한다. 안정적으로 유지 중이던 행사를 개최하지 못하게 되자, 삼성전자는 언팩을 대신해 '언톨드스토리Untold stories'라는 디지털 콘텐츠 시리즈를 기획하게 된다.

언톨드스토리는 말 그대로 대중은 모르는 '숨겨진 이야기'를 들려주는 콘텐츠다. 유튜브에서 이 시리즈를 단 10초라도 본 사람들은 알겠지만, 이 콘텐츠는 극단적일 만큼 사실적이다. 영상은 삼성전자가 왜 스마트폰을 반으로 접게 되었는지, 갤럭시Z 폴드4 경우에는 항공기에 쓰이는 강화섬유 플라스틱을 사용해 얼마만큼의 경량을 줄이게 되었는지 등 날카로운 지식과 정보를 다큐멘터리처럼 들려준다. 물론 삼성전자의 개발자, 디자이너, 혁신가들의 말을 통해서다.

얼핏 IT 덕후들의 눈길만 끌 것 같은 콘텐츠가 유튜브에 공개되면 며칠 만에 몇백만 뷰를 기록하고 수만 개의 '좋아요'가 눌린다. 더 흥미로운 건 테크 유튜버들의 움직임이다. 새로운 언톨드스토리가 나오면, 발빠르게 원하는 부분을 편집하고 가공해서 새로운 콘텐츠를 어마어마하게 재생산시키곤 한다.

지금의 고객(사용자)들은 디지털 콘텐츠를 대하는 수준이 매우 높다. "갤럭시Z 플립5에 이런저런 기능들이 있구나"를 넘어서 "그런데 이건 어떻게 만들지? 개발자가 왜 이런 생각을 한 거지?" 같은 리얼한 이야기를 궁금해하는 것이다.

대한민국 은행의 역사를 조곤조곤 설명한 핀테크 기업 토스의 웹 다큐멘터리나 유튜브 광고의 모범으로 평가되는 구독자 170만명의 채널 〈조승연의 탐구생활〉도 마찬가지다. 〈조승연의 탐구생활〉 제작팀이 광고에 담는 이야기는 다음과 같다. 테니스복에서 출발한 의류 브랜드 라코스테에서 지원받은 콘텐츠는 1920년대 레저의 개념과 피케 셔츠의 역사에 대한 정보를, 한국무역보험공사의 지원으로 제작한 콘텐츠에서는 왜 뉴욕항에서 10분 거리에 월스트리트의 무역 건물들이 자리 잡았으며 이 지역이 어떻게 세계적인 도시가 됐는지 설명한다.

광고도 변해가는 것이다. 브랜드의 철학을 일방향적인 스토리텔링으로 거창하게 담아내던 과거를 넘어서, 이제는 진짜 이야기와 생산적인 정보가 소구된다. 현실에 닿아 있는 스토리텔링이 대중을 움직이는 시대다.

재미있는 조사 결과가 있다. 한 연구 결과에 따르면 2022년은 역대 가장 많은 오리지널 콘텐츠가 만들어진 해다. 미국의 OTT, 지상파와 케이블TV의 오리지널 콘텐츠는 역대 최대인 2,024편을 기록했고 이는 전년 대비 137편이 증가한 수치다.

참고로 지금은 전 세계적으로 시장 체력이 약화된 상황이기에 2023년 결산은 일부 감소할 것으로 예상된다. 지난 10여 년간 전 세계적으로 디지털 플랫폼이 과잉 공급되며 콘텐츠가 넘쳐났는데, 2022년에 피크$_{Peak}$를 찍은 것이다. 한마디로 2022년은 피크TV의 해였다.

더 흥미로운 건 최근 20년간의 콘텐츠 구성 비율이다. 논 스크립트 성격의 콘텐츠가 지속해서 늘어나는 추세인데, 이 비율이 2022년 기준으로 58%에 달하고 있다. 여기에는 산업적인 배경과 시청자 소비 행태의 변화가 있다.

결국 대본 없는 콘텐츠가 늘어나고 있다는 것은 비싼 영화와 드라마 비율이 줄어든다는 뜻이며, 이는 상대적으로 낮은 제작비의 예능과 시

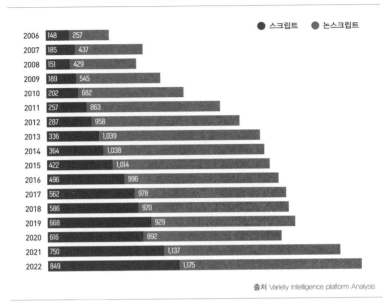

▶▶ 논스크립트 콘텐츠의 지속적인 증가 추이

● 스크립트   ● 논스크립트

연도	스크립트	논스크립트
2006	148	257
2007	185	437
2008	151	429
2009	189	545
2010	202	682
2011	257	863
2012	287	958
2013	336	1,039
2014	364	1,038
2015	422	1,014
2016	496	996
2017	562	978
2018	586	970
2019	668	929
2020	616	892
2021	750	1,137
2022	849	1,175

출처 Variety Intelligence platform Analysis

사교양 콘텐츠가 늘어나고 있다는 것이다. 플랫폼 사업자들의 과잉 공급으로 인한 유료방송, OTT 사업 전반의 악화된 수익 구조, 그리고 전 세계적인 불경기에 따른 비용감축에 따른 결과로 해석된다.

이쯤에서 독자들은 궁금할 것이다. K-콘텐츠 트렌드를 분석하는데, 왜 북미시장의 사례를 빈번하게 활용하는지 말이다. 전통 TV와 유료방송을 지나 OTT를 비롯한 IT 기반의 다양한 서비스들은 모두 북미시장에서 비롯됐다. 시청자가 유료방송 가입을 해지하고 OTT로 갈아타는 코드커팅Cord-cutting▾, 크리에이터 이코노미 현상, 크리에이터의 콘텐츠

▾ 유료방송의 선을 끊는다는 뜻.

를 유통하고 저작권을 관리하는 기획사인 MCN_{Multi Channel Network}의 몰락과 같은 그간 글로벌 미디어 산업의 중요한 변곡점들도 늘 북미시장이 시작이었다. 이는 한국의 미디어플랫폼과 콘텐츠 산업을 이해하는 데 미디어 종주국인 미국 트렌드가 필요하다는 매우 중요한 단서다.

시청자 관점에서 보자. 무수한 플랫폼들이 시간이 부족한 소비자들을 잡기 위해 전략적으로 더 짧은 콘텐츠를 쏟아낼 정도로 디지털 콘텐츠가 넘쳐나는 시대다. 심지어 1020세대에게 콘텐츠에 관해 물으면, 유튜브의 쇼츠와 인스타그램의 릴스와 틱톡 이야기만 늘어놓는다. 현재 쇼츠에서 가장 활발한 소비가 일어나는 콘텐츠 포맷도 '10초 일상'이다. 그런데 이런 경향이 의미 없이 웃기거나 혹은 픽션 콘텐츠에 대한 피로감으로 이어지고 있다는 데에 주목해야 한다.

우리는 디지털 커뮤니티나 지인들과의 모임에서 "쇼츠 보면 한두 시간은 훌쩍 가버리는데 보고 나면 허탈하다"는 이야기를 심심찮게 듣곤 한다. 창작자는 몇 초 안에 소비자의 마음을 사로잡지 않으면 스킵(건너뛰기)돼 버리니 콘텐츠 초반에 힘을 주게 되고, 소비자는 제작 의도에 따라 짧은 콘텐츠들을 멈추지 못하고 계속 보는 중독의 굴레에 빠진다. 그런데 아이러니하게도, 쇼츠와 릴스가 넘쳐나고 건너뛰기와 배속(×1.5, ×2)이 일상이 된 시대에서 시청자가 집중하는 것은 오히려 '리얼리티'다.

필자는 독서 커뮤니티 트레바리에서 만난 어떤 초등학교 선생님과의 대화에서 이런 트렌드를 더욱 실감했다. 선생님은 지난 20여 년간 초등학생을 가르치면서 지금처럼 다큐멘터리에 높은 관심을 보이는 애들이 없다고 했다. 내가 왜 그런 것인지에 대해 질문하자, 선생님은 짧은 시간에 이목을 끄는 숏폼의 피로함과 요즘 아이들의 업에이저_{Upager}▼ 성향이 아이들을 둘러싸고 있는 사회로까지 사고가 확장해가는 것 같다고 답했다.

그리고 요즘 초등학생들은 교과서 안에 등장하는 인물의 삶을 배울 때, 서사 위주의 문학 속 캐릭터보다는 다큐멘터리 성격의 실존 인물에 더 흥미를 느낀다는 말도 덧붙였다.

2023년 내내 유튜브에서 큰 인기를 끌며 온갖 뉴스와 예능에서 소개된 영상도 에버랜드의 마스코트인 푸바오와 이들을 보살피는 강철원, 송영광 사육사의 이야기였다. 이들이 등장하는 유튜브 채널 〈에버랜드〉는 기존에 인기 있던 먹방이나 꽁트 형식의 스케치코미디가 아닌 관찰 형식으로 푸바오와 사육사들의 일상과 관계를 조명했는데, 이 자체로 많은 사람들의 마음을 따뜻하게 해줬다. 진짜 이야기의 힘이다.

2023년 10월을 기준으로 〈에버랜드〉의 구독자 수는 110만명 남짓이지만 인기 영상은 수천만 조회수를 웃돌며, 이를 활용한 굿즈와 디지털 캐릭터 사업으로까지 확장되고 있다.

2023년 하반기 대한민국 최고의 화제작은 바로 〈나는솔로〉(이하 〈나솔〉)라는 연애 리얼리티였다. 단순히 예능 판을 뒤흔든 정도가 아니라 하나의 사회적 현상이 된 것이다. "요즘 〈나솔〉 16기 보니?"는 밈이 되었으며 수요일 밤 10시면 〈나솔〉 보러 집에 들어가야 한다는 시청자들이 생겼을 정도이다. 극단적인 비유이지만 1995년 드라마 〈모래시계〉

▼ IT서비스에 둘러싸인 요즘 아이들이 기존 세대에 비해 왕성한 정보를 얻게 되니 다방면으로 아는 것이 많다는 뜻의 신조어.

가 시작하면 길거리에 차가 안 다닌다는 그 옛날의 풍문도 떠오른다. 결국 〈나솔〉 16기의 마지막 회차 시청률은 7.9%까지 올랐으며, 종영 삼 주를 훌쩍 넘기고도 〈나솔〉은 유튜브와 인스타그램에서 꼬리에 꼬리를 물고 화제성을 이어가고 있다. 제 아무리 〈나솔〉의 팬덤이더라도 2, 3차로 파생되고 있는 〈나솔〉 연관 콘텐츠들의 생산 속도를 따라갈 수가 없다.

그렇다면 왜일까. 이미 다양한 전문가들과 유튜버들은 〈나솔〉의 성공 요인으로 짜여진 각본이 없는 리얼리티라는 점과 우리 모두에게 스스로를 들여다볼 수 있는 성찰의 기회를 줬다는 점을 말한다. 물론 이같은 화제성에는 데이트 비용을 제작비로 처리하면 날것의 대화와 찐표정들이 안 나와서 출연자들에게 밥값을 내게 한다는 PD의 면밀함도 작용했을 것이다. 그러나 이와 동시에 〈나솔〉에는 일반인 출연자가 주는 진정성의 힘이 있다. 대부분의 예능이 리얼리티를 표방하지만, 연예인을 담는 관찰 카메라는 어디까지가 진실이고 어디부터가 연출인지 명확하지 않다. 100% 리얼리티라고 시청자를 학습시키지만 '어딘가에는 연출된 지점이 있겠지'라는 찜찜함을 떨쳐내기 어렵다.

결국 2023년 최고의 화제작은 〈카지노〉도 〈밀수〉도 〈피지컬: 100〉도 〈무빙〉도 아닌 케이블 채널의 〈나솔〉이 당첨됐다. 시청자는 리얼리티 예능과 다큐멘터리를 넘나들던 아슬한 지점들에 환호했으며 사랑만큼 미움도 받은 출연자들이지만 그들의 진정성만큼은 신뢰했다. 진짜이기 때문이다.

〈피지컬: 100〉과 〈나는 신이다〉의 성공, 지상파의 역사적 아카이브를 주목하라

2023년 9월 첫 주 기준, 넷플릭스에서 글로벌 1위를 시작으로 삼 주간 상위권을 유지했던 건 드라마가 아닌 다큐멘터리 〈뎁 vs 허드_{Depp v. Heard}〉였다. 여기서 '뎁'은 한 시대를 풍미한 〈캐리비안의 해적〉 시리즈의 잭 스패로우 선장이었던 조니 뎁, 바로 그가 맞다.

2022년 할리우드를 뜨겁게 달군 조니 뎁과 그의 아내 앰버 허드 사이의 이혼 소송과 명예훼손 재판을 생생하게 담아낸 이 작품은 화려한 출연진만으로도 화제가 됐다.

지극히 가정적이고 이보다 더 개인적일 수 없을 그들의 사생활은 유명인이라는 이유로 소셜미디어에 도배됐고 결국 마지막 재판 현장은 미국 전역에 생중계되며 화제성에 화룡점정을 찍었다. 미국에서는 이들의 재판이 우크라이나 전쟁보다 더 중요해보인다는 우스갯소리도 있었다고 한다.

〈뎁 vs 허드〉는 3부작 다큐멘터리로, 이 모든 과정과 대중의 생각을 생생히 담았다. 다큐멘터리는 화려한 그들의 할리우드 자료 화면들이 중간중간 삽입되며 볼거리를 제공했는데, 제작자이자 저명한 다큐멘터리 감독인 엠마 쿠퍼Emma Cooper는 그들의 과거 할리우드 영화 클립들과 인터뷰 아카이브를 최대한 활용하며 픽션과 논픽션을 영리하게 섞어 놓는 연출을 선택했다.

그럼으로써 시청자들에게 여론 재판이 시작되면 소셜미디어가 중립성을 갖는 것이 얼마나 중요한지에 대한 메시지를 날카롭게 던진다. 뎁과 허드의 소송과는 무관하게 말이다.

결국 연출자는 할리우드 소송을 활용해 그가 전하려는 메시지를 강력하게 말한다. 실제 사건을 메시지를 던지기 위한 껍데기로 활용했다는 것이 아이러니하지만 대중을 설득하는 방식으로 이것만큼 효과적인 장치는 없다.

유명인의 가정사는 대중의 알 권리와 자극적인 옐로우 저널리즘Yellow Journalism 사이에서 늘 논란거리를 만들어 왔다. 하지만 〈뎁 vs 허드〉가 넷플릭스 영어권 국가에서 1위를 지킨다는 건 진실 공방에 대한 궁금증은 동서양과 남녀노소를 막론한 인간의 본능임

출처 넷플릭스

넷플릭스 글로벌 1위를 차지했던 〈뎁 vs 허드〉의 스틸컷. 유명인의 사생활에 대한 궁금증은 동서양을 막론한 인간의 본능임을 다시금 알려준 사례다.

을 다시 한번 알려준다.

동시에, 소송에서 패소한 앰버 허드가 조니 뎁에게 지급해야 할 1,500만달러라는 배상금과 그 지급을 앞두고 그녀가 파산을 선언했다는 결론마저 다큐멘터리의 흥행에 좋은 양념이 됐다.

참고로 2023년 10월 초 넷플릭스에 공개된 후 이 주째 글로벌 1위를 지키고 있는 작품 역시 〈베컴Beckham〉이라는 4부작 다큐멘터리다. 작품은 의심할 여지 없이 지구에서 가장 유명한 사람 중 1명이자 영국 축구를 대표하는 베컴의 일대기를 다뤘다.

2023년 넷플릭스와 애플TV+ 등 공룡 OTT들이 스포츠 다큐멘터리에 집중하고 있는 점에도 주목해야 한다. 넷플릭스는 테니스와 골프 다큐멘터리를, 애플TV+는 너무나 시의적절하게 서핑 다큐멘터리를 공개했으며 세계 최대의 스포츠 채널 ESPN도 스포츠 다큐멘터리를 더 늘이고 있다.

넷플릭스와 세계 최대의 자동차 프로레이싱 대회인 F1이 공동 제작한 〈F1: 본능의 질주Drive to Survive〉는 시즌5까지 이어지기도 했다. 에피소드들은 선수들의 우승과 슬럼프에 대한 극복과 이적 등 프로들의 뒷이야기지만, 설사 F1 팬이 아니더라도 300 킬로미터 아워 이상의 거칠고 현란한 주행 테크닉은 그 자체만으로도 매우 자극적이다.

트렌드에 맞춰 2023년 3월 미디어 콘퍼런스 사우스바이사우스웨스트SXSW에서는 '스포츠 다큐멘터리가 당신을 더 깊게 안내한다Inside the Game: Sport Docs Take You Deeper'는 생소한 세션을 기획하면서 스포츠 다큐멘터리가 왜 인기인가에 대한 담론을 꺼냈다. 현장에서는 콘퍼런스의 제목 그대로 스포츠 팬덤들은 경기에서는 볼 수 없는 선수의 깊은 이야기

글로벌 OTT들이 스포츠 다큐멘터리에 주목하고 있다. 경기에서는 볼 수 없는 선수의 깊은 이야기를 원하는 스포츠 팬덤의 강한 로열티는 불황에 허덕이는 OTT에 구세주가 된다.

를 늘 원하며, 선수는 경기 밖의 이야기를 대중에게 알리고 싶은 욕구가 있다는 결론이 나왔다. 같은 콘텐츠를 반복해서 보는 스포츠 팬덤들의 강한 로열티 역시, 지금 불황에 허덕이는 OTT에게 구세주가 되고 있다.

이번엔 국내시장에서의 리얼리티 콘텐츠를 살펴보자. 2023년 상반기, K-예능의 주인공은 누가 뭐래도 리얼리티였다. 최강의 신체 능력을 갖춘 100인을 데리고 최고의 '몸'을 선발한 〈피지컬: 100〉은 2023년 2월, 넷플릭스에서 공개된 K-예능 최초로 글로벌 1위에 올라섰다. 그간 K-예능의 최고 순위는 2022년 〈솔로지옥〉이라는 데이팅쇼가 기록한 글로벌 5위였다. 물론 〈피지컬: 100〉은 영화나 드라마가 아니면 예능으로 분류되는 그간의 방식으로 편의상 '예능'이라 일컬을 뿐, 사실상은 서바이벌이라는 포맷을 취한 리얼리티 시리즈라고 부름이 옳다.

이와 관련해, K-예능 최초의 글로벌 TV쇼 1위 연출자가 MBC 〈PD수첩〉 출신의 시사교양 PD라는 점도 흥미롭다. 글로벌 TV쇼 1위라는 성과는 공개된지 고작 이 주 만에 달성했으며 BBC에서는 "다음의 한국문화 트렌드는 K-리얼리티쇼?"라는 헤드라인으로 〈피지컬: 100〉을 크게 주목하기도 했다.

연이어 3월에는 넷플릭스에서 국내 1위를 달리던 다큐멘터리 〈나는 신이다: 신이 배신한 사람들〉(이하 〈나는 신이다〉)이 비영어권 글로벌 5위까지 올라서는 기염을 토했다. 〈나는 신이다〉는 스스로를 신이라고 명명하며 대한민국을 뒤흔든 4명의 종교인과 그 피해자들을 관찰한 8부작 다큐멘터리다. 피해자만이 아니라 해당 종교단체 관계자들과 당시 취재했던 기자, PD들까지 등장해 과거의 보도보다 현실감 있게 연출하며 대중의 몰입감을 극대화했다.

2023년 상반기 연이어 공개돼 글로벌 시장에서 좋은 성적을 거둔 K-리얼리티쇼 〈피지컬: 100〉과 〈나는 신이다〉에는 두 가지 공통점이 있다.

첫째, 이들은 리얼리티 콘텐츠의 본질에 부합한 사회적 담론을 끄집어냈다. 〈피지컬: 100〉은 소외당하거나 비인기인 스포츠 종목들과 몸을 쓰는 직업군을 재조명했으며 〈나는 신이다〉는 종교단체에서 일어나는 반인륜적인 범죄를 보여줬다. 〈나는 신이다〉의 연출자인 조성현 PD는 왜 한국은 교주들에게 안전한 나라인 건지, 우리 스스로 방관자 태

BBC에서 K-리얼리티 열풍의
대표작으로 소개한 〈피지컬: 100〉.

도를 보이는 건 아닌지 물음표를 던지려고 했다고 한다.

둘째, 두 시리즈 모두 지상파 TV 방송국인 MBC가 제작사이다. 우선 K-예능 최초로 글로벌 1위를 한 서바이벌쇼 〈피지컬: 100〉의 연출자 장호기 PD가 MBC 시사교양국 소속이었다는 것을 상기해보자.

과거 장호기 PD는 지상파 시사교양국의 방대한 자료들을 활용해 인간의 신체를 탐구하는 콘텐츠를 어떤 형태로든 다뤄볼 계획을 하고 있었다. 본인이 특공대 출신이라 신체에 워낙 관심이 많아서였지만 보디프로필 촬영이라는 최근의 사회적 현상에서 대중의 수요를 읽었다고 한다. 이러한 기획이 넷플릭스를 만나면서 상금 3억원을 걸고 최고의 몸을 찾는 글로벌 서바이벌로 거대해진 것이다. 전 세계 어느 국가에서

▼ 이후 그는 2023년 6월 〈피지컬: 100〉의 공동제작사인 '갤럭시 코퍼레이션'으로 이적해 〈피지컬: 100〉 시즌2를 준비 중이다

나 현장의 치열함이 그대로 전달되기 위해 예능형 자막을 최소화하고 의도적인 편집을 없앴다는 점도 유효했다.

공개 이 주 차에 홍콩, 싱가포르를 비롯해 동남아 전역에서 1위를 달성한 〈나는 신이다〉는 더 흥미롭다. 사회적 파급력이 강하고 확실한 증언 기록들이 중요하기 때문에 과거의 자료화면들이 대거 등장하는데 십수 년간의 MBC 아카이빙 자료들이 대거 활용됐다. 끊임없이 자료화면으로 삽입되는 시사교양 PD들의 짤막한 인터뷰까지 말 그대로 지상파 방송국만이 모을 수 있었던 자료들과 할 수 있는 것들이 적재적소에 포함된 것이다.

지극히 로컬스러운 아카이빙 자료들은 글로벌 OTT는 갖기 어려운 콘텐츠 재료들로 진짜를 궁금해하는 콘텐츠 트렌드에 차별적으로 활용될 수 있다. 동시에 TV 방송국들에 슈퍼 IP란 〈오징어 게임〉이나 〈더 글로리〉가 아니라 자체 재료들을 영리하게 활용한 웰메이드 글로벌 다큐멘터리나 프리미엄 시사교양일 수 있음을 알려준다.

십수 년간 시청자의 웃음과 눈물, 감동을 책임져 온 TV 방송국들이 2023년에 그리고 2024년을 준비하며 그들의 창고를 털어 만든 콘텐츠를 넷플릭스에 납품하는 상황이 아이러니하긴 하다. 그러나 기술의 진화에 따라 플랫폼이 변화하는 상황에서 TV 방송국의 역할은 콘텐츠의 본질에 더 집중해야 함이 옳다.

마지막은 리얼리티에 대한 시청자의 기대다. 지금의 시청자는 오롯이 리얼 그대로를 원한다. 그 어떤 불가피한 상황이었더라도 누군가의 개입에 대해서는 원초적인 거부감을 느끼는 것이다. 우리는 모두 리얼리티임을 인지하고 시청하기 때문이다.

실례로 〈피지컬: 100〉의 글로벌 대성공 이후, 한 출연자가 제기한 결승전 논란은 쉽사리 사그라지지 않았고 결국 제작진은 원본을 모조리 공개하기에 이르렀다. 이에 대해 연출자인 장호기 PD는 일반적인 예능과는 달리 시뮬레이션은 가능하나 리허설은 불가능한 리얼리티의 본질을 강조하며 당시의 상황을 설명했다. 그리고 2024년 공개를 앞둔 〈피지컬: 100〉 시즌2도 가전제품의 사용 설명서만큼 빼곡한 매뉴얼을 철저히 설계했음을 알렸다.

무수한 경우의 수를 대비하기 위해 제작진이 수십, 수백 번의 시뮬레이션을 해도 현장에서 예측할 수 없는 참가자들의 도전과 실패가 발생하는 것, 그것이 또 리얼리티를 보게 하는 힘일 것이다.

2019년 넷플릭스에서 신호탄을 올린 〈킹덤〉을 시작으로 코로나19를 거치며 K-콘텐츠 르네상스가 열렸다. 하지만 〈오징어 게임〉, 〈지옥〉, 〈스위트홈〉, 〈수리남〉, 〈더 글로리〉 그리고 최근의 〈마스크걸〉과 디즈니+의 〈무빙〉까지 그 영광은 오롯이 K-드라마의 몫이었다. 그리고 이들은 인기 웹툰이 원작이거나 온전히 새로운 스토리텔링, 즉 픽션이다. 물론 예능이나 다큐멘터리 등은 특정 국가나 지역의 사회적 현상과 언어적 뉘앙스의 차이로 글로벌 전역에서 공감받기에는 물리적으로 어려움이 있다.

그럼에도 앞서 〈피지컬: 100〉은 예능 자막을 최소화하는 등의 방식으로 현상 그대로의 공감과 이해로 소통하려 했고, 결국에는 넷플릭스 시청이 가능한 190여 개국 중 82개국 이상에서 10위권에 진입하며 K-드라마 그 이상의 영향력을 보여줬다. 참고로 넷플릭스는 현재 이탈리아, 프랑스, 독일 등의 국가에서 〈피지컬: 100〉의 로컬 버전을 준비 중이다.

K-콘텐츠의 글로벌 바이럴이 K-드라마, K-무비, K-예능으로 이어지고 있으며, 리얼리티쇼와 다큐멘터리가 그 뒤를 잇고 있다. 대한민국 다큐멘터리 역사상 최초로 2007년 에미상 최우수 다큐멘터리 후보에 올랐던 KBS〈차마고도〉의 격을 갖춘 K-글로벌 다큐멘터리를 다시 기다려 본다.

'퀵 다큐'와 '인포테인먼트',
뉴스가 콘텐츠가 되는 순간

2023년 8월, 한국방송학회는 '디지털미디어 패권 시대, 지상파 콘텐츠의 가치와 경쟁력'이라는 세미나를 개최했다. 제목만으로 예상할 수 있듯이, OTT 시장 재편이 가져온 지상파 방송 채널의 시청률 하락에 대한 논의였다. 산업 전문가들의 활발한 토론이 있었으나 핵심은 다음과 같았다.

OTT의 급격한 성장은 TV 종말이 아닌 VOD를 대체할 것이므로 실시간 뉴스 채널을 제공하는 TV 방송은 경쟁력을 유지한다는 것이다. 결국 미래의 시청행태는 OTT와 실시간 뉴스라는 말이다.

엄밀히 들어가 보자면, 실시간으로 송출되는 뉴스를 제외하면 방송국에서 제공하는 프로그램들은 OTT들이 잘 구매해서 동일하게 제공하고 있긴 하다. 여기에 더해, 넉넉한 제작비로 때깔까지 좋은 콘텐츠들이 'OTT 오리지널'이라는 이름으로 제공된다. 국내외 모든 TV 방송국이 고초를 겪고 있음에도 이들의 마지막 보루는 다시 돌아서 전통적인 방식의 뉴스인 레거시일 수밖에 없다는 점이 역설이지만 말이다.

2022년 대선을 위해 각 후보가 홍보 활동을 할 즈음이다. 대한민국 대선 최초로 후보들이 유튜브 채널에 출연한 것이 큰 화제였다. 당시 기준으로 구독자 170만명에 달하는 〈삼프로TV_경제의신과함께〉라는 경제 유튜브에 대선 후보들이 출연한 것이다. 이들은 그간 대선 후보들의 통과의례였던 똑같은 TV 토론회가 아닌 유튜브에 출연해 정책을, 관심사를, 비전, 그리고 자연스러운 모습들을 마음껏 보여줄 수 있게 된 것이다. 결과적으로 후보들의 영상 총조회수는 1,200만을 돌파하며 엄청난 바이럴을 만들어 냈다.

여기에서 주목해야 할 부분은 '대선 후보들이 유튜브에 출연했다'가 아니라 시청자들은 '후보들이 TV 뉴스에서 토론하는 그 이상의 콘텐츠를 원했다'는 지점이다.

당시 TV 방송국들은 〈삼프로TV_경제의신과함께〉의 바이럴을 의식해서인지 연이어진 토론 프로그램과 뉴스 데스크 등에서 새로운 포맷으로 대선 콘텐츠를 제공하려 노력했다. 이들은 유튜브처럼 발언 시간과 심의에서 벗어날 수는 없지만, 기계적으로 맞춰진 시간에서 벗어나려 했고 획일적인 질문만 던져서 심층 인터뷰가 안 된다는 그간의 평을 뒤집으려 했다.

결국 유튜브는 의도하진 않았으나 대선 인터뷰로 전통 뉴스들이 달라져야 할 길을 제시했다. TV 방송국들은 새로운 시도의 필요성을 인지하게 됐다. 뉴스도 콘텐츠가 돼야 한다는 것을 말이다.

레거시 미디어의
'찐' 콘텐츠

기술의 진화로 콘텐츠를 빠르고 쉽게 전달하는 IT 유통망이 늘어난 지 오래다. 그리고 IT 유통망들은 차별화된 콘텐츠를 잘 모아 팬덤 집단을 만들어 각자의 브랜드로 완성돼 간다.

반면, 전통적인 TV 방송국이 보편적인 기획과 만듦새만으로 승부를 보는 건 시청의 파편화와 재원의 한계로 어려움에 봉착했다. 이들은 유튜브와 넷플릭스에 부족한 '실시간'과 '뉴스'라는 강점을 부각해야 할 것이나 야속하게도 SNS라 불리는 소셜미디어들이 실시간 보도와 여기에서 파생된 찐 콘텐츠들을 더해 새로운 뉴스 문화를 창조했다.

여기에서 '찐' 콘텐츠란 무엇인가. 내가 본 뉴스를 누가, 왜 그리고 어떤 환경에서 보도한 것인지 궁금하다는 것이다. 기자들이 어떠한 과정과 배경에서 이를 생산했는지, 그 과정은 제대로 된 것이었는지 말이다. SNS 중에서 가장 보도 기능을 일부 흡수해가는 것처럼 보이는 것이 바로 틱톡이다.

2022년 9월, 그야말로 역대급 허리케인이었던 이안Ian이 미국을 강타하던 때에 그 어느 때보다도 많은 기자들이 치열하게 위험 속에서 현장을 중계했다. 마치 '누가 더 위험한 곳에 있나'를 경쟁하듯이 말이다. 그리고 그 아슬아슬한 현장 영상은 수십 개로 쪼개진 뉴스 숏폼이 돼 틱톡에서 조회수가 폭발했다. 중계 내용보다 중계가 이뤄지는 날것의 재료들과 저널리스트의 진정성이 콘텐츠가 됐고, 전 세계로 확산된 것이다.

한 영상에는 데스크에서 현장 중계를 시청자에게 전달하는 앵커가 "괜찮나?"를 묻자, 기자는 "I'm fine(괜찮다)"을 누차 강조하는 모습이 담겼는데, 이 장면은 전 세계 시청자에게 울컥한 감동을 선사했다. 이처럼 보도의 진정성이 엔터테인먼트가 돼 광고적 가치로 승화된다. 재난 보도의 명확한 사실은 뉴스에서 보지만, 틱톡에서는 얼마나 심각한 상황인지에 대한 체감을 얻어간다. 그런데 누구에게나 후자가 더 쫄깃하고, 반복해서 보고 싶다.

2023년 7월 한국에서는 광화문 한복판에서 비를 쫄딱 맞은 채로 보도하던 뉴스 기자에게 우산을 씌워주던 행인이 실시간 뉴스에 포착됐다. 보도가 끝날 때까지 우산을 씌워주던 행인의 훈훈함은 SNS에 해시태그 '#스윗아저씨'로 확산됐다. 물론 해당 뉴스가 콘텐츠가 된 이유는 혹여나 본인의 오지랖이 뉴스에 방해되지는 않을까 염려하는 마음이 아저씨의 자세와 표정을 통해 온 국민에게 전달됐기 때문이다. 지나가던 행인1의 진정성이 소셜 콘텐츠가 된 순간이다.

글로벌 베스트셀러 《프로세스 이코노미》의 저자이자 IT 비평가인 오바라 가즈히로가 "이제 프로세스를 파는 새로운 전략을 밀어야 한다"

출처 유튜브 채널 'CBS News', 'WUSA8'

stuck. Ohh, so she had somewhere to

허리케인에 맞선 기자(좌)와 간호사를 구출하는 미국 플로리다 방송 기자(우)의 모습이다. 이 뉴스 콘텐츠들은 틱톡에서 수만 번 재생되기도 했다.

라며 '프로세스 이코노미Process Economy'를 강조한 것과 일맥상통 한다.

프로세스 이코노미는 한마디로, 대중이 원하는 가치가 점점 아웃풋(결과물)에서 프로세스로 이동하고 있다는 뜻이다. 이 트렌드는 본질적 가치를 중요시하는 MZ세대의 가치관과 결이 맞는다. 과정의 미학이라는 것이 뉴스에서는 보도 내용의 앞뒤 상황이고 이는 결국 리얼리티다. 물건을 잘 알리기 위해 과정을 팔아야 하는데 그 중심이 리얼리티인 것이다.

방송국이 아닌 콘텐츠를 생산하는 뉴스 스튜디오

K-드라마를 마케팅하거나 K-팝 신곡을 발표할 때 확산이 쉬운 쇼츠와 릴스를 제작해 공개하듯이, 레거시 미디어들마저 시청자를 확보하고 진정성을 팔기 위해 파생 콘텐츠를 생산하고 있다. 유튜브, 그러니까 소셜미디어가 리얼리티의 최고봉에 있는 뉴스마저 콘텐츠의 소임을 다하라고 쪼는 모양새다.

향후 뉴스 방송국들이 SNS 효과의 중독성으로 기자, 요즘 말로 보도 크리에이터들을 더 위험한 현장에 두는 웃픈(?) 상황이 나오진 않을까 우려가 된다. 미디어 업계에서 '유튜브의 다음 세상도 또 유튜브'라는 우스갯소리가 있는데, 이제 예능 드라마를 넘어 뉴스마저 시청자의 시간과 시선을 붙잡기 위해 유튜브와 틱톡과 경쟁을 하고 있다. 뉴스도 보도 시간에 맞춰 TV 앞에 앉아있던 시대가 저물어 간다. 지상파와 종편 방송국들이 대중이 업로드한 SNS 콘텐츠를 골라서 보도한 지도 꽤

출처: 유튜브 채널 'NewscastStudio' 캡처

뉴스룸에 대형 아이폰을 설치해 콘텐츠가 된 뉴스를 보도하는 BBC.

됐다.

2023년 4월, BBC도 뉴스룸 스튜디오 한가운데에 대형 아이폰을 설치해 하루의 온라인 기사들을 직접 소개하는 파격적인 행보를 취했다. 앵커도, 뉴스 방송국도 시청자처럼 온라인 뉴스를 스마트 디바이스를 통해 접한다는 공감대를 형성하기 위해서일 것이다.

앞서 언급했던 뉴스 앞뒤로 연결된 리얼리티 콘텐츠들이 이러한 포맷에서 더 빛을 발하는 것은 당연하다. 물론 TV 앞에 앉아있지 않는 시청자를 잡기 위해 모바일까지 끌고 들어와 소셜미디어를 연결하고 세로형 포맷으로 소통하는 것이지만, 결국 이는 보도에 스토리텔링을 더해 소통하기 위함이다.

디즈니의 자회사이기도 한 ABC뉴스가 선택한 전략은 뉴스와 연결된 메시지를 친절하게 전달할 수 있는 다큐멘터리다. 결국 뉴스를 심층 취재하면 시사고 다큐멘터리일 테니, ABC뉴스는 시청자 유지를 위한 정면 돌파를 선택한 셈이다. 다만 최대한 뉴스와 연결성을 높여야 하므로 '퀵 다큐Quick Docu'라는 새로운 장르를 시도했다. 퀵 다큐란 기존 다큐멘터리가 아닌 뉴스가 보도된 후, 빠르면 하루에서 길어도 일주일 이내에 속전속결로 제작해 공개하는 것이다. 당연히 전통 다큐멘터리보다는 짧고 뉴스보다는 자세한 콘텐츠다.

이렇다 보니, 뉴스데스크가 아닌 콘텐츠를 생산하는 뉴스 스튜디오라고 부르지만, 다큐멘터리를 하루 만에 만들어 낸다면 '디지털 오리지널'이라고 함이 더 적절해보인다. 이처럼 시청자를 잃어가는 전 세계의 TV 방송국들은 실시간 뉴스와 연결해 각자만의 방식으로 콘텐츠를 확장해간다.

지난 2022년, 스튜디오가 된 ABC 뉴스 방송국은 화제가 된 사회적 사안들은 퀵 다큐로 제작하고, 뉴스 방송국의 강점인 엄청난 자료 아카이브로는 프리미엄 다큐멘터리를 꾸준히 만들고 있다. 앞서 소개했듯이 한국의 지상파가 축적된 자료 화면들로 그들만이 할 수 있는 다큐멘터리를 제작하듯이 말이다.

이들이 제작한 1980년대의 레전드 스타 브룩 실즈Brooks Shields의 다큐멘터리 〈프리티 베이비〉는 작품성을 인정받아 2023년 1월 선댄스영화제에 초청받기도 했다. 머지않아 ABC 뉴스 스튜디오가 아니라 그냥 'ABC 스튜디오'라고 부를 날이 올지도 모르겠다. 이렇게 뉴스 스튜디오에서 생산되는 프리미엄 다큐멘터리는 결국 넷플릭스와 디즈니+의 리얼리티 콘텐츠와 경쟁하게 된다.

2023년 6월, 넷플릭스는 〈우리의 지구〉 시즌2를 공개했다. 2019년 에미상을 수상하고 넷플릭스에서 1억 가구 이상이 시청하는 기적을 만

〈우리의 지구〉가 다큐멘터리로서는 유례없는 성공을 거두자, BBC가 초대형 다큐멘터리와
시사 보도의 명성을 넷플릭스에 넘겨주는 게 아니냐는 풍문이 돌았다.

들었던 바로 그 〈우리의 지구〉가 맞다. 압도적인 스케일과 촬영 기술로
다큐멘터리로서는 유례없던 성공을 거뒀던 〈우리의 지구〉의 제작사 실
버백 필름스Silverback Films 가 동물학자이자 BBC 다큐멘터리의 거장인 데
이비드 애튼버러David Attenborough 와 조우해 시즌2를 내놓았다.

전 세계 60개국에서 촬영된 시즌1에 이어 2023년에 공개된 시즌2까
지 사람들이 놀라워 한 건 뛰어난 완성도가 아니라 이 시리즈가 BBC 자
연 다큐멘터리가 아닌 넷플릭스 오리지널이라는 사실이라는 우스갯소
리가 있을 정도이다. 세계 최초이자 최대의 공영 방송국인 BBC가 초대
형 다큐멘터리와 시사 보도의 명성을 넷플릭스에 넘겨줄 판이다.

사실 넷플릭스가 한국시장에서 '다큐 맛집'이라는 지적인 애칭으로
불리기 시작한 건 오래전이다. 이들은 전 세계의 소소한 소재들을 웰메
이드 다큐멘터리로 만들어 내고 다큐멘터리의 대중화라는 큰 흐름을
만들어 냈다. 게다가 2021년, 넷플릭스 오리지널 다큐멘터리 〈나의 문

어 선생님〉이 아카데미 시상식에서 장편 다큐멘터리상을 수상하며 '넷플릭스=프리미엄 다큐멘터리'라는 마케팅을 제대로 했다. 지금의 리얼리티 트렌드는 빅 플레이어들의 이러한 움직임이 더해져 산업적으로 대중적으로 완성돼 간다.

아무도 콘텐츠를 기다리지 않는, 기다릴 필요가 없는 시대에서

기술의 진화는 콘텐츠 시청 방식의 다양화를, 코로나19는 우리의 시청 시간을 늘리며 콘텐츠 생산 과잉을 유발했다. 그리고 앞서 설명됐듯이 2022년은 가장 많은 오리지널 콘텐츠가 만들어진 해로 기록될 것이다. 유튜브에서 매시간, 매분, 매초 쏟아지는 생산량을 제외하고도 말이다.

여기에 훗날, 21세기 전 세계인의 눈과 귀를 책임진 두 공룡으로 기억될 넷플릭스와 유튜브는 모두에게 콘텐츠 취향을 학습시켰고 그들의 알고리즘은 지금도 날카롭게 진화하고 있다.

이제 아무도 콘텐츠를 기다리지 않는, 기다릴 필요가 없는 시대다. 이러한 시대에 콘텐츠 상품은 설득과 진정성이 더해지지 않으면 팔리지도 집중받지도 못한다. 다양한 장르와 그 장르들의 융합으로 새로운 포맷이 등장하면서도 지금 리얼리티 콘텐츠가 주목받는 이유다.

이미 오래전이지만, 2017년 《뉴욕타임스》의 팀 에레라Tim Herrera 는 "우리의 경쟁자는 《워싱턴 포스트》가 아닌 넷플릭스와 스포티파이다"라고 말했다. 넷플릭스의 리드 헤이스팅스가 "우리의 경쟁자는 디즈니+가 아닌 포트나이트™"라고 한 것이 2019년이니, 어쩌면 리드가 팀의 발언을 패러디했을지도 모르겠다. 이처럼 동종, 이종업을 막론하고 경쟁하는 시대에는 뉴스도 콘텐츠가 돼야 한다. 그마저도 생산 속도는 더 빠르고 밀도는 더 깊게 들어가야 한다.

2024년 상반기, 총선을 앞둔 한국이다. 미국처럼 국민의 눈과 귀를 잃어가는 뉴스 방송국들이 각자의 전략으로 숏폼 뉴스와 퀵 다큐로 도배를 할지도 모른다. 2023년 CNN 간판인 저녁 9시 뉴스의 시청자 수는 50만명까지로 떨어졌으니 말이다. 누군가는 TV 토론에서 부동산 정책 한 줄을 만들기까지 몇 달간의 과정을 퀵 다큐로 만들어 스토리텔링을 더하고 또 누군가는 틱톡 챌린지로 공약 열두 개를 확산시키는 식이다.

2023년 2월, 《블룸버그》의 CEO 스콧 헤이븐스Scott Havens는 "지금이 다큐멘터리와 인포테인먼트의 전성시대는 아니지만 어떤 플랫폼이든 이들 콘텐츠가 먹히고 있다"고 했다. 왜일까. 지극히 사실을 전달하는 뉴스에도 설득이 필요한 시대, 그래서 뉴스도 콘텐츠가 돼야 하는 시대가 왔기 때문이다. 지금도 그러하다.

▼ 에픽게임즈에서 유통하는 서바이벌 슈팅 게임.

이제는 세상의 변화를 좇아가야만
콘텐츠를 만들 수 있어요.

강숙경 | 〈피지컬: 100〉 시즌1~2, 〈강철부대〉, 〈2억9천: 결혼전쟁〉 예능 작가

〈강철부대〉의 대흥행과 K-예능 최초 넷플릭스 글로벌 1위에 오른 〈피지컬: 100〉으로 대한민국을 대표하는 스타 예능 작가가 됐다. 연이어 2023년 상반기 tvN의 〈2억9천: 결혼전쟁〉도 결혼하지 않는 시대라는 사회적 담론을 커플 서바이벌에 담아내어, 시대적 결핍을 콘텐츠에 투영하는 '강숙경 세계관'을 제대로 정착시켰다는 호평을 받았다. 2024년, 〈피지컬: 100〉 시즌2는 공개를 앞두고 있다.

2022년은 전 세계적으로 가장 많은 오리지널 콘텐츠가 만들어진 해입니다. 그런데 흥미로운 건 2022년 기준으로 리얼리티와 논스크립트 성격의 콘텐츠가 전체의 58%에 달하는데, 이는 역대 최고입니다. 대본 없는 콘텐츠가 늘어나고 있다는 것은 비싼 영화나 드라마보다 가성비가 높기 때문이라는 해석도 가능하지만, 오늘날의 시청자가 점점 더 '진짜 이야기'를 원하는 것은 아닐까 싶기도 한데요. 지금의 트렌드와 리얼리티를 대하는 시청자들의 태도가 무엇이 달라지고 있다고 생각하시는지요?

논스크립트 콘텐츠가 영화나 드라마보다 가성비가 높기 때문이라는 이유도 세계적인 경기 불황의 여파로 보자면 맞는 말인 거 같습니다. 하지만 논스크립트야 말로 셀러브리티나 판타지 스토리가 없기 때문에 시청자와 유저의 욕구를 짚어내지 못한다면 외면당할 가능성이 훨씬 큽니다.

그래서 논스크립트 간의 경쟁은 치열하고 서바이벌처럼 잔인하거든요. 모두가 리얼리티를 강조하는 시대에서 '진짜'는 무엇일지 저도 늘 고민합니다. 대본이 없어서, 의도적인 설정이 없어서, 출연자가 진정성이 있어서……. 어느 쪽이든 무조건 '진짜'라고 강조하긴 어렵습니다. 진짜의 기준은 시청자가 진짜라고 느끼는 콘텐츠여야 결국 진짜입니다.

웹예능 〈가짜사나이〉가 인기를 얻을 때, 저는 '진짜 특수부대 예비역들이 모여서 서바이벌하면 얼마나 재미있을까'라는 생각을 했고, 〈강철부대〉는 그 예상과 노력대로 큰 인기를 얻었습니다. 그렇지만 〈강철부대〉가 완벽한 논스크립트는 아닙니다. 어떤 특수부대가 참가하는 게 좋을지, 어떤 참가자를 선발하는 게 좋을지가 대본처럼 빽빽하게 정리돼 있습니다.

모든 미션에서 예상되는 참가자들의 행동과 결과에 따른 시뮬레이션 리포트는 수백 장이 넘고, 참가자 개개인의 캐릭터와 예상되는 재미는 물론 인기 요인까지 드라마 대본처럼 정리돼 있습니다.

이 모든 작업은 우리 주변에서 흔히 볼 수 있는 참가자들이 히어로가 되고 멋진 인생 드라마를 써가는 과정을, 시청자가 함께 목격하고 응원할 수 있게 하는 과정입니다. 결국 논스크립트라고 느낄 수 있게 만드는 완벽한 과정이 성공의 열쇠라고 생각합니다.

K-팝에서 시작된 K-콘텐츠의 글로벌 인기가 영화, 드라마에 이어 예능으로 이어졌습니다. 그리고 올 상반기 BBC는 'K-리얼리티 트렌드'를 비중 있게 보도하기도 했지요. 예능 트렌드의 변화에 대한 작가님의 인사이트가 궁금합니다.

트렌드에 대한 특별한 고찰이 있다거나 대세를 분석하면서 콘텐츠를 기획하지는 않습니다. 단지 사람들이 뭘 좋아하고 어떤 이야기들이 입소문을 타는지에는 늘 관심을 두고 집착합니다. 저는 SNS를 전혀 하지 않지만, SNS에 심취한 지인들을 유심히 관찰합니다. 도대체 저 속에 뭐가 있길래 한번 들어가면 나오지 않는 걸까? 저 표정은 무엇을 보고 있는 표정일까?

코로나19 이후에 전 세계가 고립된 인간관계로 힘들어할 때, 많은 분이 홈트레이닝 콘텐츠를 구독했고 운동 유튜버가 인기를 얻었습니다. 그래서 〈피지컬: 100〉은 언어, 인종, 나이, 성별을 막론하고 빠져들 수 있는 글로벌 콘텐츠라고 확신했습니다. 그리고 모태 솔로도, 돌싱도, 모두가 적극적으로 사랑을 찾는다고 하길래 결혼을 약속한 진짜 커플이 유혹과 갈등을 이겨내고 결혼에 이르는 전쟁 같은 과정을 담기 위해 〈2억9천: 결혼전쟁〉을 만들었습니다.

앞으로 예능의 흐름을 감히 예측할 순 없지만 확실한 건 과거에는 TV 방송이 유행을 만들었다면, 이제는 세상의 변화를 열심히 좇아가야만 유행에 뒤처지지 않는 콘텐츠를 만들 수 있습니다. 유저들은 1분을 넘지 않는 콘텐츠에 중독되고 그들에게는 건너뛸 수 없는 형태의 콘텐츠를 계속 보는 인내심이 없습니다.

건너뛰기는 일련의 명령 가운데 하나 이상의 명령을 무시하는 일을 뜻합니다. 참으로 무서운 말 아닌가요? 오늘날 콘텐츠는 재미와 감동 없이 시청을 명령하기 어렵습니다. 지금 크리에이터는 건너뛰기에 익숙해진 시청자를 잡기 위해 치열하게 고민하고 시뮬레이션해야 합니다. 결국 고민이 풀려가는 그 지점이 지금의 트렌드 아닐까요? (웃음)

○○●○○

국내에 국한된 TV 방송국 예능이나 티빙, 웨이브 같은 로컬 OTT들과 전 세계 시청자를 대상으로 하는 글로벌 OTT 예능을 기획할 때 가장 중요하게 생각하시는 방향성의 차이는 무엇일까요?

저는 주로 글로벌 포맷화할 수 있는 콘텐츠를 기획하기 때문에 국내 방송용 예능이나 로컬 OTT 예능을 나누어 기획하지는 않습니다. 개인이 만든 콘텐츠도 전 세계인이 찾아볼 수 있는 시대에 기획부터 협소한 아이디어를 할 필요는 없으니까요. 다만 글로벌 OTT 예능을 제작할 때는 '재미'라는 부분에 훨씬 많은 요소를 포함합니다.

전 세계 사람들이 다 본다면 어떤 출연자(참가자)에게 흥미를 느낄까? 국민 정서나 역사적 배경이 서로 다른 시청자들이 국가별로 재해석할 수 있는 미션은 무엇일까? 국적, 인종, 연령대가 달라도 모두가 공감하고 감동할 수 있는 메시지가 있다면 그건 무엇일까? 전 세계 크리에이터 중에 대한민국의 강숙경이 제일 잘할 수 있는 것은 무엇일까? 이 모든 것들이 충족된다면 국내 시청자는 물론 글로벌 인기를 얻을 수 있습니다.

특히 〈피지컬: 100〉이 글로벌 1위에 오른 이후 논스크립트 콘텐츠의 특징을 극대화하기 위해 언어에 집중한 기획과 구성에 심혈을 기울입니다. "콘텐츠가 전하는 메시지가 간결하고 이해가 쉬워야 한다", "진행 방식이나 미션의 구조가 직관적이고 긴 설명이 필요 없어야 한다", "유명한 사람의 한마디나 유머러스한 대화보다 큰 흐름에 공감하고 빠져들 수 있도록 구성한다", "예상을 뛰어넘는 전개로 적극적인 리액션을 풍성하게 담아내야 한다" 등입니다.

K-예능이 글로벌 콘텐츠 시장에서 매우 핫한 중심부에 있으니 국내 방송 콘텐츠 역시 글로벌 시청자를 염두에 두고 제작해야 합니다. 국내 시청자가 이미 높은 수준에 올라와 있기도 하고요.

○○○●●

〈피지컬: 100〉의 팬덤 시청자로서 궁금증인데요. 2023년 8월, 〈피지컬: 100〉 시즌2 촬영에 대한 기사를 접했습니다. 2024년 공개를 앞두고 있는데요. 출연자나 포맷 변화에 대한 내용은 보안일 것으로 생각됩니다. 전 세계의 시청자들에게 시즌2에서 눈여겨봐야 할 부분을 말해줄 수 있을까요.

〈피지컬: 100〉 시즌2는 그야말로 부담 그 자체였어요. 글로벌 시장에서 너무 큰 기록을 세워서 우리 스스로를 뛰어넘기도 벅차겠다는 마음이었거든요. 그래서 '더 잘 만든다는 건 무엇일까'하고 수없이 고민했습니다. 시즌1보다 2배 정도 큰 규모의 세트장, 희생과 욕망, 협동과 경쟁이 공존할 수 있는 '지하광산'이라는 세계관, 더 프로페셔널한 참가자 100명 등등. 시즌2는 스케일을 한 차원 높였습니다.

그러나 이런 화려한 수식으로도 안심할 수 없어요. 스케일이나 세계관이 꼭 감동을 주는 건 아니니까요. 그래서 제 목표는 "참가자들이 놀라고 감동해서 박수가 터져 나와야 한다. 경쟁과 생존, 패배와 탈락의 순간마저 영광스러울 정도로 정성 들여 미션을 짜고, 시뮬레이션하고, 수정 보완하자"였습니다.

그 결과 첫 미션에서 참가자들은 감동하며 손뼉을 쳤고, 두세 번째 퀘스트에서는 힘든 미션을 보고도 "제작진 고생했다"며 칭찬해주고 아량을 베풀었습니다. 그래서 조금은 만족스럽고 마음이 한결 가볍습니다. 〈피지컬: 100〉 시즌2를 완성해가는 저 역시 참가자들처럼 매 순간 아드레날린이 치솟았다고 할까요?

○○○○●

TV 방송, 글로벌 OTT와 티빙 같은 토종 OTT 들에 유튜브 예능까지 바야흐로 예능의 시대입니다. 게다가, 전 세계적인 불황으로 플랫폼은 상대적으로 제작비가 낮은 예능 편수를 늘리고 있는데요. 예능, 그중에서도 시대 반영이 필요한 '리얼리티 TV쇼' 기획자를 꿈꾸는 미래 후배들에게 어떤 훈련이나 직관성이 필요할지 조언해주실 수 있을까요?

작가들은 저마다 모두 개성이 있고 장점도 달라서 제가 어떤 훈련이나 조언을 해주기는 어려운 거 같습니다. 그래도 제가 좋아하고 많이 하는 일들이 미래 후배들에게 작은 힌트가 될지도 모르겠다는 생각이 드네요. 저는 많이 먹고, 많이 웃고, 많이 울고, 많이 말하고, 많이 들어줍니다. 새로운 걸 알아서 모아주는 뉴스 보기를 좋아하고, 내 마음을 잘 정리해주는 시집을 좋아하고, 남들이 불가능하다는 일에 도전하기 좋아합니다. 재미있는 아이디어가 생각나면 꼭 기획안 형태로 정리해봅니다.

저는 콘텐츠 창작자에게 가장 중요한 것은 '하는 것'이라고 믿고 있습니다. 그리고 기막힌 아이디어를 뽑낸 후엔 끝내 그 생각을 콘텐츠로 만들어 내자, 라고 생각합니다. 그것까지 창작자의 몫이거든요. 항상 저는 이렇게 잊지 않으려고 마음을 다잡아요. 나는 만들어 낸다. 전 세계인을 다 만나 내 생각을 전할 수는 없으니 작품으로 만들어 내서 만나자. 난 꼭 해낸다.

유튜브 성공법칙이 깨진다고?

유튜브의 레드오션,
새로운 성공법칙은 무엇인가?

"유튜브는 이제 레드오션이다"라는 이야기를 많이 들었을 것이다. 하루가 다르게 유튜브 세상에서의 경쟁은 치열해져 간다. 매일 다양한 분야의 새로운 채널들이 생기고 있다. 유튜브 초반에는 일반인들의 참여가 두드러졌다면, 이제는 방송국, 기업, 연예인, 셀러브리티, 분야별 전문가 등 다양한 사람들이 앞다퉈 채널을 개설하고 있다.

　방송국의 유튜브 진출은 콘텐츠 전문 집단의 유튜브 전쟁 참전이라고 표현할 수도 있을 것이다. 누구보다 콘텐츠 제작에 능숙한 PD, 작가, 스태프들로 중무장한 방송국은 다양한 형태로 유튜브에 진출하고 있다. 우선 MBC 〈무한도전〉과 〈나 혼자 산다〉, SBS 〈런닝맨〉 등 이미 유명한 방송 콘텐츠를 클립별로 편집하는 형태가 대표적이다. 최근에는 숏폼 형태로도 제작하며, 편집을 통한 다양한 콘텐츠를 제작하고 있다. 여기에 더해 방송과 유튜브를 넘나드는 콘텐츠를 만들기도 한다. 유튜브 〈채널 십오야〉에서는 tvN 〈뿅뿅 지구오락실〉과 연계된 라이브 방송, 브이로그 콘텐츠 등을 제작한다. ENA 〈지구마불 세계여행〉의 경우, 유튜브 채널에 올린 영상의 조회수를 기반으로 대결을 진행하기도 했다.

방송과 유튜브 채널의 경계는 점차 사라지고 있다. 방송국은 유튜브 오리지널 웹예능을 직접 제작하기도 한다. JTBC 제작의 〈워크맨〉, CJ ENM 제작의 〈조밥곽선생〉, 〈튀르키예즈 온 더 블럭〉 등이 대표적이다. 기업들도 최근 콘텐츠 본연의 재미로 무장한 다양한 콘텐츠들을 제작하고 있다. GS25의 〈이리오너라〉, CU의 〈CU [씨유튜브]〉 등은 일반 웹예능과 직접 경쟁할 수 있을 정도의 경쟁력 있는 콘텐츠를 제공하고 있다.

그 외에도 의사, 한의사, 변호사 등 전문가 집단과 연예인이나 스포츠 스타 등 셀러브리티의 가세로 시간이 지날수록 유튜브 플랫폼 내 콘

방송과 유튜브 채널의 경계는 점차 사라지고 있다. ENA 〈지구마불 세계여행〉은 유튜브 채널에 올린 영상의 조회수를 기반으로 대결을 진행하기도 했다.

텐츠 경쟁은 전쟁이라는 표현이 알맞을 정도로 치열해져만 가고 있다.

유튜브 세상의 시계는 매우 빠르게 흘러간다. 어제 참신했던 콘텐츠는 오늘 평범한 콘텐츠가 된다. 환경이 달라지면서, 그에 따른 성공법칙도 달라지는 건 당연하다. 현재, 그리고 가까운 미래에 유튜브로 성공하기 위해서는 어떤 새로운 법칙을 맞이하게 될까?

첫째, 이제 유튜버는 수익 다변화를 해야만 살아남는 시대를 살아가야 할 것이다. 한마디로 유튜브 광고 수익에만 목을 매는 세상은 지났다는 말이다.

원래 유튜버들의 주 수입원은 구글 애드센스Google AdSense에 기반한 광고 수익으로, 유튜브 채널 영상 콘텐츠의 애드센스 광고를 사용자가 클릭함에 따라 광고 비용을 나눠 받는 것이었다. 그래서 유튜버들은 수익 강화를 위해 구독자를 더 끌어모으고, 평균 조회수를 높이기 위해 콘텐츠 그 자체를 업그레이드하는 데 집중했다. 물론 여전히 유튜버의 가장 중요한 수익은 콘텐츠를 구글 애드센스에 기반한 광고 수익이지만 점차 볼 만한 채널들이 많아지는 현실에서 내 채널의 구독자와 조회수에서 창출되는 광고 수익은 현상을 유지하는 것만으로도 벅차다.

그런 맥락에서 유튜버는 콘텐츠 업그레이드에만 집중할 것이 아니라, 여러 시도를 하면서 수익을 다변화해야 한다. 이를 위해 유튜브 쇼핑 기능과 연계한 라이브 커머스와 같은 대책들을 강구하고, 더 나아가 유튜브 외 다른 플랫폼으로 콘텐츠를 확장하는 것도 고려해봐야 한다. 최근 유튜브에서만 활약하던 크리에이터들이 쇼츠, 틱톡과 같은 숏폼 채널로도 영역을 확장 중이다. 콘텐츠 하나를 다양한 형태로 편집해 수익을 동시에 노릴 수 있기 때문이다. 또한 크리에이터들은 방송 출연, 음원 발매

등 기존 연예인들이 진출했던 분야로도 적극적으로 나아가고 있다.

이처럼 과거에는 수익 확대를 위해 더 사랑받을 수 있는 영상 자체에만 집중했다면, 지금의 유튜버는 수익 창출을 위해 다양한 고민을 이어가야만 하는 것이다.

둘째, 이제 마이크로 유튜버▼도 기업과 협업하는 세상이 올 것이다. 유튜브 채널과 콘텐츠의 방향성을 설정할 때, 협업을 염두에 두는 것이 중요하다. 다양한 상품군과 협업하기 용이한 채널이 있는 반면, 기획 방향에 따라 기업과의 협업에 한계가 있는 채널도 있다. 이제는 이러한 부분까지 고려해서 콘텐츠를 제작해야 하는 시기가 도래했다. 이 이야기는 뒤에서 자세히 설명하겠다.

셋째, 콘텐츠에 꾸준히 신선함을 불어넣을 수 있어야 한다. 그렇지 못하면, 절대 유튜브에서 살아남을 수 없는 세상이 온다. 물론 지금도 신선함은 중요한 덕목이지만 앞으로는 신선함이 없는 콘텐츠를 만드는 채널은 시청자, 구독자에게 인정받기 힘들어질 것이다. 이를 위한 대비들은 이미 진행되고 있다.

넷째, 이제 유튜브 채널을 퍼스널 브랜딩의 수단으로 활용해야 한다. 레거시 미디어를 통한 자기 PR의 시대는 지나간 지 오래다. 이제 유튜브를 통해 내가 전문가임을 솔직하게, 그리고 설득력 있게 말해야만 한다. 유튜브를 조회수 기반의 광고 수익으로 바라본다면 레드오션이 되겠지만, 퍼스널 브랜딩을 위한 효과적인 수단으로 바라본다면 언제나 블루오션이 될 것이다.

▼ 1천명에서 1만명 사이의 구독자 또는 팔로워를 보유한 유튜버.

유튜브 패러다임이 바뀌고 있다!
무한 확장에 나선 유튜버들

유튜브의 미래는
'유튜브 쇼핑'에 있다?

유튜브는 레드오션의 길을 걸어왔지만, 그 과정에서 수많은 블루오션을 창조해내기도 했다. 가장 대표적인 사례가 '유튜브 쇼츠'였다. 특히 초기 쇼츠에 뛰어든 수많은 채널은 상대적으로 적은 경쟁자들 사이에서 폭발적인 성장을 이루어 냈다.

이때 〈1분미만〉, 〈땡깡〉과 같이 쇼츠에 특화된 콘텐츠를 적극적으로 제작한 채널들의 급성장을 목격할 수 있었다. 이렇게 새로운 기능들이 추가될 때마다, 이를 누구보다 빠르게 선점하는 것은 블루오션 전략의 중요한 포인트다.

다음 기회는 '유튜브 쇼핑'에 있다. 유튜브 쇼핑은 유튜브 플랫폼 내에서 콘텐츠와 쇼핑을 직접적으로 연계할 수 있다는 장점이 있다. 이미

수익화의 미래는 이제 유튜브 쇼핑에 있다. 이미지는 유튜브 쇼핑의 라이브 기능을 통해 상품 판매까지 진행하는 〈AliceFunk 앨리스펑크〉.

실제 성과를 보여주고 있는 채널들이 생겨나고 있다. 패션 유튜브 채널 〈AliceFunk 앨리스펑크〉의 김지혜 크리에이티브 디렉터는 라이브 방송과 카페24의 유튜브 쇼핑을 통해 판매에 나서고 있는데, 이는 콘텐츠와 쇼핑을 연계해서 시너지를 내는 좋은 예시라고 볼 수 있겠다.

경쟁의 패러다임이 바뀔 수 있는 순간이 왔다. 이제 구독자, 조회수가 적었던 채널도 새로운 기회를 어떻게 활용하느냐에 따라 폭발적인 성장을 경험할 가능성이 커졌다.

예를 들어, ASMR 유튜버는 콘텐츠 제작에 사용했던 마이크를 판매와 연결할 수 있으며 요리 유튜버는 자신이 요리에 사용한 재료, 도구를 판매로 연결할 수 있다. 우리가 애정을 갖고 보는 유튜버의 추천은 단순한 판매용 배너보다 훨씬 설득력 있게 느껴질 것이다.

다른 라이브 커머스 플랫폼을 이용했던 사람들도 유튜브로 몰려들 가능성이 있다. 이러한 변화의 흐름을 빠르게 읽고, 시장을 선점할 필요가 있다. 그동안 아무리 콘텐츠를 업로드해도, 구독자와 조회수 상승에 변화가 없는 채널들도 많았을 것이다.

특히 후발 주자의 경우, 다양한 경쟁자들 사이에서 부각을 나타내기 절대 쉽지 않다. 이때 '콘텐츠 위주의 경쟁'에서 '콘텐츠와 커머스 연계 기반의 경쟁'에 맞게 채널을 재정비해보자. 새로운 블루오션을 잘 활용하면 당신의 손으로 미래를 거머쥘 수 있을 것이다.

유튜브는 너무 좁다!
셀러브리티로 진화하는 유튜버들

최근 빠르게 성장한 대표적인 분야가 있다. 바로 '여행 유튜버'다. 여행 유튜버들의 특징은 원래부터 이름이 알려진 사람이 아닌 일반인 신분으로 유튜브를 시작한 경우들이 많다는 것이다. 하지만 유튜브 채널의 구독자가 폭발적으로 늘어나면서 이들은 유튜브 플랫폼 외에 다양한 채널을 통해 활동하는 진정한 셀러브리티로 진화하고 있다. 대표적인 여행 유튜버 곽튜브, 빠니보틀, 이원지의 사례를 보면, 유튜버들이 어떻게 셀러브리티로 진화해가는지 알 수 있다.

곽튜브(본명은 곽준빈)는 해외 대사관에서 근무하다가 유튜버로 전향했는데, 유튜브 채널이 성장하자 TV 방송에서 러브콜이 쏟아졌다. ENA 〈지구마불 세계여행〉, tvN 〈부산촌놈 in 시드니〉, EBS 〈곽준빈의 세계 기사식당〉 등 곽튜브는 유명 연예인 못지않은 왕성한 활동을 이어가고 있다. 빠니보틀도 MBC 〈태어난 김에 세계일주〉 시즌1~2를 비롯해 다양한 TV 프로그램에 출연하고 있다.

이 외에도 재치있는 입담으로 유명한 BJ 출신이자 유튜버로 활동하는 랄랄과 풍자는 TV 방송뿐 아니라 유튜브 오리지널 웹예능에 출연하면서 진정한 셀러브리티로 성장하고 있다. 유튜버들은 TV 방송, 웹예능 뿐 아니라, 음원 출시를 통해 또 다른 영역을 넓히고 있다.

2023년 10월 기준, 다양한 노래를 커버하는 영상들로 구독자 1,750만명을 보유한 유튜버 제이플라는 음원을 발매하며 싱어송라이터로서 활동하고 있다. 가수 울라라세션은 '문돼의 온도' 등으로 활동 중인 유튜브 채널 〈별놈들〉과 협업하기도 했다. '고백의 온도' 뮤직비디오를 '문돼의 온도' 콘텐츠로 구성한 것이다.

그리고 유튜버들은 책 출간, 강연, 교수 등 그 영향력을 십분 발휘하고 있다. 이들은 하나의 플랫폼에 갇혀 있는 것이 아니라, 유튜브로 얻은 브랜딩을 기반으로 전 영역으로 활동 반경을 넓히고 있다.

그렇다고 꼭 메가 유튜버▼들만 영역을 확장할 수 있는 것은 아니다. 자기 분야에서 어느 정도 전문성만 드러낸다면 엄청난 구독자가 없더라도 출판, 강연 등 영역을 확장하는 경우들이 많다. 유튜버들의 행보는 더욱 다양해질 것이다. 그리고 영역을 확장하는 현상은 메가부터 마이크로 유튜버까지 전 영역으로 확장될 가능성이 높다. 이것이 유튜버들이 새로운 시대를 준비해야 하는 이유다.

내 얼굴이 돈이 된다고?
IP가 돈이 되는 세상이 온다

콩트와 코미디 영상을 제작하는 유튜브 채널 〈빠더너스〉는 의류, 젤리,

▼ 하나 이상의 SNS 플랫폼에서 100만명 이상의 구독자 또는 팔로워를 보유한 사람.

모기 기피제 등 다양한 IP 기반 굿즈를 판매하고 있다. 이들의 굿즈가 특별한 이유는 돈 주고도 못 살 정도로 엄청난 인기를 구가하고 있기 때문이다. 블로그 등에서도 구매에 실패한 후기를 어렵지 않게 찾아볼 수 있다. 〈빠더너스〉의 IP 사례는, 수익 다변화 측면에서 시사하는 바가 크다. 잘 키운 유튜브 채널의 IP로 또 다른 사업이 가능하다는 엄청난 가능성을 보여줬기 때문이다.

한국의 대표적인 MCN 회사 샌드박스는 돈이 되는 IP 사업을 위해 많은 시도를 해왔는데, 소속의 웹드라마 채널 〈치즈필름〉 경우 드라마 속 여주인공의 메이크오버 아이템으로 화장품 브랜드 컬러그램의 제품을 사용해서 콘텐츠에 자연스럽게 녹여냈고 실제로 제품을 발매했다. 브랜드와 컬래버레이션을 완성한 좋은 사례다. 또 다른 소속 유튜브 채널인 〈총몇명〉은 애니메이션 콘텐츠를 출판 라이센싱 사업과 연계해 만화책을 출간하기도 했다.

유튜버의 IP는 앞으로 더욱 확산될 것으로 보인다. 여행 유튜버는 자연스럽게 여행용품, 여행 패키지 상품 등과 협업할 수 있고, 지식 채널은 다양한 출판 사업과 연계할 수 있다. 다시 한번 강조하지만, 이제 자신만의 콘텐츠를 갖고 있는 유튜버가 자신의 IP를 상품화해 2차, 3차 수익을 낼 수 있는 세상이 더욱 본격화할 것이다.

이제 '마이크로 유튜브 마케팅'의 시대! 브랜디드 콘텐츠의 다양화에 대비하라

유튜브는 이제 명실상부한 최고의 마케팅 툴이다. 기업들은 유명 유튜버와 협업한 브랜디드 콘텐츠를 적극적으로 추진하고 있는데, 그 결과물은 대부분 유명 유튜버의 콘텐츠에 브랜드 요소를 녹이는 느낌으로 만들어진다. 현재 브랜디드 콘텐츠는 대기업과 유명 유튜버가 협업하는 경우가 많긴 하다.

하지만 앞으로 브랜디드 콘텐츠도 그럴까? 브랜디드 콘텐츠의 미래는 앞으로 어떻게 진화하고 발전하게 될까? 필자가 짐작해보자면, 유튜브에서도 앞으로 기업의 니즈에 맞는 마이크로 유튜버 마케팅이 확대될 것이다. 최근 인스타그램에서 마이크로 인플루언서 마케팅이 적극적으로 이루어지고 있듯이 말이다.

유튜브 마케팅은 대기업뿐만 아니라 중소기업, 그리고 소상공인 사업자까지 다양한 타깃의 기업 마케팅에 적극적으로 활용되는 추세다. 그 때문에 기업의 규모 혹은 상품의 니즈만 맞다면 구독자 수가 적은 유튜브 채널들도 협업의 기회가 열릴 가능성이 높다.

대한민국 부부들의 특징을 콩트 형식으로 제작하고 있는 〈무철부부〉의 경우, 구독자 50만명을 넘어선 큰 채널이 됐지만 규모가 작았을 때부터 브랜디드 콘텐츠를 적극적으로 제작했었다. 실제로 돈까스, 발가락 티슈, 홈 미용 기기 같은 중소기업의 제품과 적극적으로 협업해오며, 홍보 제품의 판매량이 급증시키는 고무적인 성과를 창출하기도 했다.

일단 〈무철부부〉가 집안에서 쓸 수 있는 모든 상품뿐 아니라 아이들과 연관된 모든 상품을 콘텐츠로 소화하기에, 충분한 역량을 갖고 있었으므로 가능했던 일이었다.

〈무철부부〉 사례는 앞으로 마이크로 유튜브 마케팅의 가능성을 보여준다. 상품의 타깃에 부합한다면 아직 규모가 크지 않은 유튜브 채널

상품이 콘텐츠에 절묘
하게 녹아든 대표적인
브랜디드 콘텐츠 사례.

이라 할지라도 얼마든지 협업할 수 있다. 그러므로 이에 대비해 구독자 타깃을 명확히 하고, 상품을 콘텐츠로 녹이기에 적합한 톤으로 유튜브 채널을 운영하는 것도 중요하다.

이처럼 콘텐츠를 기획할 때 브랜디드 콘텐츠와 연계될 수 있는 포인트를 미리 고민하는 것이 새로운 '마이크로 유튜브 마케팅' 시대를 대비하는 방법이 될 것이다.

新 유튜브 성공법칙,
지금 당장 적용하라!

혼자 하면 필패必敗 한다!
구독자에게 의지하는 유튜버가 살아남는다?

채널을 운영할 때 가장 어려운 부분이 바로 일주일에 영상 한두 편을 꾸준히 올리는 것이다. 한 주도 쉬지 않고 매주 영상 한두 편을 제작하고 업로드하는 일은 엄청난 지구력을 요구한다. 물론 다른 어려움도 존재한다. 기획, 제작, 편집, 섬네일 제작, 제목 설정 등 영상 한 편을 만들기 위해서는 물리적인 에너지가 소요되고는 한다.

하지만 더 어려운 점이 있다면, 유튜브 채널의 운영 기간이 길어질수록 영상 소재와 기획의 아이디어가 고갈되는 것을 꼽을 수 있다. 영상 제작 초반에는 상대적으로 소재와 기획이 충분하지만 시간이 지날수록 아이디어가 바닥나는 걸 느끼게 된다. 사람들에게 사랑받는 영상을 기획, 제작하는 일은 여간 어려운 것이 아니다. 실제로 신선함이 떨어지며 평균 조회수와 시청 시간이 점차 줄어드는 유튜브 채널을 우리는 쉽게 볼 수 있다.

어떻게 하면 사랑받을 수 있는 영상을 지속해서 제작할 수 있을까? 정답은 바로 '구독자'에게 있다. "생각보다 별거 아닌 비법이네"라며 고개를 갸우뚱할 수도 있지만 구독자에게는 엄청난 힘이 숨겨져 있다.

우선 첫 번째 힘, 구독자들은 내 채널을 가장 잘 안다. 구독자들은 채널의 영상을 지속적으로 시청한 만큼 크리에이터보다 채널의 장단점을 더 잘 알고 있을 가능성이 높다. 유튜브 채널의 콘셉트와 방향성을 깊이 이해하고 있는 사람들이므로, 이들의 의견은 마냥 뜬구름 잡는 이야기가 아닐 확률이 높다. 한마디로 구독자들은 채널과 크리에이터의 특성을 이해하고, 그에 기반한 살아있는 의견을 제시할 수 있는 사람들이다.

전자기기 리뷰가 주 콘텐츠인 유튜브 채널이라면 "과거에는 좀 더 실험성이 강한 콘텐츠 위주였는데, 이제는 단순히 스펙 위주의 리뷰를 하니 깊이가 떨어졌다"와 같은 좀 더 신랄한 피드백을 받을 수도 있을 것이다. 때로는 이러한 의견들이 조금은 기분 나쁠 수도 있겠지만 피와 살이 되는 귀한 의견들이 대부분이다. 채널의 성공을 위해서 구독자의 의견은 적극적으로 받아들이도록 하자.

두 번째 힘, 구독자의 궁금증을 해결하는 콘텐츠가 타깃에 맞는 기획의 지름길이다. 콘텐츠를 제작할 때, 타깃에 맞는 기획의 중요성에 대해 많이 이야기한다. 연합뉴스의 영어 뉴스 유튜브 채널 〈KOREA NOW〉에서는 펭수, 트로트 등 한국에서 인기 있는 키워드는 상대적으로 구독자들의 관심을 끌지 못하지만, North Korea(북한), K-pop Idol(K-팝 아이돌) 등과 같은 외국인들이 흥미로워할 법한 키워드는 열렬한 환영을 받는다. 이는 〈KOREA NOW〉의 주요 타깃이 한국에 관심 많은 외국인이기 때문이다. 이처럼 타깃에 맞는 영상 기획은 조회수를 좌우하는 중요한 포인트다.

그럼에도 유튜브 채널을 운영하다 보면 핵심 타깃의 니즈를 지속해서 파악하는 데 한계를 느끼는 때도 많아진다. 그럴수록 구독자가 궁금해하는 것에 귀 기울여야 한다. 예를 들어 자동차 크리에이터가 신차를 리뷰하는데, 구독자가 이 콘텐츠에서 가장 궁금했던 것은 가족들과 여행 갈 때 누릴 수 있는 기능이라고 해보자. 니즈를 제대로 파악하지 못한 크리에이터는 그 포인트를 빼먹고 영상을 만든다. 그럼 결과는 어떨까? 아마 제작한 영상은 지난 영상 대비 엄청난 조회수 하락을 경험하게 될 것이다.

구독자의 궁금증은 영상 기획의 중요한 포인트가 된다. 그들의 의견에 귀를 기울이느냐, 아니냐에 따라 채널의 존망까지도 결정될 수 있다. 특히 지식 채널을 운영하는 크리에이터라면 더 그렇다. 구독자가 궁금해할 법한 소재만 제대로 파악해도 기획의 짐을 상당히 덜어내게 된다. '챗GPT가 유행이라고 하는데, 어떻게 쓸 수 있나요?', '러시아의 우크라이나 침공은 왜 일어난 건가요?' 등 구독자들이 원하는 소재들을 지속해서 제공받으면서 말이다.

세 번째 힘, 구독자들은 나보다 유튜브 트렌드에 더 민감하다. 물론 크리에이터들도 항상 인기 있는 유튜브를 찾아보며 영상 기획을 어떻게 하면 더 잘할 수 있을지 고민할 것이다. 하지만 집단지성의 힘을 무시할 수는 없다. 100명의 구독자가 가리키는 특정한 방향이 있다면, 충분히 귀담아들을 가치가 있다. 크리에이터는 구독자의 의견과 본인의

2024 콘텐츠가 전부다

생각을 균형감 있게 영상 기획에 반영할 수 있어야 한다. 그렇다면 구독자의 의견은 어떻게 들을 수 있을까? 가장 기본적인 방법은 영상에 달리는 댓글과 유튜브 커뮤니티를 활용하는 것이다.

유튜브 댓글은 구독자들의 신박한 아이디어들이 남겨져 있는 보물 창고다. 예를 들어, AI 영상 콘텐츠에 '챗GPT에 관해서 설명해주셨는데, 가까운 미래에 미칠 영향력 등이 빠져 있어서 아쉽습니다'라는 댓글이 달렸다고 해보자. 크리에이터는 대댓글을 통해 구체적인 질문을 하면서 사람들의 니즈를 정확히 파악하고 이를 후속 영상으로 제작할 수도 있다.

다음으로 유튜브 커뮤니티는 구독자와 소통할 수 있는 가장 대표적인 방법이다. 많은 유튜버들이 유튜브 커뮤니티를 공지, 경품 이벤트, 강연 안내 등 소식을 전하거나 소재에 대해 직접적인 의견을 구하는 창구로 활용하고 있다. 유튜브 커뮤니티의 투표 기능은 특히 유용한데, 구독자들에게 소재에 대해 직접 질문을 던지고 이에 대한 답을 얻을 수도 있기 때문이다.

최근에는 라이브 방송을 통한 좀 더 직접적인 소통도 늘어나고 있다. 이 경우 앞으로 제작했으면 하는 콘텐츠의 소재, 방향성에 대해 허심탄회하게 소통할 수 있다.

마지막으로 좀 더 직접적인 소통을 위해 오프라인 팬미팅을 진행하기도 한다. 물론 팬미팅 자체를 단순히 소재와 기획 아이디어를 찾는 것을 목적으로 하는 크리에이터는 드물지만 〈조승연의 탐구생활〉의 경우 구독자들을 직접 초대해 그들의 궁금증을 해결해주면서 인생의 조언을 건네는 팬미팅을 했었다. 구독자들과 직접 만나 이야기를 듣는 자리인 만큼 채널 운영의 방향성에 관한 직간접적인 힌트를 얻을 수 있을 것이다.

유튜브는 연애하듯이?
채널에는 항상 신선함이 필요하다

유튜브는 연애와 같다. 매일 같은 코스의 데이트를 하게 되면 금방 싫증이 나는 것처럼, 항상 새로운 방식의 데이트를 고민해야 한다는 점에서 그렇다. 변화를 통해서 신선함을 불어넣어야 하는 연애처럼, 유튜브 채널을 운영하는 크리에이터는 신선함을 항상 불어넣기 위해 노력해야 한다.

약 6년 전, 2017년쯤에는 신선함을 불어넣기 위한 고민을 덜 해도 됐다. 같은 카테고리에 경쟁 채널들이 적었으므로 신선함의 난이도가 낮았기 때문이다. 단순한 동물 영상을 올려도 소수의 경쟁자 사이에서는 나름 신선한 영상으로 보였겠지만 지금은 다르다. 이제는 다른 채널에는 없는, 기존에 내 채널에서도 반복하지 않았던 기획이 중요해졌다. 개인 크리에이터로서는 영상 기획의 난이도가 점차 높아져만 간다.

하지만 경쟁이 치열해지는 상황 속에서도 채널에 신선함을 불어넣을 수 있는 다양한 방법들이 존재한다. 구체적으로 어떤 방식이 구독자들에게 지속해서 사랑을 받게 할 수 있을까? 최근 가장 사랑받는 유튜브 채널 〈곽튜브〉와 〈빠더너스〉를 중심으로 설명하고자 한다.

첫째, 새로운 포맷을 적용해 코너를 신설하는 것이다. 〈곽튜브〉도 주 콘텐츠인 해외여행 외의 콘텐츠를 제작하기도 한다. 가령 다이어트 시리즈로 일상에서 다이어트 하는 모습을 보여주고, '찐따록'이라는 웹드라마에 도전하기도 했다. 대부분 혼자 출연하는 채널의 특성상 해외여행 콘텐츠만 쉬지 않고 선보였을 때 신선함이 떨어질 염려가 있기 때문일 것이다. 〈빠더너스〉도 한국지리 일타강사 '문쌤', 방송 기자 '문상' 등 새로운 캐릭터를 등장시키며 포맷을 다채롭게 시도하고 있다.

새로움은 채널에 가장 확실한 신선함을 가져다준다. 다만 주의할 점이 있다. 새로운 것은 좋지만 채널 전체의 방향성에 너무 벗어나면 안 된다는 것이다.

〈곽튜브〉는 다양한 포맷을 시도했지만 크리에이터 본인의 캐릭터는 유지했다. 한마디로 구독자들에게 완전히 새로운 캐릭터를 시도했던 것이 아니라, 기존의 캐릭터를 살리면서 동시에 새로운 시도를 했기에 성공할 수 있었다.

출처 유튜브 '곽튜브'.

〈곽튜브〉는 다른 크리에이터와의 협업하고 새로운 포맷을 적용하며 채널의 신선함을 유지하고 있다.

〈빠더너스〉도 마찬가지다. 새로운 캐릭터를 기반으로 한 새로운 포맷을 시도했지만, 콩트 기반의 코미디 채널이라는 정체성을 그대로 유지했기 때문에 지속적인 사랑을 받을 수 있었다.

둘째, 다른 채널과의 컬래버레이션을 시도하는 것이다. 〈곽튜브〉에는 자연스럽게 다양한 여행 유튜버들이 등장하고 있다. 특히 빠니보틀과 떠나는 제주도 여행처럼 셀러브리티, 혹은 타 채널과의 협업은 반복적인 여행 포맷이 줄 수 있는 피로감을 극복할 수 있게 해준다.

〈빠더너스〉도 지속해서 연예인, 인플루언서 등을 출연시키면서 채널의 신선함을 유지하고 있다. 〈빠더너스〉의 프론트맨인 문상훈이 강연하는 포맷으로 운영하는 콘텐츠 시리즈 '문쌤'은 최근 배우 신혜선, 김성균, 아이돌 그룹 세븐틴 등이 출연하고 있고, 또 다른 시리즈 '오당기(오지 않는 당신을 기다리며)'에서는 가수 윤종신, 배우 안재홍 등이 출연하며 화제성을 높이고 있다.

이처럼 다양한 협업을 하는 것은 중요하다. 우선은 같은 카테고리의 채널과 협업할 수 있고, 또 의외의 조합에서 오는 새로운 기획을 시도할 수도 있을 것이다.

꼭 스타가 출연해야 하는 것은 아니다. 아직 규모가 작은 개인 유튜브 채널의 경우, 기획의 차별화를 위해 재밌는 협업을 이어갈 수 있다. 예를 들어, 강아지 브이로그를 운영하는 채널이 같은 이름을 갖고 있는 고양이나 토끼가 등장하는 채널과 협업할 수도 있는 것이다. 여기서 중요한 포인트는 유명도보다는 새로운 조합이 가져오는 신선함이다.

AI 영상 제작?
누구보다 빨리 신기술을 적용해야 하는 이유

유튜브에 'AI 영상'이라는 키워드를 입력해보자. 춤을 추는 AI 캐릭터, 챗GPT를 통해 기획된 콘텐츠, 스와이프 기술로 얼굴을 변형한 콘텐츠 등 수많은 영상이 유튜브 창에 뜰 것이다. 이렇듯 AI 영상은 더 이상 우리에게 낯설지 않다. 이런 트렌드에 개인 유튜브를 시작하려는 사람들은 이제 어려운 IT 기술까지 알아야만 하는 건가 하는 복잡한 마음도 생길 것이다.

그래서일까? 필자는 강연이나 사석에서 개인 크리에이터들에게 이런 질문을 많이 받는다.

"요즘 유튜버들이 AI 영상을 많이 만들던데, 개인 유튜버도 이런 것들을 해야 할까요?"

이 질문에 대한 내 대답은 언제나 "Yes"다. 다만 동시에 "모든 유튜버가 높은 수준의 AI 영상을 제작할 필요는 없다"고 덧붙인다. 그럼 개인 크리에이터들은 되묻는다.

"왜 그런가요?"

일단 AI 기술이라는 포맷은 그 자체로 기획의 참신성과 알고리즘상의 유리함을 갖고 있다. 그 외에도 다른 장점들이 많지만 일단 단순하게 꼽자면 그렇다. 기획할 때는 포맷의 장점을 살리는 편이 좋다. 그 맥락에서 AI 영상을 기획할 때 중요한 것은 "높은 수준의 AI 기술을 반영했는가?"가 아니라, "참신한 영상 기획과 AI 기술이 잘 접목됐는가? 누구보다 빠른 타이밍에 새로운 기술을 적용해 알고리즘상 유리한 혜택을 받았는가?"가 돼야 한다.

필자는 이번 책을 통해 개인 유튜버들을 위해 좀 더 구체적인 방향성을 제시하고자 한다. AI 기술을 적용해 유튜브 영상을 제작하고 싶은가? 구체적으로 어떤 영상을 제작할지 고민되는가? 그럼 다음 내용들을 주목해보라.

'AI에게 광고를 맡긴 라이언 레이놀즈'라는 콘셉트로, 기술 그 자체를 소개하는 유튜브 채널 〈WLDO〉. 이처럼 트렌드를 콘텐츠화하는 것은 차별화 관점에서 상당히 좋은 선택이다.

첫째, 누구보다 빠르게 How-To(방법)를 제시해라. 해당 유형의 콘텐츠는 나날이 발전하는 AI 기반 영상 프로그램의 일부 기능을 적용한 숏폼 콘텐츠를 제작하는 것이 일반적이다. '요즘 유행하는 ○○○ AI 영상 만드는 법', '기본적인 사진과 명령어로 제작하는 AI 좀비 영상' 등이 대표적인 예시다. 누구보다 빠른 타이밍에 영상을 올리는 것은 차별화 관점에서 상당히 좋은 전략이 된다. 아주 기초적인 기능을 전한다고 할지라도 말이다. 고퀄리티의 영상을 제작하고 싶다면 다음에 천천히 기획해서 올려도 늦지 않다.

여기서 중요한 것은 초기(간단한 영상을 누구보다 빠르게 제작), 중기(단계별로 업그레이드된 부분을 추가 적용), 후기(다양한 기능들에 숙달된 후 반영한 고퀄리티의 영상 업로드)로 나누어 시기에 맞게 올리는 것이다. 사실 이는 AI 기술에만 해당하는 것이 아니다. 화제가 되는 새로운 기술이 등장했을 때, 누구보다 빨리 경험해보고 채널의 콘텐츠에 적용해야 한다.

둘째, 기술 그 자체를 소개하라. 'AI 프로그램을 통해 손쉽게 콘텐츠를 제작하는 법', 'AI 영상 제작 트렌드' 등을 소재로 제작하는 것이다. 2022년 즈음 부터 Vrew, 미드저니Midjourney, GEN-1, GEN-2, 스테이블 디퓨전Stable Diffusion 과 같은 AI 영상 프로그램들이 쏟아져 나오고 있다. 그리고 이러한 프로그램에 대한 사람들의 관심도 높아지고 있다. 이때 먼저 프로그램을 경험해보고 영상에 적용하는 구체적인 방법을 설명하는 콘텐츠를 제작하는 것도 좋은 선택이다.

'Vrew를 통해 영상을 제작하는 법'이라는 키워드로 프로그램 그 자체를 조명하거나 유튜브 채널 〈WLDO〉처럼 'AI에게 광고를 맡긴 라이언 레이놀즈'라는 제목으로, AI로 광고 영상을 제작하는 트렌드를 콘텐츠화하는 것이 대표적인 예시다.

셋째, AI 기술 자체로 기획의 차별성을 시도하라. 유튜브 채널 〈demonflyingfox〉의 'Harry Potter by Balenciaga'라는 영상은 다양한 AI 프로그램을 조합해서 만들었는데, 이는 "해리포터의 캐릭터들이 명품 패션을 입으면 어떻게 될까?"라는 기획을 시각화해낸 결과물이다. 전 세계적으로 화제가 됐던 'Harry Potter by Balenciaga'는 2023년 9월을 기준으로 조회수 1,093만 회를 기록했다. '메타코미디 By Balenciaga', '무한도전 By Balenciaga' 등 패러디 영상도 계속 제작되고 있다. 이처럼 새로운 기술이 차별화 포인트를 만들어 낼 수 있도록 하는 것도 매우 중요한 활용법이다.

이처럼 개인 유튜버도 새로운 기술을 적극적으로 받아들이면 여러모로 써먹게 된다. 레드오션으로 변해가는 유튜브 세상에서 이러한 새로운 기술은 또 하나의 기회가 될 것이다. 개인 유튜버라면 이러한 기술 트렌드를 항상 점검하고, 해당 기술을 나의 채널에 어떻게 적용할 수 있을지를 항상 고민해야 한다.

기업과 성공적인 콘텐츠 협업! 이것만 기억하자

앞서 설명한 '마이크로 유튜브 마케팅' 시대에 적극 대비하기 위해서는 아래 세 가지 사항을 필수적으로 기억할 필요가 있다.

첫째, 기업과의 협업을 염두에 두자. 〈무철부부〉처럼 자녀를 키우는 대한민국 부부라는 캐릭터를 콘셉트로 잡으면 다양한 브랜디드 콘텐츠 제작에 용이하다. 실내 물품, 인테리어, 먹거리, 아이들과 연관된 다양한 상품들 모두 이들의 콘텐츠에 녹일 수 있다. 유튜브 채널의 구독자 수가 적더라도, 기업과 협업할 기회는 방향성을 어떻게 잡느냐에 따라 달라질 것이다. 유튜브 채널의 방향성과 콘텐츠가 기업과 협업과 잘 맞는다면 수익화에 있어서 앞서가는 채널이 될 수 있다.

둘째, 초기에 성공적인 브랜디드 콘텐츠 사례를 만들어야 한다. 유튜브를 시작하고, 광고를 처음 받는 크리에이터가 기억할 것이 있다. 광고를 받는 영상에는 광고주(기업)의 니즈가 성공적으로 반영돼 있어야 한다. 채널 콘텐츠의 방향성 안에서 광고 제품의 특징을 적절하게 녹여내며, 제품 판매에 도움이 될 수 있도록 말이다.

이때 중요한 포인트가 있다. 기업의 메시지만 너무 강조하면 낮은 조회수라는 결과를 낳을 수 있으므로 기업의 메시지와 콘텐츠의 균형감을 신경 쓰자. 다음으로 중요한 점은 최대한 기업의 니즈에 최선을 다하며, 고정 댓글 링크 등을 통해서 적극적인 홍보를 잊지 않는 것이다. 이런 태도가 지속적인 협업으로 이어지게 한다.

셋째, 지나친 광고는 금물이다. 브랜디드 콘텐츠 게시는 이 주일에 두 편만 올린다는 식으로 내부 가이드를 만들어 두고, 업로드 기간을 조절하는 것이 좋다. 유튜브 채널의 콘텐츠 대다수가 브랜디드 콘텐츠라면 구독자가 이탈할 가능성이 있기 때문이다.

반대로 브랜디드 콘텐츠를 적절하게 제작하는 경우, 오히려 응원을 받는 채널들도 많다. 채널 초기부터 봤던 구독자들은 나의 유튜버가 계속 광고를 제안받는 채널로 성장한 모습에 감격의 댓글을 남기기도 한다. 적절한 협업은 모두가 행복한 결과를 부를 수 있다.

N잡러들의 퍼스널 브랜딩 열풍!
유튜브, 유튜브 또 유튜브!

나의 가치를 올리고 싶다면?
이제 유튜브가 답이다

앞으로는 유튜브를 통해 퍼스널 브랜딩에 집중하고 전문가로서 나의 가치를 업그레이드하게 될 것이다. 조회수 기반의 광고 수익 관점에서 본다면, 유튜브는 이미 엄청난 레드오션이다. 하지만 내가 어떤 사람인지 효율적으로 드러내는 수단으로서 바라본다면 유튜브는 언제나 블루오션일 수 있다. 유튜브는 누구에게나 열려 있는 플랫폼이기 때문이다. 최근 다양한 활동을 통해 수익을 창출하는 N잡러들이 대세로 자리 잡고 있고, 성공적인 N잡러가 되려면 퍼스널 브랜딩은 필수적이다. 그리고 퍼스널 브랜딩의 핵심은 유튜브가 돼 가고 있다.

퍼스널 브랜딩으로 가장 유명한 유튜버는 드로우앤드류다. 그는 자기계발과 관련된 인터뷰 영상을 주로 콘텐츠로 제작하고 있는데, 특

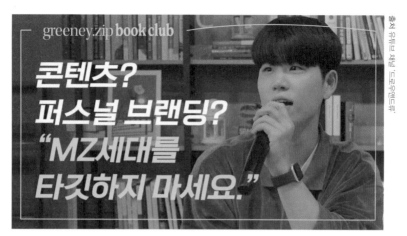

퍼스널 브랜딩을 주제로 다양한 영상을 제작하고 있는 〈드로우앤드류〉.

히 SNS를 통한 퍼스널 브랜딩의 중요성을 강조하고 있다. "좋아하는 일로 먹고살기 위해서 퍼스널 브랜딩이 중요하다"는 그의 말에 많은 사람들이 지지를 보내고 있다.

드로우앤드류는 유튜브 채널 〈요즘 것들의 사생활〉에 출연해서, "이제 예전처럼 미디어를 장악했던 자기 PR의 시대는 지나갔고 솔직하게 스스로를 드러내는 시대가 됐다"고 밝힌 바 있다. 솔직하게 스스로를 드러내면서, 자연스럽게 남들이 전문가라고 불러주게 만드는 행동을 하는 것이 중요하다고 그는 이야기한다.

누구에게나 SNS에서 말할 권리가 있고, 그 중심에 유튜브가 있다. 유튜브가 퍼스널 브랜딩에 최적화된 이유는 우리가 영상의 시대에서 살고 있기 때문이다. 영상을 통해 정보를 제공하는 것이 전달자로서도 가장 정확도가 크고, 그림 등 이해도가 높은 자료도 첨부할 수 있다는 장점이 있다. 가령 취업준비생은 틀에 박힌 이력서 대신 자기 장점을 유튜브 영상으로 제작해서 기업에 전달할 수 있다.

유튜브는 전문성을 드러내기에도 적합하다. 당신이 만약 유튜브 전문가로서의 모습을 어필하고 싶다면, 유튜브 채널을 개설해서 유튜브 알고리즘 분석, 사람들에게 사랑받는 콘텐츠 기획하기, 기업의 메시지를 잘 녹인 브랜디드 콘텐츠를 제작하기와 같은 주제로 콘텐츠를 올리는 것이 가장 효과적이다. 이런 유튜브 채널은 꼭 엄청난 구독자를 보유하고 있지 않더라도 나를 충분히 드러내는 수단이 될 수 있다. 그리고 해당 채널을 기반으로 유튜브학과 교수, 관련 서적 출판을 위한 출판사와의 협의, 유튜브 관련 강연 등으로 연결 지을 수 있는 것이다.

반대로 전문가라는 것을 어필하고자 레거시 미디어를 사용하면 어떻게 될까? 유튜브 전문가라는 단어를 직접적으로 써가면서 보도자료를 배포한다고 해보자. 이 방식으로는 많은 사람들에게 전달되는 것에 한계가 있을 것이다. 유명 매체가 아닌 이상, 따로 검색하지 않는다면 해당 기사를 접할 확률이 매우 낮은 게 현실이다. 그리고 전문가라고 보도자료에 쓰여 있다고 해도 이를 독자들이 인정하는 것에도 한계가 있다. 결국 레거시 미디어만으로는 내가 전하고자 했던 메시지는 일방적인 주장에 머무른 채, 상대방을 설득하는 단계까지 가기는 어려울 것이다.

앞으로 퍼스널 브랜딩은 점점 더 중요해질 것이고, 이를 가장 효과적으로 수행하기 위해서는 영상 콘텐츠를 제작해야 할 것이다. 그 맥락에서 유튜브는 퍼스널 브랜딩의 플랫폼으로 발돋움할 것으로 예상된다. 이것이 전문가로 발돋움하고 싶다면, 지금 당장 유튜브 채널을 기획하고 개설해야 하는 이유다.

코미디언들의 유튜브 진출!
그들이 성공할 수밖에 없는 이유.

정재형 | 〈피식대학Psick Univ〉 운영자, 스탠드업 코미디언

컴퓨터공학과를 다니다 진로를 수정했고, 코미디언의 길을 걷게 됐다. 코미디언 지망생을 준비한 지 2년 만에 꽤 빠르게 KBS 공채에 합격해 개그맨 활동을 시작했다. 하지만 영글지 않은 실력과 쟁쟁한 실력자들 사이에서 설 자리가 밀려나게 돼 타의로 휴식기를 가지게 됐다. 그러던 중 지망생 극단에서부터 함께 했던 이용주의 제안으로 스탠드업 코미디 공연을 함께 만들게 되고 시작하는 과정에서 김민수와도 함께 하게 됐다. 메타코미디 정영준 대표의 제안으로 유튜브 채널 〈피식대학Psick Univ〉을 시작했다. 현재 구독자 247만명을 보유한 〈피식대학 Psick Univ〉은 시즌1에서 방탄소년단의 RM이 출연하는 등 코미디 채널의 일인 자로 확실히 자리매김했으며, 2023년 제59회 백상예술대상 TV 부문 예능 작품상을 받기도 했다.

〈피식대학Psick Univ〉채널은 다양한 게스트와의 협업을 통해 특별한 케미를 만들어 내는 것 같습니다. 특히 다양한 외부 출연자와의 협업은 지속해서 사랑받는 채널을 만드는 데 큰 역할을 하지 않았을까 합니다. 진행했던 협업 중 가장 성공적이라고 생각했던 사례가 있는지, 그 이유는 무엇인지 문의드립니다.

제가 생각하는 성공적인 협업의 가장 중요한 요소는 '저희 채널과 협업하는 사람에게 가장 잘 어울리는 최적화된 캐릭터가 만들어 졌는가'라고 생각합니다. 이 부분이 해결되지 않는다면 성공적인 협업은 어려울 수 있습니다.

이런 기준에서 가장 성공적인 사례는 '한사랑산악회'의 이택조(이창호), 'B대면데이트'의 최준(김해준)을 뽑을 수 있습니다. 두 캐릭터 모두 원래 본인이 가장 잘하는 캐릭터를 기반으로 함께 회의를 거듭해 발전시킨 경우입니다. 이들이 가장 잘할 수 있는 캐릭터를 어떻게 우리와 협업하는 콘텐츠에 최적화할 수 있을까 고민했고 그 부분이 시너지를 낸 사례라고 생각합니다. '신도시 아재들'의 서준맘(박세미)의 경우, 기존에 없던 캐릭터를 처음부터 같이 기획하고 만들어 낸 케이스입니다. 박세미라는 사람이 갖고 있는 코미디언으로서의 연기력 등 강점을 제대로 살리기 위해 노력했고, 그런 노력이 주효했다고 생각합니다.

최근 사랑을 받는 '피식쇼'의 경우, 모든 게스트들이 성공적이라 생각하지만, 그중에서도 방탄소년단의 RM편이 가장 성공적인 협업이었다고 생각합니다. 피식쇼 콘텐츠의 기획 방향성에 가장 맞아떨어지는 게스트가 출연하면서 글로벌적인 관심을 받을 수 있었습니다.

○●○○

코미디언들이 유튜브로 진출하는 것은 이미 대세가 됐습니다. 개인적으로 기획, 연기, 개그 등을 두루 갖췄을 코미디언들은 성공하는 유튜버의 조건에 딱 맞는다고 생각하는데요. 코미디언들이 유튜브에 진출할 때 장점들은 무엇이라고 생각하는지 궁금합니다.

코미디언들은 기본적으로 캐릭터를 창조하고, 그에게 맞는 대본을 짜는 데 있어 강점이 있는 사람들입니다. 그 때문에 기획, 연기, 코미디 등 기본기가 탄탄합니다. 이러한 강점은 유튜브를 막 시작하려는 분들에 비해 유리한 위치를 점한다고도 볼 수 있습니다.

제가 생각하는 또 다른 강점은 코미디언들은 무대 경험이 많고, 새로운 무대에 도전한 경험이 많다는 점입니다. 그럴수록 새로운 시도에 주저함이 없고, 새로운 시도에 따른 성공과 좌절에 있어 일희일비하지 않는 것 또한 매우 중요한 포인트라고 생각합니다.

유튜브 채널을 운영하고, 콘텐츠를 제작하다 보면 새로운 시도를 해야 할 때가 많고, 그리고 제작한 콘텐츠에 대한 반응에 흔들릴 때도 있습니다. 이럴 때 일희일비하지 않는 것은 중요합니다. 채널이 어느 정도까지 성장할 때까지 버틸 힘이 중요하기 때문입니다.

○○●○

최근 유튜버들의 활동 영역이 계속 확대되고 있습니다. TV, 웹예능, 음원 출시 등 다양한 분야로 진출하는 모습이 인상적인데요. 〈피식대학Psick Univ〉 출연자들도 TV 출연이나 다이나믹 듀오의 음원 작업에 참여하는 등 다양한 활동을 진행하고 있습니다. 〈피식대학Psick Univ〉의 경우, 유튜브 채널 외 어떤 활동으로 영역을 확대할 계획이 있는지 궁금합니다.

유튜브라는 플랫폼은 저희가 코미디를 할 수 있는 매우 좋은 터전이라고 생각합니다. 현재 유튜브를 통해 저희가 원하는 코미디 콘텐츠를 제작하고 사람들과 소통할 수 있다는 점에서 행복하게 생각합니다.

하지만 언제나 새로운 곳에서 좋은 아이디어로 코미디를 할 기회가 주어진다면 저희의 코미디를 선보일 생각이 있습니다. 말해주신 것처럼 유튜버들의 활동 영역이 확대되는 현상은 이미 많은 분야에서 일어나고 있는 일입니다. 그렇기에 어떠한 장르가 어떠한 플랫폼에서 해야만 한다는 고정관념은 더더욱 사라지고 있는 시대라고 생각합니다.

○○○●

브랜디드 콘텐츠로 기업이나 기관과의 협업도 성공적으로 이어가고 있으신데요. 관련해서 가장 인상적인 콘텐츠는 무엇이라고 생각하는지 궁금합니다. 또한, 브랜디드 콘텐

츠 제작 시 가장 중요하게 생각하는 부분이 있을지 문의드립니다.

'B대면 데이트' 캐릭터 중 이호창 본부장이 P4G서울정상회의 브랜디드 콘텐츠 협업을 진행한 것이 가장 인상 깊었던 사례라고 생각합니다. 그때 당시 많은 공공기관의 브랜디드 콘텐츠가 난항을 겪고 있던 시기였습니다. 자칫 딱딱할 수 있는 소재였음에도 김갑생할머니김의 이호창 본부장이 한국에서 열리는 P4G 행사의 프레젠터로 분하여 대놓고 홍보하는 모습이 웃기기도 하면서 경이로움을 자아냈던 것 같습니다.

브랜디드 콘텐츠의 가장 중요한 점은 평소 업로드하던 콘텐츠와 질적, 양적으로 뒤처지지 않아야 한다는 점입니다. 그리고 언제나 새로움을 갖고 있어야 합니다. 그래서 저희는 브랜디드 콘텐츠를 제작할 때 더 많은 회의와 큰 파급력이 있을 만한 아이디어를 적용하기 위해 노력합니다.

CHAPTER

4

뽀로로에서 아기상어까지
글로벌을 사로잡은 K-키즈의 모든 것

저출산 시대에 더 성장하는 K-키즈,
세계 시장에서 날아오르다

2023년 1분기 출산율이 0.87명으로 역대 최저치를 경신했다. 인구수가 줄다 보니, 0세부터 약 13세까지의 연령대를 대상으로 하는 국내 키즈 시장 전망도 어둡지 않겠냐는 이야기도 나온다.

그러나 흥미롭게도 국내 키즈 시장은 하나뿐인 자녀에게 아낌없이 투자하는 VIBVery Important Baby 현상과 부모와 양가 조부모, 이모, 삼촌까지 온 가족이 1명의 아이에게 지갑을 여는 에잇 포켓eight pocket 현상이 맞물려 오히려 시장 규모 면에서 성장 중이다.

더해서, 세계 시장을 무대로 삼는 K-키즈 콘텐츠가 더욱 많아지고 있어 국내 키즈 콘텐츠 제작사들의 매출 추이도 눈에 띄게 커지고 있기도 하다.

이번 챕터에서는 K-키즈 콘텐츠의 과거와 현재를 정리하고 키즈 콘텐츠 산업의 미래 동향을 살펴보려고 한다.

"여러분이 알고 있는 가장 유명한 K-키즈 콘텐츠는 무엇인가요?"

이 질문에 아마도 많은 사람들이 뽀로로나 아기상어를 떠올릴 것이다. 2003년 출시된 〈뽀롱뽀롱 뽀로로〉의 주인공 뽀로로는 아이들의 대통령이라는 뜻의 '뽀통령'이라는 신조어를 만들어 낸 콘텐츠다. 미취학 아동들에게 전폭적인 인기를 얻어, 부모들 사이에서는 우는 아이들에게 보여주면 울음을 그치고 얌전해지는 마법의 애니메이션으로 통했다.

뽀통령이 하나의 사회현상이 되면서 전 국민의 관심을 받던 2011년 경 뽀로로는 OSMU One Source Multi Use 의 일환으로 완구나 문구부터 음료, 케이크까지 다양한 캐릭터 상품을 출시했고, 전국적으로 여러 캠페인의 홍보대사로 위촉됐다.

이뿐만 아니라, 뽀로로는 국내를 넘어 해외에서도 전에 없던 흥행 선례를 만들었으며, 0~7세 어린이를 타깃으로 하는 프리스쿨Preschool 시장의 발전을 이루어 낸 입지전적인 콘텐츠이기도 하다.

물론 뽀로로 이전에, 글로벌에 진출한 국산 캐릭터로 양갈래 만두 머

20주년이 넘은 국산 캐릭터 뿌까(좌)와 뽀로로(우).

리에 빨간 옷을 입은 캐릭터 뿌까도 있다. 글로벌 진출 국가 중에서는 브라질에서 많은 인기를 얻어 최근까지도 문화체육관광부와 한국국제문화교류진흥원이 실시하는 〈해외 한류 실태조사〉에서 캐릭터 선호도 조사 1위를 차지했다. 다만 조사 대상이 해외 17개국 15~59세 남녀로, 뿌까의 해외 인기는 키즈보다 높은 연령층에게 소구하고 있음을 추측할 수 있다.

2004년, 애니메이션 제작사 아이코닉스와 오콘이 기획 제작한 〈뽀롱 뽀롱 뽀로로〉는 국내 애니메이션 최초로 유럽 공중파 TF1에서 정규 편성 방영을 시작했다. 당시 TF1 방영 최고 시청률은 무려 47%로, 동시간대 1위를 차지하며 한국에서 만든 애니메이션이 해외 시청자를 사로잡을 수 있다는 가능성을 보여줬다. 인기에 힘입어 〈뽀롱뽀롱 뽀로로〉는 전 세계 110여 개 국가 TV 채널에서 방영되었는데, 당시에는 한국에서 제작한 3D 애니메이션의 숫자 자체가 많지 않았던 지라 프리스쿨타깃의 애니메이션으로서는 엄청난 쾌거였다.

콘텐츠를 전 세계 동시 공개할 수 있는 OTT가 없던 시절에 100개가 넘는 해외 국가에 방영되며 아이들에게 폭넓게 사랑받을 수 있었던 뽀로로의 저력은 출시 20년이 지난 지금까지도 업계에서 회자되고 있다. 당시에 넷플릭스 같은 거대 OTT 플랫폼이 있었더라면 〈뽀롱뽀롱 뽀로로〉가 K-콘텐츠의 시작으로 불리지 않았을까 상상해본다.

뽀로로가 K-키즈 콘텐츠 최초로 전 세계적인 인지도를 확보할 수 있었던 비결에는 보편성이 자리한다. 우선 뽀로로와 친구들은 드라마나 영화와 달리 사람이 아닌 동물이라 인종이나 문화 배경이 크게 드러나지 않아 대상에게 감정 이입을 하기 한결 쉽다. 또한 권선징악 구조가 아니라 뽀로로와 친구들의 일상 이야기로 구성해 아이들의 공감과 재미를 불러일으켰다. 가령 〈뽀롱뽀롱 뽀로로〉에는 친구들과 블록 놀이를 하다가 친구의 것을 부수게 되어 다투고 화해하는 에피소드가 있다. 이걸 보면서 전 세계의 어린이들은 자기 경험을 떠올리며 공감할 수 있었을 것이다.

뽀로로 애니메이션의 메인 주제곡 제목은 '노는 게 제일 좋아'다. 하루 종일 놀고 싶어 하는 아이들의 원초적인 욕망을 이보다 더 잘 드러낼 수 없다. 이처럼 전 세계적으로 통하는 보편적인 일상의 놀이와 교훈을 아이들의 눈높이에서 풀어낸 〈뽀롱뽀롱 뽀로로〉는 이후 세계 무대에서 활약할 K-키즈 콘텐츠들의 좋은 길라잡이가 돼 주고 있다.

아이코닉스에는 사람들이 널리 알고 있는 뽀로로 외에도 다른 성장 주역들이 있는데, 그중 하나가 바로 〈꼬마버스 타요〉 주인공인 파란 버스 '타요'다. 〈꼬마버스 타요〉는 2008년 서울시, EBS, 아이코닉스가 어린이들 대상으로, 대중교통의 인식과 교통안전을 교육하기 위해 공동 제작한 애니메이션이다. 서울 시민이라면 한 번쯤 동그란 눈이 달린 파란색 실사판 타요 버스를 마주친 적이 있을 것이다.

실제 서울 버스를 모티브 삼은 꼬마버스 타요.

뽀로로가 TV 방영을 통해 전 세계 아이들을 사로잡았다면, 타요는 유튜브를 통해 전 세계 시청자들을 사로잡았다. 일부 채널에서는 타요의 인기가 큰 형님 뽀로로를 앞지르기도 했다. 뽀로로와 타요 모두 한국어, 영어 외에 열네 개가 넘는 외국어 채널을 운영하고 있다. 2023년 8월 말 기준으로, 뽀로로 외국어 채널의 총구독자가 약 1,600만명, 타요 다국어 채널의 총구독자는 약 3,400만명을 보유하고 있다. 유튜브 채널의 규모가 약 2배 정도 차이 난다.

타요의 인도네시아어 유튜브 채널은 1,150만명으로, 앞서 말한 유튜브 채널 중에서 가장 많은 구독자 수를 자랑한다. K-키즈 콘텐츠인 타요가 인도네시아어 콘텐츠로 유튜브 다이아몬드 버튼을 받았다는 사실이 놀랍다. 마침 인도네시아 수도 자카르타의 도시버스는 타요와 같은 파란색이다. 이런 요소들이 인도네시아 아이들에게 공감을 불러일으킨 덕에, 타요는 인도네시아와 주변국의 수많은 쇼핑몰에서 러브콜을 받아 공연을 하기도 하고, 캐릭터 탈인형의 팬미팅을 열며 현지 아이들을 만나고 있다. 그 인기를 증명하듯 2018년에는 타요도 뽀로로의 뒤를 이어 싱가포르에 별도의 테마파크를 오픈하였다.

일본에서 수입한 애니메이션으로 어린 시절을 채워야 했던 이전 세대와 달리 요즘 아이들의 시청 목록에는 국산 애니메이션이 즐비하다. 비교적 널리 알려진 〈뽀롱뽀롱 뽀로로〉, 〈꼬마버스 타요〉 외에도 많은 국산 애니메이션이 존재하고, 비단 한국 아이들뿐만 아니라 외국 아이들에게도 사랑받는 콘텐츠와 캐릭터들도 많아졌다.

국내 인기 트렌드를 간략하게 살펴보기에 앞서, 키즈 장르의 연령 분류를 짚어본다. 0~13세를 통칭하는 키즈 콘텐츠 내에서도 타깃 연령은

2008~2013년	
프리스쿨 3D CGI	〈뽀롱뽀롱 뽀로로〉 (2003), 〈꼬마버스 타요〉 (2008), 〈냉장고 나라 코코몽〉 (2008), 〈으랏차차 아이쿠〉 (2010)
2014~2015년	
변신로봇	〈변신자동차 또봇〉 (2010), 〈로보카폴리〉 (2011), 〈헬로카봇〉 (2014), 〈최강전사 미니특공대〉 (2014), 〈출동! 슈퍼윙스〉 (2014), 〈터닝메카드〉 (2015)
2015~2018년	
유튜브 퍼스트	〈양띵 유튜브〉 (2013), 〈도티 TV〉 (2014), 〈허팝Heopop〉 (2014), 〈캐리TV 장난감친구들〉 (2014), 〈핑크퐁 아기상어〉 (2016), <Boram Tube Vlog [보람튜브 브이로그]> (2018)
2019~2021년	
B급 감성	〈자이언트 펭TV〉 (2019), 〈잔망루피 ZANMANG LOOPY〉 (2020)
2022~2023년	
캐릭터 수집	〈캐치! 티니핑〉 (2020)
가족 시트콤	〈쭝알쭝알 똘똘이〉 (2019), 〈베베핀〉 (2022)

크게 둘로 나눈다. 미취학 영유아를 뜻하는 프리스쿨과 초등학교 입학 후 학교에 다니는 어린이가 있다. 예를 들어 뽀로로나 핑크퐁은 비교적 명백하게 프리스쿨 타깃이고, 무서운 귀신들이 등장하는 〈신비아파트〉는 7세 이상 시청 관람가로 분류할 수 있다. 최근 해외에서는 키즈와 틴에이저Teenager의 사이에 끼어 있는 트윈Tween 타깃을 별도로 지칭하기도 한다.

K-키즈 콘텐츠의 시초격인 뽀로로 이후 국내 프리스쿨 애니메이션의 대부분이 3D로 제작되고 있다. 이는 대한민국 CG 기술의 발전과 더불어 〈뽀롱뽀롱 뽀로로〉를 시작으로 〈꼬마버스 타요〉, 〈냉장고 나라 코코몽〉 등이 연이어 성공 가능성을 보여준 영향이다. IP 상품화와 부가사업을 통한 산업의 성장 가능성을 발견한 국내 제작사들이 애니메이션 제작에 적극적으로 뛰어들었고, 바야흐로 K-키즈 콘텐츠의 서막이 열리는 순간이었다.

변신로봇: 일본산에서 국산으로

2014년~2015년에는 변신로봇 트렌드가 대한민국을 강타했다. 애니메이션의 TV 방영으로 인기를 얻은 후 캐릭터 완구를 판매하는 비즈니스 모델에 국내 완구사가 직접 뛰어들었기 때문이다.

변신로봇 애니메이션은 완구 상품으로 연결이 확실해 매출이 보장되고, 그만큼 부모들에게 상술이 심하다는 타박을 받는 콘텐츠다. 자녀가 없는 독자라도 마트 완구 코너 앞에서 사달라고 땡깡을 부리는 아이를

변신로봇 트렌드를 이끈 〈변신자동차 또봇〉, 〈로보카폴리〉, 〈터닝메카드〉, 〈헬로 카봇〉.

한 번은 본 적이 있을 것이다. 바닥에 누워있는 6살의 아이에게 엄마, 아빠가 "너 집에 비슷한 거 많잖아"라며 어르는 모습이 눈에 선하지 않은가.

이전에는 '완구 땡깡' 현상이 대부분 일본 애니메이션에서 기인했다면, 요즘은 양질의 국산 변신로봇물 신작이 쏟아져 나오면서 달라지고 있다. 이렇듯, 한국산 완구들은 일본산을 제치고 시장 점유율을 높였다.

당시 변신로봇의 대표작으로는 영실업의 〈변신자동차 또봇〉, 초이락컨텐츠컴퍼니의 〈헬로카봇〉과 〈터닝메카드〉를 꼽을 수 있다.

일례로 〈터닝메카드〉가 출시된 해인 2015년은 가히 '터닝메카드 대란'으로 어려움을 호소하는 부모들이 유독 많았다. 출시 직후 인기를 얻은 〈터닝메카드〉 완구 신제품이 어린이날, 크리스마스 선물 목록 상위를 차지하며 품귀 현상을 빚었고, 물량이 부족해 어떤 이들은 마트 오픈 전부터 대기를 해야 했다. 심지어 장난감 가게나 온라인 쇼핑몰을 백방으로 수소문해도 제품을 구매할 수 없어 심한 경우 웃돈을 주고 구매하는 사람들까지 생겨났다. 제발 새로운 시즌과 제품이 나오지 않았으면 하는 부모님들의 공감대는 커졌지만, 〈터닝메카드〉는 출시 후 3년간 2,500만 개의 완구를 판매한 것으로 알려져 있다.

국내 인기에 힘입어 해외에서 더 저변을 확대한 콘텐츠들도 있는데, 국산 변신 자동차물의 시초라고 불리는 〈변신자동차 또봇〉은 2014년 러시아의 대표 어린이 TV 채널 카루셀Karusel 방영을 시작으로 러시아의 거의 모든 매체에서 방영하며 인기를 얻었다. '또봇'으로 한국산 변신로봇 완구의 인기를 실감한 해외 파트너사들이 연이어 '카봇'이나 다른 국산 변신로봇 콘텐츠를 추가로 수입하면서 국산 변신로봇들의 수출시장이 열렸다.

그중 〈미니특공대〉 시리즈와 〈출동! 슈퍼윙스〉는 중국에서 특히 인기를 많이 얻어 성공적으로 중국 사업을 진행 중이다. 이외에도 〈로보카폴리〉는 대만과 러시아에서만큼은 다른 K-키즈 콘텐츠보다 압도적인 인지도로 국민 캐릭터의 위상을 가지고 있다. 앞서 초등 이상을 주로 타깃하는 변신로봇물들과 달리 프리스쿨 타깃으로 악당을 물리치는 전투가아니라 교통안전 교육을 소재로 하고 있다는 점에서 차별화된다.

이전까지는 남자아이들이 좋아하는 콘텐츠로 일본의 〈파워레인저〉 시리즈를 최고로 꼽았었는데 이후 다양한 국산 변신로봇물이 폭넓게 시장을 차지하게 됐다.

유튜브 퍼스트:
TV에서 유튜브로의 전환

변신로봇이 한 차례 휩쓸고 간 이후 키즈 콘텐츠 시장에 신선한 소문이 들려왔다. 유튜버 양띵과 도티가 초등학생들의 대통령, 즉 초통령으로 등극했다는 소식이었다.

"그런데 양띵? 도티가 누군데?"

몇 해가 지나 2019년 도티가 MBC 간판 예능 프로그램 〈라디오스타〉에 출연하며 초통령 크리에이터로 얼굴과 이름을 알리기 전까지는, 나이가 지긋하지 않아도 그들을 잘 알지 못하는 사람이 대다수였다. 양띵과 도티는 게임 마인크래프트를 하면서 유튜브나 스트리밍 플랫폼에서 주로 활동했고, TV와 같은 매스미디어에 출연하는 일도 드물었다. 게임에 관심이 없는 어른들은 양띵과 도티가 누군지 몰랐지만, 이 둘은 그 당시 전국 초등학생들의 연예인이었다.

1세대 유튜브 크리에이터 채널 중에서도 〈허팝Heopop〉은 액체괴물 슬라임으로 수영장 만들기, 종이배로 한강 건너기 같은 재미있고 독특한 실험 콘텐츠로 인기를 끌었다. 머릿속으로 상상만 했던 온갖 실험을 실제로 시도해보는 콘텐츠에 특히 초등학생들이 열광했다. 애초에 허팝은 초등학생을 타깃팅하지 않았는데도 말이다.

물론 유튜브로 어린이 시청자들의 유입이 늘어난 배경에는 2015년 구글에서 출시한 별도의 어린이 전용 유튜브 키즈YouTube Kids 모바일 앱 서비스가 있다. 키즈 콘텐츠만 모아볼 수 있는 서비스가 출시되자, 시청자 부모들은 안심하고 아이들에게 마음껏 유튜브를 보여주기 시작했고 기존 TV 채널에서 온라인 채널로 시청자가 이동했다.

변화에 발맞춰 처음부터 키즈를 타깃으로 하는 유튜브 채널도 생겨났다. 그중에서도 〈캐리TV 장난감친구들〉의 인기가 대단했다. '캐리TV

장난감친구들'이라는 이름의 유튜브 채널은 진행자인 캐리와 함께 장난감을 개봉하고 혼자 가지고 노는 게 메인 콘텐츠다. 1대 캐리인 강혜진의 인사말 "안녕~캐리와 장난감 친구들의 캐리예요!"가 어찌나 맛깔난지, 시청자 부모와 더불어 이모, 삼촌까지 캐리라는 이름을 기억하게 하는 데 한몫했다.

캐리가 역할 놀이를 하며 장난감을 재미있게 가지고 노는 모습에 아이들은 대리 만족을 느끼기도 하고, 놀이 자체와 진행자에게 빠져들어 〈캐리TV 장난감친구들〉의 팬은 급속도로 늘어났고, 이에 제작사 캐리소프트는 발 빠르게 진행자 캐릭터를 엘리와 캐빈까지 캐릭터를 3명으로 늘려 콘텐츠를 찍어냈다. 〈캐리TV 장난감친구들〉은 3D 애니메이션 제작과 달리 촬영과 편집만 하면 되니 콘텐츠가 일주일에 네다섯 편씩도 올라왔다. 기존 애니메이션과 다른 속도로 콘텐츠를 쏟아내면서 캐리의 인기는 단시간에 폭발적으로 성장한다. 겨우 1년 반 남짓한 기간만에 〈캐리TV 장난감친구들〉은 영상 1천여 개에, 10억 회가 넘는 누적 조회수와 100만 구독자를 달성해낸다.

게다가 캐리소프트는 유튜브에 올렸던 콘텐츠들을 직접 IPTV VOD로도 서비스하며 부가 수익을 얻었고, 실제 캐리와 캐빈이 등장하는 뮤지컬을 진행하기도 했다. TV 방영으로 인기를 얻는 전형적인 성공 방정식과는 달리 유튜브 퍼스트 콘텐츠로 IP 사업을 확장해가는 〈캐리TV 장난감친구들〉의 모습은 유튜브를 이용한 새로운 성공 가능성을 보여주었다.

하지만 아쉽게도 이후 〈캐리TV 장난감친구들〉은 1대 캐리였던 강혜진이 캐리소프트에서 퇴사하고 자체적으로 〈헤이지니 Hey Jini〉를 운영하면서 진행자에게 의존도가 높은 실사 콘텐츠의 리스크 상황을 겪기도 했다. 현재 〈캐리TV 장난감친구들〉은 3대 캐리가 진행하고 있다.

온라인 VOD 중심, 특히 유튜브라는 매체로 옮겨가면서 키즈 콘텐츠는 다른 장르보다 압도적인 성과를 보여주기 시작한다. TV와 달리 원하는 시간에 원하는 만큼 반복이 가능한 기능의 발전과 좋아하는 콘텐츠를 질리지 않고 무한 반복하는 시청패턴이 만나 억 단위 조회수를 넘기는 콘텐츠들이 나타난 것이다.

국내에서는 아빠와 아이의 브이로그 형식의 콘텐츠로 2018년 개설한 개인 유튜브 채널 〈Boram Tube Vlog [보람튜브 브이로그]〉가 해외 시청자 유입으로 1억 뷰를 넘기며 엄청난 성과를 기록했다. 언어나 문화의 장벽이 없는 '놀이'를 소재로 삼으면 전 세계 시청자를 잠재 고객으로 두게 된다. 키즈 콘텐츠 크리에이터에게 새로운 시장이 열린 셈이다.

이러한 특성을 기반으로 유튜브를 통해 콘텐츠를 선보이는 전략을 선도적으로 구사한 K-키즈 콘텐츠가 바로 '핑크퐁'이다. 3분 이내의 짧은 동요 애니메이션으로 이루어진 영어 유튜브 채널 〈핑크퐁 (인기 동요·동화)〉은 K-키즈 콘텐츠 최초로 구독자 1천만명을 돌파해 유튜브 다이아몬드 버튼을 받았고, 2023년 9월 기준 핑크퐁 영문 유튜브 채널 구독자는 약 7천만명이 됐다. 참고로 유튜브 채널 〈세서미 스트리트 Sesame Street〉의 구독자는 2,340만명, 〈디즈니 주니어 Disney Junior〉의 구독자는 1,690만명이다.

〈핑크퐁 (인기 동요·동화)〉을 시작으로 국내외 키즈 크리에이터 채널의 성공 사례를 확인한 TV 애니메이션 제작사들이 유튜브라는 플랫폼에 관심을 가지면서, 국내에도 점점 유튜브 친화적인 키즈 콘텐츠가 많아졌다.

B급 감성:
어른에게 사랑받는 어린이 콘텐츠

이어서 2019년부터 유튜브와 인스타그램, 트위터 등 SNS 플랫폼을 중심으로 키즈 콘텐츠가 2030세대에게 인기를 얻는 트렌드가 생겨났다. 어린이 콘텐츠가 어른들을 사로잡을 수 있던 이유는 바로 B급 감성 때문이었다. 대표적인 사례가 유튜브 채널 〈자이언트 펭TV〉의 '펭수'다.

펭수는 EBS 최초의 연습생이자 유튜브 크리에이터인 펭귄 캐릭터다. 처음에는 초등학생을 타깃으로 10살짜리 캐릭터로 기획됐으나 펭수의 필터링 없는 말과 행동, 거침없는 발언은 꼰대 문화에 반기를 드는 2030세대에게 큰 호응을 얻었고 특히 30대 직장인들에게 큰 공감을 샀다. 펭수는 EBS 김명중 사장의 이름을 시도 때도 없이 언급하며 과감한 요구를 하고는 했는데, 시청자들은 돌직구 발언을 그대로 내뱉는 캐릭터를 보며 직장에서 받은 스트레스를 해소할 수 있었다.

EBS는 처음부터 유튜브를 염두에 두고 콘텐츠를 기획했기에 타 방송 패러디, 크리에이터들과의 합방, "펭-하!"라는 유튜브식 인사말을 만들며 유튜브 문법에 따라 콘텐츠를 촬영했었다. 결과적으로, 거대한 탈인형이 젊은 층의 유행과 문화 습관을 따라가는 장면들은 시청자들에게 B급 감성의 재미를 제공할 수 있었다.

다음으로 B급 감성으로 인기를 얻은 캐릭터는 〈뽀롱뽀롱 뽀로로〉 출

B급 감성으로 유명한 잔망루피는 1020세대 여성들에게 큰 지지를 받았다. 이들은 자기감정을 표현하기 위해 루피 짤을 즐겨 썼고, 제작사는 대세에 따라 잔망루피 이모티콘을 출시하기도 했다.

신의 잔망루피다. '루피'는 뽀로로와 함께 애니메이션에 등장하는 착한 여자아이 캐릭터로, 한 인터넷 유저가 루피의 얼굴에 사악하게 비웃는 표정을 합성한 이미지와 함께 유행어를 올린 트윗tweet▼이 페이스북 등지에서 유명해졌다.

1020세대 여성들은 자신의 감정과 개성을 표현하는 수단으로 잔망스럽게 변형된 루피 이미지를 사용하기 시작했다. 이때 뽀로로 제작사인 아이코닉스는 루피 짤▼▼의 사용을 금지하기는커녕, 10~30대를 주타깃으로 삼아 잔망루피 이모티콘을 출시했다. 이모티콘 속 루피는 극적인 표현을 위해 변형된 얼굴에, 원작 애니메이션에선 절대 하지 않을 말풍선 대사를 달고 있다.

▼ 트위터에 글을 올리는 일.
▼▼ 주로 인터넷상에서 사용되는 사진이나 그림을 말함.

가령 이런 말이다.

"어쩌라고 진짜."

친숙한 캐릭터의 도발적인 변신이었다. 1020세대 여성들은 더욱 열광했고, 이모티콘 출시와 함께 남성들에게도 화제가 되며 잔망루피의 이모티콘은 판매 1위를 기록했다. 2020년 출시 이래 이모티콘은 2023년에는 7탄까지 출시됐으며 지난 몇 년간 이모티콘 TOP10에서 순위가 내려간 적이 없다.

잔망루피라는 스핀오프 캐릭터로 별도의 라인업을 구축한 루피는 뽀로로 없이 개별적인 캐릭터라이선스와 유튜브 채널을 운영 중이다. 인스타그램 팔로워는 27만명, 틱톡 팔로워는 65만명으로 웬만한 인플루언서 못지않다. 인기가 높아지자, 잔망루피는 핫한 브랜드만 초대된다는 더현대 서울에서 팝업 스토어도 진행했다. 늘어선 입장 대기 고객에 초등학생도 눈에 띄었으나 전체 고객 중 20대 고객 비중이 70% 이상으로 가장 높았다고 한다.

숙취해소제인 상쾌환에 캐릭터라이선스를 진행하고 2022년에는 명품 불가리BVLGARI의 앰배서더로 선정되기까지 했다. 루피는 명백히 키즈 콘텐츠에서 벗어난 길을 가고 있다.

잔망루피의 인기는 젊은 세대들이 밈meme을 가지고 노는 SNS 트렌드인 동시에 뽀로로를 보고 자란 뽀로로 키즈가 어른이 된 시대가 도래했다는 증거다.

충청도의 어느 대학교 축제에서 한 남학생이 무대에서 〈뽀롱뽀롱 뽀로로〉의 주제가 '노는 게 제일 좋아'를 부르자, 관객들이 떼창하는 모습이 유튜브에서 화제가 됐다. 2003년 첫 방영한 뽀로로를 보며 자란 아이들이 20년이 지나고 대학생이 돼서 노래를 부른 것이다. 영상에는 어릴 때 즐겨 듣던 노래를 어른이 돼서 부르다니 감개무량하다는 유튜브 댓글들도 달렸다.

어른이 된 지금, 뽀로로 키즈들은 과거의 익숙한 캐릭터를 요즘의 취향에 맞게 재탄생시켰고 그들만의 방법으로 콘텐츠를 즐기고 있다. 잔망루피의 사례는 키즈 콘텐츠가 연령대와 장르를 뛰어넘어 다양한 방식으로 세계관을 확장할 수 있다는 가능성을 보여준다.

가족 시트콤:
포스트 코로나 시대, 가족 중심으로 전환

최근 시장을 주도하는 키즈 콘텐츠들의 핵심 키워드를 꼽자면 '캐릭터 수집'과 '가족 시트콤'이 있다. 캐릭터 수집의 대표작 〈캐치! 티니핑〉에 관한 이야기는 이어지는 챕터에서 자세히 다루기로 하고, 이번에는 가족 시트콤에 관해 이야기해보려 한다.

프리스쿨에서 최근 2년간 인기를 얻은 콘텐츠들은 온 가족이 주요 인물로 등장하는 시리즈들이다. 이전에는 애니메이션의 주인공들이 가족 없이 친구들끼리 모여 사는 설정이거나 가족들이 조연으로 등장했다면, 최근에는 가족을 중심으로 일상 속 공감을 불러일으키는 작품들이 넷플릭스 키즈 TOP10과 IPTV 키즈 인기 순위에 대다수를 차지할 만큼 비중이 커졌다.

닐슨이 발표한 전 세계 스트리밍 TOP10 프로그램에 2023년 7월부터 9월까지 해외 키즈 콘텐츠 〈블루이Bluey - Official Channel〉와 〈코코멜론 Cocomelon - Nursery Rhymes〉이 이름을 올렸는데, 두 작품 모두 가족의 일상 이야기라는 공통점이 있다. 이는 코로나19로 지난 3년간, 어린아이들의 외부 접촉이나 사회 활동은 줄어들고 가족 간 교류가 밀접해지며 가족의 일상 이야기가 아이들의 공감을 사게 된 것으로 보인다.

국내 대표작으로는 2019년에 출시했지만 최근 새로운 시즌으로 유튜브 조회수와 IPTV 시청 지표가

가족 이야기를 중심으로 공감을 얻고 있는 〈쫑알쫑알 똘똘이〉와 〈베베핀〉.

모두 성장하며 인기 상승세인 〈쫑알쫑알 똘똘이〉와 2022년 출시해 1년이 채 안 됐음에 불구하고 국내에서는 KT 키즈랜드 인기 TOP3, 해외에서는 넷플릭스 미국, 영국, 싱가포르 등에서 키즈 TOP3 안에 든 〈베베핀〉을 소개할 수 있겠다.

〈쫑알쫑알 똘똘이〉는 완구사 미미월드의 대표적인 아기 인형 '똘똘이'를 캐릭터화한 애니메이션으로 똘똘이와 오빠, 어린 동생 삼 남매와 엄마, 아빠 그리고 함께 사는 강아지와 고양이, 앵무새가 메인으로 스토리를 이끌어간다. 더핑크퐁컴퍼니의 〈베베핀〉 역시 삼 남매, 그리고 엄마와 아빠가 주인공인 가족 시트콤이다. 또한 두 작품 모두 노래나 율동을 포함한 뮤지컬 스타일이다.

유튜브가 키즈 콘텐츠의 메인 홍보 채널이 된 요즘, 눈과 귀를 모두 사로잡을 수 있는 노래와 춤이 포함된 키즈 콘텐츠는 아무래도 경쟁력이 높다.

한국콘텐츠진흥원이 발표하는 〈연간 콘텐츠산업 동향분석〉에 따르면 2022년 기준 애니메이션 산업 연간 매출액은 7,882억원으로 전년 대비 40% 증가하고, 수출액은 1억7,200만달러로 13% 늘었다고 밝혔다. 국내 매출과 수출액의 격차가 존재하는 만큼 앞으로 해외 수출 성장 가능성이 높다.

더욱이 인구 감소를 걱정하는 한국과 달리, 세계 인구는 여전히 증가하고 있다. 조금만 눈을 밖으로 돌리면 인도, 인도네시아, 멕시코처럼 합계출산율이 2.0명을 훌쩍 넘어가는 나라들도 있다.

K-콘텐츠 르네상스에 힘입어 소리 소문 없이 K-키즈도 저변을 확장 중이다. 이어지는 챕터에서는 글로벌 신드롬을 끌어낸 〈핑크퐁 아기상어〉와 새로운 돌풍을 만들어 내는 〈캐치! 티니핑〉 이야기를 조금 더 자세히 들여다보고자 한다.

전 세계 유튜브 조회수 1위에 타임 100대 기업까지 아기상어의 글로벌 신화

2020년 11월, 'Baby Shark Dance(아기상어 체조)' 영상이 국내 콘텐츠 업계 최초로 전 세계 조회수 1위에 올랐다. 유튜브 역대 최고의 기록이기도 했다. 이전 1위였던 팝 뮤직비디오 '데스파시토Despacito'(누적 조회수 70억 3,700만 회)를 2위로 밀어내면서 말이다. 이후에도 영상의 조회수 증가는 멈추지 않았고 전 세계 최초로 조회수 100억 회를 돌파했다. 2023년 9월 기준으로 133억 회를 넘어서며 2016년에 업로드한 단일 영상의 조회수라는 게 믿기지 않는 숫자를 계속해서 경신 중이다.

기네스에 등재된 핑크퐁 아기상어의 신기록은 단순히 숫자에 그치지 않고 우리의 일상에서도 그 파급력을 보여줬다. 그 예로 2019년 10월 레바논에서 벌어진 대규모 시위 현장에서 겁먹은 아기를 달래려 시민들이 일제히 "베이비 샤크, 뚜루루뚜루~"라고 흥얼거리며 율동하는 현장 촬영본이 화제가 됐다. 비슷한 시기, 미국에서는 MLB 명문 구단 워싱턴

글로벌 메가히트 IP인 핑크퐁 상어가족. 이들의 콘텐츠는 2023년 9월 기준 130억 뷰를 기록하며, 전 세계 유튜브 조회수 1위를 달리고 있다.

내셔널스Washington National의 헤라르도 파라Gerardo Parra 선수는 등장 곡으로 당시 2살이었던 딸이 좋아하는 'Baby Shark'를 선택했다. 경기장에는 "베이비 샤크, 뚜루루뚜루~"가 울려 퍼졌다. 이후 워싱턴 내셔널스는 승승장구하며 'Baby Shark'를 공식 응원가로 정하고 우승을 차지했는데, 이는 창단 50년 만에 월드시리즈에 진출한 뒤 첫 우승이었다.

그동안 북미시장에서 K-키즈 콘텐츠의 성과는 상대적으로 미미했던 게 사실이다. 하지만 아기상어에 담긴 긍정적인 힘은 새로운 시장의 가능성을 증명했고, 그 문을 활짝 열어젖혔다. 그해 10월부터 핑크퐁 아기상어는 K-키즈 콘텐츠 최초로 100회 이상의 북미 전 지역 뮤지컬 투어를 시작했고, 이후 코로나19로 사람들의 활동에 제약이 생길 때까지 Baby Shark LIVE! 앙코르 투어는 계속됐다.

2022년 11월에는 미국 뉴욕 맨해튼 거리에서 진행된 메이시스Macy's 백화점의 추수감사절 기념행사에 아기상어가 등장한다. 미국의 대표적인 추수감사절 행사인 메이시스 땡스기빙데이 퍼레이드Macy's Thanksgiving Day Parade 에는 포켓몬의 피카츄, 스타워즈의 베이비 요다 등 내로라하는 인기 캐릭터만이 참여할 수 있는데, 자랑스러운 한국의 캐릭터인 아기 상어가 글로벌 캐릭터들과 어깨를 나란히 한 것이다.

그런데 한국 제작사가 만든 아기상어는 어떻게 북미에서 인기를 얻었을까? 아기상어의 글로벌 성공 요인을 분석하기 위해서는 먼저 더핑크퐁컴퍼니의 대표 IP인 핑크퐁의 성장 배경을 알아볼 필요가 있다.

아기상어의 성장 배경은, 밥 먹여주는 핑크퐁?

사실 'Baby Shark Dance' 영상이 흥행하기 이전부터 핑크퐁은 국내에서 '밥 먹여주는 핑크퐁'으로 유명했다. 게임 회사 출신의 창업자들은 핑크퐁 콘텐츠를 자체 개발한 모바일 앱 서비스를 통해 공개했다. 지금이야 당연하지만 10여 년 전에는 스마트폰 사용이 이제 막 보편화된 시기라 유튜브 키즈 서비스도, 넷플릭스에 키즈 메뉴도 없었다. 키즈 콘텐츠를 집 밖에서 보여주기 위해서는 앱을 내려받아 사용해야 했다. 그리고 그 시절, 핑크퐁은 2013년부터 2016년까지 4년 연속 Google Play가 선정한 국내 베스트 패밀리 앱으로 꼽혔다. 비결은 안전하고 교육적인 콘텐츠였다.

아이와의 식사에 따르는 고충을 모두 공감할 것이다. 그 당시 부모님들이 밥투정하고 가만히 있지 못한 아이들을 사로잡기 위해 치트키처럼 사용했던 게 바로 핑크퐁 모바일 앱이었다. 실행하자마자 나오는

"핑크퐁~!"하는 경쾌한 도입부에 아이는 바로 스마트폰 화면에 집중하고 부모들은 그제야 평화로운 식사를 즐길 수 있었다. 또한, 앱은 교육적이었다. 핑크퐁 모바일 앱에는 10년 이상 유아교육 콘텐츠를 개발한 전문가들이 직접 기획, 제작한 키즈 콘텐츠들이 가득 들어있었다.

콘텐츠는 파닉스, 생활 습관, 숫자 등의 주제별로 묶여 있었고, 재생 시간이 3분 이내인 짧은 동요 구성은 적당히 영상을 보여주고 끊어내기 편리했다. 그래서 아이에게 스마트폰을 쥐여 주는데 불편함을 느끼는 부모들조차 조금이나마 안심할 수 있었다.

비단 한국에서만 일어나는 일은 아니었다. 핑크퐁 앱 시리즈는 영미권 국가에서 키즈&교육 카테고리의 다운로드 및 매출에서 상위 랭크를 기록했다. 모바일에서 영상과 게임을 판매하며 얻는 인앱In app 매출은 회사 초창기의 주 수입원이 됐다. 비록 지금은 아기상어 콘텐츠들이 유명세를 타서 핑크퐁 하면 유튜브가 먼저 떠오르지만, 엄밀히 따지자면 핑크퐁 콘텐츠의 시작은 모바일 앱이었다. 그러니까 핑크퐁이야말로 디지털 네이티브 키즈 콘텐츠의 시초라고 말할 수 있겠다.

하지만 모바일 앱을 최우선의 주요 매체로 여겼던 더핑크퐁컴퍼니는 이쯤부터 급격하게 변화하는 미디어 환경에 맞춰 최대한 많은 플랫폼에 누구보다 빠르게 콘텐츠를 유통하는 미디어 전략을 세우게 된다. 이전과 같이 독점적인 지위를 가진 미디어가 사라지면서 시청자들의 파편화 현상이 뒤따랐기 때문이다.

해외 시장을 타깃으로 유튜브 채널을 빠르게 활용했다면, 국내에서는 IPTV에 적극적으로 콘텐츠를 배급하며 캐릭터 인지도와 VOD 매출의 동반 성장을 견인해갔다. 기존의 실시간 TV 채널에서 커넥티드TV

와 OTT로 유저들이 바로 넘어간 해외 미디어 시장과 달리, 국내에서는 IPTV가 시장에 자리를 잘 잡았기 때문이다. 그렇다 보니 키즈 콘텐츠에게 IPTV는 브랜딩과 수익화에 중요한 플랫폼이다. 더핑크퐁컴퍼니는 KT 키즈랜드와 전략적 제휴를 체결해 일부 콘텐츠를 IPTV에 가장 먼저 공개하거나 다양한 프로모션을 통해 브랜드 선호도를 높여 나갔다.

또한, 넷플릭스, 아마존 프라임 비디오와 같은 글로벌 OTT와 긴밀하게 협력하는 동시에, TV 채널과 같은 기존 매체에도 콘텐츠를 제공했고, 2021년에는 NEW ID와 손잡고 〈Baby Shark TV〉라는 이름의 브랜드 단독 FAST 채널을 Roku, Pluto TV, 삼성 TV Plus, LG 채널에 개설하며 발 빠르게 움직였다. 지금은 시장의 성장과 함께 해외에서 시청 시간과 매출에서도 상당한 성과를 거두는, 미디어 변화의 흐름에서 선점 효과를 누리고 있다.

아기상어의 글로벌 성공 요인 "뚜루루뚜루~" 음악의 힘

위와 같은 미디어 전략의 일환으로 2016년 'Baby Shark Dance'는 유튜브, 쥬니어네이버, IPTV, TV 채널과 더불어 음원 스트리밍 콘텐츠 플랫폼에 '상어가족Baby Shark'이라는 곡명의 음원과 뮤직비디오로 출시됐다. 그 직후 쥬니어네이버에서 인기 동영상 1위를 차지한 데 이어, 2017년에는 국내 음원 스트리밍 차트의 동요 장르 1위를 석권했다. 이 음원은 6년째 동요 장르 차트 1위를 지키고 있다. 플랫폼 유통 전략, 그리고 콘텐츠와 음악이 적절한 시너지를 낸 것이다.

아기상어 노래는 북미권 구전 챈트chant를 핑크퐁 스타일로 편곡해 만들었다. 더핑크퐁컴퍼니는 아이들을 위한 동요라고 해서 무조건 느린 박자에 성가대 분위기로 제작하지 않는다. 핑크퐁 동요는 요즘 가요처럼 신나게, 화성과 코러스를 풍부하게 하고 비트도 강렬하게, 전자악기류도 다채롭게 활용하고 있다. 이들의 음악은 어른들을 위한 대중음악에 견줄 수 있으며 부모들의 귀에도 멋진 음악으로 들릴 수 있게 제작하는 반면, 동요의 메인 보이스는 대부분 어린이 성우로 구성해 동요의 분위기를 유지하려고 노력한다.

덕분에 아기상어 외에도 핑크퐁의 여러 동요는 국내 음원 스트리밍 플랫폼 상위에 등극했고 AI 스피커가 대중화되던 2017년에는 "핑크퐁 노래 틀어줘"라는 명령어를 사용량 상위에 올리며 "동요는 핑크퐁"이라는 공식까지 생겨났다. 이처럼 음악과 강하게 결합이 돼 있는 핑크퐁 콘텐츠 중에서도 최고는 단연 'Baby Shark'로 한 번만 들어도 머릿속을 떠나지 않는 멜로디가 특징이다.

현재 'Baby Shark' 노래는 세계 최대 음원 스트리밍 플랫폼 스포티파이spotify에서 누적 스트리밍 10억 회를 돌파했으며, 월별 리스너 430만명을 기록하며 국내 콘텐츠 업계에서 유일무이한 성과를 이뤄내고 있다.

더해서 노래 형식의 콘텐츠들은 유튜브 공개 시 조회수를 높이는 데도 유리하게 작용한다. 노래는 이야기로만 이루어진 콘텐츠와 달리 여러 번 듣기에 지루함이 없어 반복 재생에 적합하다. 원래도 아이들은 좋아하는 콘텐츠나 익숙한 콘텐츠를 재시청하는 경향이 강한 편인데

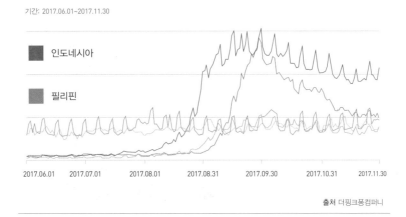

기간: 2017.06.01~2017.11.30

■ 인도네시아

■ 필리핀

2017.06.01   2017.07.01   2017.08.01   2017.08.31   2017.09.30   2017.10.31   2017.11.30

출처 더핑크퐁컴퍼니

거기에 반복되는 멜로디 패턴을 지닌 노래를 가미하니 반복 시청을 더욱 유발하는 시너지가 나타났다.

2017년 회사는 유튜브 데이터를 모니터링하던 중, 'Baby Shark Dance'의 조회수가 인도네시아에서 극적으로 증가하는 것을 발견했다. 아기상어 글로벌 신화의 초석인 '#BabySharkDanceChallenge(아기상어 댄스 챌린지)'가 엄청나게 바이럴되고 있었기 때문이다. 인도네시아의 예능 프로그램에서 게스트가 선보인 아기상어 율동을 시작으로, 연예인, 학생, 군인, 너 나 할 것 없이 인도네시아 전 국민이 아기상어 댄스 챌린지를 SNS에 업로드했다.

당시 인도네시아로 출장을 간 필자는 호기심에 공항 직원부터 택시 기사까지 만나는 사람마다 "Baby Shark?"라고 물었는데, 그럼 상대는 "Doo doo doo doo doo~"와 함께 춤춰주곤 했다. 현장의 열기를 온

몸으로 체감했던 기억이다.

이러한 인기에 힘입어 '핑크퐁'과 '아기상어' 탈인형의 첫 해외 데뷔 무대는 인도네시아가 됐다. 이후 아기상어 댄스 챌린지는 전 세계 각지로 퍼지면서 남녀노소 모두가 챌린지에 참여하기 시작했다. 그 덕에 '핑크퐁 아기상어'는 2018년 한국 동요 최초로 영국 오피셜 트렌딩 차트 9위, 싱글 차트 32위를 기록하고, 미국으로도

아기상어 댄스 챌린지는 전 세계적인 신드롬을 일으켰다. 그 덕에 '핑크퐁 아기상어'는 2018년 한국 동요 최초로 글로벌 차트에 오르는 기념비적인 성과를 남겼다.

챌린지가 전파되며 2019년 빌보드 HOT100 32위까지 올랐다.

아기상어의 두 번째 글로벌 성공 요인은 브랜딩 전략이다. 인도네시아에서 아기상어 댄스 챌린지가 시작된 2017년부터 미국까지 영향력을 넓힌 2019년까지 더핑크퐁컴퍼니는 아기상어 댄스 챌린지의 영향력을 핑크퐁 브랜드로 연결하고자 노력했다.

우선 SNS, 특히 유튜브에 업로드된 모든 핑크퐁 아기상어 댄스 챌린지 콘텐츠에 #Pinkfong라고 해시태그를 걸었다. 사람들이 아기상어를 스쳐 지나가는 유행으로 소비하는 데 그치지 않고 '핑크퐁 아기상어'로 기억할 수 있도록 하기 위해서였다. 실제로 사람들은 '아기상어'와 더불어 '핑크퐁'까지 쉽게 기억했다. 회사에서 전략적으로 캐릭터, 콘텐츠, 브랜드 모두를 '핑크퐁'이라는 네이밍으로 통일한 덕분이다. 이는

사용자가 어떤 콘텐츠를 소비해도 핑크퐁 브랜드를 인지하고 애착이 생기는 데 도움이 된다.

　그 예로 'Baby Shark Dance' 영상 앞에는 "핑크퐁~!"이라는 소리가 로고와 함께 등장하며 핑크색 브랜드 컬러가 화면을 뒤덮는다. 매번 등장하는 강렬한 도입부 덕분에 사람들은 타사에서 만든 유사한 상어 동요와 핑크퐁의 아기상어 영상을 구분했다.

　로고와 도입부를 반복적으로 노출하는 전략은 더핑크퐁컴퍼니 김민석 대표가 창업 초기부터 매우 중요하게 여겨온 일로, 핑크퐁이 지금의 브랜드 인지도와 영향력을 갖추는 데 핵심적인 역할을 했다. 최근 신규로 출시한 프리스쿨 IP인 베베핀과 2030세대 타깃 IP인 씰룩 역시 고유한 브랜드 도입부를 콘텐츠 재생 시마다 노출하고 있다.

　〈베베핀〉이 출시된 지 몇 달 안 된 시점, 어떤 해외 바이어가 〈베베핀〉의 이미지를 유튜브에서 본 적이 있다며 "베~베핀"이라는 도입부 멜로디를 그대로 따라 부르기도 했다.

　글로벌 성공 요인 세 번째는, 적극적인 재생산과 재확산이다. 더핑크퐁컴퍼니는 아기상어 댄스 챌린지의 수명을 늘리고 시청자층을 확장하기 위해서 콘텐츠의 재생산을 적극적으로 독려하고자 했다. 'Baby Shark'의 멜로디에 익숙해진 청취자들이 새로움을 느낄 수 있도록 국악 아기상어, 크리스마스 아기상어, EDM 아기상어 등 리믹스 버전을 자체적으로 제작해 출시했다.

　이와 동시에 아티스트들과의 협업도 진행했는데, 국내 아티스트로는 윤종신, 제이레빗, 유재석(유산슬), 조정치&정인 등과 해외 아티스트로는 DJ 자우즈, '데스파시토'로 알려진 가수 루이스 폰시, 일본 동요대회에서 은상을 탄 유명해진 노노카 등과 함께했다. 트로트 버전 아기상어 라던가 EDM 버전 아기상어는 사람들이 쉽게 예상할 수 없는 장르와의 만남이라 콘텐츠 소비자들은 더욱 재미를 느꼈다.

음악적인 변주와 동시에 영상 이미지의 변주도 다양하게 시도됐다. 실제 상어 이미지를 활용한 버전이나 클레이로 만든 상어가족이 출연하는 시리즈, 그리고 아예 음원과 영상 모두 변화를 주며 아기공룡, 아기자동차라는 파생 콘텐츠도 제작하기도 했다.

"또 아기상어야?"라고 생각할 만도 한데 의외로 조회수가 상위를 차지하고 있다. '아기상어'가 한 번의 챌린지로 끝나지 않고 100여 편 되는 시리즈로, 라인업의 규모를 독자적으로 키워가니 변주 콘텐츠를 통해 새로 유입된 시청자들이 다시 오리지널 '아기상어 체조' 영상을 시청하게 되는 선순환이 이루어졌다.

지금, 이 순간에도 유튜브에서 조회수가 증가하고 있을 '아기상어 체조'는 전 세계 1위를 꽤 오랜 기간 유지할 것으로 보인다. 그리고 키즈 콘텐츠 특성상 새로 태어난 아이들이 또다시 아기상어를 좋아해주는 효과도 있다.

글로벌 IP가 된 아기상어, 앞으로의 미래는?

핑크퐁 유튜브 영어 채널은 국내 콘텐츠 업계에서 최초이자 유일하게 유튜브 5천만 구독자 어워드를 수상했으며, 2023년 8월 기준으로 약 6,800만명의 구독자를 보유하고 있다. 더핑크퐁컴퍼니가 운영 중인 전체 유튜브 채널의 누적 조회수는 800억 뷰, 누적 구독자가 1억 4천만명 정도가 된다.

그럼에 불구하고 2022년, 더핑크퐁컴퍼니의 최다 매출 비중은 캐릭터라이선스와 제품이 차지한 바 있다. 객단가가 낮은 편인 키즈 콘텐츠의 특성상 콘텐츠 자체의 매출보다는 부가 사업의 매출이 클 수밖에 없기 때문이다. 아기상어를 포함한 더핑크퐁컴퍼니의 매출은 IP를 활용해 동영상, 음원 등을 제작해 유통하는 콘텐츠 영역과 이를 활용한 MD, CP Consumer Products 라이선스, 공연 등 다양한 곳에서 나온다.

MD와 라이선스 매출은 북미에서 가장 많이 발생하는데, 아기상어 챌린지의 흥행 이후 2019년 8월에는 아마존의 토이&게임 카테고리에서 핑크퐁 아기상어 사운드 인형이 1위를 하기도 했다. 현재까지도 아기상어는 미국 내에서 월마트나 타겟 Target 같은 소매점의 키즈 관련 제

▶▶ **더핑크퐁컴퍼니 사업별 매출 비중 변화**

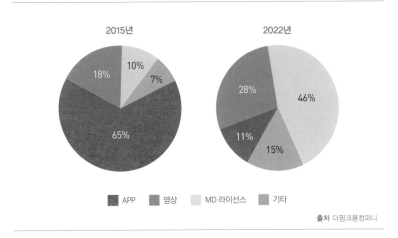

2015년

2022년

■ APP ■ 영상 ■ MD 라이선스 ■ 기타

출처 더핑크퐁컴퍼니

품 매대에서 쉽게 찾아볼 수 있다. 여러 유명 브랜드와 캐릭터라이선스 계약을 체결하며 시장을 넓혔고 7천여 종의 라이선스 제품을 출시했다. 코로나19로 잠시 멈췄던 공연도 재개하며 북미, 아시아 지역 글로벌 투어와 몰입형 전시, 실내 팝업 테마파크 등의 공간 사업을 전개 중이다. 이처럼 디지털 미디어부터 라이선스, 제품, 공연, 공간까지 IP 사업을 확장한 더핑크퐁컴퍼니의 매출은 70% 이상이 한국을 제외한 해외 지역에서 발생한다.

해외에서 더 사랑받고 있는 K-키즈 콘텐츠 핑크퐁과 아기상어가 앞으로 또 어떤 분야에서 세계적인 기록을 세울지, 그리고 핑크퐁과 아기상어의 바톤을 이어받은 더핑크퐁컴퍼니의 신규 IP들은 또 어떤 글로벌 성과를 달성할지 앞으로의 귀추가 주목된다.

캐치! 티니핑,
취향놀이와 덕후컬렉션이 키즈에 올라타다

한국판 포켓몬스터라고 불리는 마법소녀물 애니메이션이 있다. 바로 2020년 출시된 SAMG엔터테인먼트의 〈캐치! 티니핑〉이 그 주인공이다. 애니메이션은 이모션 왕국의 공주 로미가 마음의 요정인 티니핑을 캐치하는 메인 스토리로, 에피소드마다 새로운 티니핑을 등장시키며 아이들의 마음을 단번에 사로잡았다.

〈캐치! 티니핑〉은 2022년부터 국내 여아 애니메이션 시청률 1위를, 티니핑 IP를 활용한 여아 완구 역시 판매 1위를 기록하고 있다. 애니메이션의 인기에 티니핑을 사 모으려는 아이들의 등쌀에 부모들의 지갑은 점점 얇아진다고들 하는데, 장난감을 하나씩 사주다가 파산한다고 '파산핑'이라는 별명까지 생겼다. 수집욕을 제대로 자극한 것이다.

그렇게 약 2년간 판매된 티니핑 피규어만 누적 400만 개다. 더 놀라운 건 필자 주변의 20대 후반 성인 여성들도 〈캐치! 티니핑〉을 덕질

〈캐치! 티니핑〉은 국내에서만 200만명의 키즈 팬덤을 보유하고 있다. 애니메이션은 출시 후 3년 만에 키즈 IP의 신기록을 세웠다.

하며 캐릭터 인형을 모으고 있다는 거다. 수백만 아이들의 마음뿐만 아니라 어른들의 마음마저 사로잡은 티니핑의 매력을 알아보자.

　〈캐치! 티니핑〉의 성공은 수집욕을 자극하는 컬렉션과 세계관 확장이 쉬운 스토리를 배경으로 한다. 애니메이션의 기본 스토리가 주인공이 여러 티니핑을 만나는 내용이니 매 시즌 새로운 캐릭터들로 확장하기가 쉬운 것이다.

　컬렉션부터 이야기해보자. 현재 시즌3까지 공개된 〈캐치! 티니핑〉의 티니핑은 하츄핑, 꾸래핑, 조아핑, 행운핑 등 90종이 넘는다. 단순히 개

수만 많은 게 아니라 개별적인 성격도 다채롭고 매력적이다. 마치 〈포켓몬스터〉에 여러 가지 속성의 배틀 능력을 갖춘 포켓몬이 존재하는 것처럼 말이다.

가령 원조 티니핑 컬렉션은 감정을 모티브로 한 캐릭터들로 구성됐는데, 그만큼 다들 뚜렷한 캐릭터 성격을 가졌다. 용기의 티니핑 '아자핑'은 겁이 없어 생각보다 몸이 앞서는 다혈질 캐릭터로 표현된다. 말끝마다 "아자!"라는 기합을 넣는 게 아자핑의 포인트다. 또 다른 티니핑 '시러핑'은 뭐든지 "싫다"며 반대하는 청개구리 성격으로 말끝마다 "시러시러"를 시전한다.

모두 실제 3~5살쯤 되는 아이가 할 법한 행동들이다. 이렇게 자신과 어딘가 비슷한 모습에 아이들은 티니핑에 쉽게 감정을 이입하곤 하는데, 실제로 요즘 여자아이들 사이에서는 티니핑 역할 놀이가 대세라고 한다. 아이들은 각자 되고 싶은 티니핑을 선택하고 캐릭터 성격에 따라

말끝마다 "아자"하고 기합을 넣는 아자핑(좌)과 말마다 "시러시러"를 시전하는 시러핑(우).

상황극을 펼치는 것이다.

　메인 스토리 또한 그렇다. 로미 공주가 새로 만난 티니핑을 '캐치', 즉 수집하는 내용이다 보니 아이들은 주인공을 따라 장난감을 모으고 싶어지는 것 같다. 이 모든 게 수집욕을 자극하는 요소가 된다.

　그리고 시즌마다 주인공 역할을 하는 로열 티니핑이 등장하는데 현재 시즌3까지 공개된 로열 티니핑은 12종이다. 이들의 모습은 마치 대규모 아이돌 그룹에서 유닛 활동을 보는 듯하다. 이 자체로 아이들이 덕질할 만한 수많은 옵션을 제공하고 있는 셈이다. 심지어 방영 예정인 신규 시즌 〈새콤달콤 캐치! 티니핑〉은 디저트를 소재로 하는 티니핑으로 콘셉트에 변주를 줘서, 앞으로 티니핑들이 얼마든지 다른 소재를 적용해서 컬렉션이 확장될 수 있음을 보여줬다.

〈캐치! 티니핑〉은 매시즌 다양한 캐릭터를 선보이며 수집하는 재미를 제공하는데, 추가적으로 피규어 랜덤 박스를 판매하며 아이들에게 더욱 신선한 기대감을 제공하기도 한다. 또한 〈포켓몬스터〉에 포획이 어려운 전설의 포켓몬이 있는 것처럼 〈캐치! 티니핑〉 시리즈에도 전설의 티니핑 '행운핑'이 있다. 티니핑 중에서 가장 강한 마법 능력을 갖추고 있고, 캐릭터의 외형도 더욱 화려해서 인기가 많다. 희소성이 있는 행운핑 장난감은 다른 티니핑에 비해 높은 가격에 중고거래가 되고 있다고 한다.

　10대, 그리고 20대 여성들 사이에서도 티니핑의 인지도와 인기는 대단히 유의미하다. 물론 이들은 애니메이션을 본방 사수하진 않지만 캐릭터 인형을 적극적으로 모은다고 한다.

입덕[▼] 과정은 단순하다. 반짝이는 큰 눈과 큰 머리, 그리고 짧고 통통한 2등신 체형. 2030세대 여성, 그러니까 키덜트^{▼▼} 팬들은 캐릭터가 외형적으로 귀여우니 일단 반한다. 그다음으로는 캐릭터들의 깜찍한 이름에서 재미를 찾는다. 조아핑, 믿어핑, 꾸래핑, 행운핑 등 티니핑의 이름은 모두 '~핑'으로 끝나는데, 어른이 팬들은 이걸 따라 한다고 한다. 모든 기분에 핑을 붙이며 친구들과 말장난해보는 것이다.

예를 들면 이런 식이다.

"나 지금 퇴근하고 슬픔핑이다. 무기력핑도 같이 옴."

"토닥핑, 힘내핑!"

여기서 퀴즈. 방금 언급된 티니핑 중에 실제로 존재하는 캐릭터는 무엇일까? 정답은 토닥핑과 힘내핑! 슬픔핑이랑 무기력핑은 지어낸 티니핑이다. 일단 뒤에 핑만 붙이면 왠지 있는 티니핑인 것 같아서인지, MZ세대는 '~핑'을 어미로 사용해 자신의 상태를 표현하고 싶은 다양한 상황에 응용하고 있다.

이렇게 친숙해진 티니핑을 마트에서 마

출처: SAMG엔터테인먼트

캐릭터가 매력적이면 키즈 IP라도, 타깃층이 아이에게 한정되지 않는다. 이미지는 〈캐치! 티니핑〉의 인기 캐릭터 중 하나인 하츄핑.

▼   어떤 분야나 사람에 푹 빠져 마니아가 되기 시작함.
▼▼ kid(아이)와 adult(어른)의 합성어로 20~30대가 됐는데도 어렸을 적의 분위기와 감성을 간직한 성인들.

주치면 성인들도 귀여운 피규어를 사기 위해 스스럼없이 지갑을 열게 된다. 이미 자기들끼리 SNS와 일상에서 티니핑을 통해 쏠쏠한 즐거움을 공유하며 캐릭터에 애정을 가지게 됐기 때문이다.

아무리 캐릭터가 익숙해진 시대라지만 성인이 미취학 아동용 콘텐츠를 즐기고 심지어는 구매까지 하는 부분이 공감하기 어려울 수도 있다. 그렇다면 요즘 2030세대의 특징에 대해 조금 더 이해해보도록 하자.

이들은 장르와 무관하게 취향을 드러내는 모습을 긍정적으로 받아들인다. 자신이 좋아하는 것을 좋아한다고 표현하고, 누군가를 향한 팬심을 드러내기 위해 하는 수집과 같은 행동을 개성으로 여긴다. 게다가 이전 세대와 달리 SNS가 보편화된 디지털 네이티브 세대이다 보니 본인의 취향과 취미 생활을 대중에게 공개하고 자랑하는 데 스스럼이 없다. 오히려 확고한 취향이 없는 사람을 개성 없고 재미없는 사람처럼 여기기까지 하며, SNS에서 지속적으로 본인의 취향 표현을 강화한다.

2030세대가 적극적으로 캐릭터를 수집하고 덕질하고, 누가 시키지도 않았지만 좋아하는 콘텐츠를 영업하며 새로운 놀이 문화를 만들어낸다. 이들이 취향을 적극적으로 표현하고 노는 과정에서 내가 좋아하는 대상에게 돈을 지불하고 구매하는 행동은 타당한 일이다.

마침 아이돌 덕질 문화의 양지화로 인해 덕질을 하는 키덜트 시장의 수용성도 높아졌고, 티니핑 컬렉션은 남녀노소 불문한 수집욕을 자극하는 데 성공했기에 오리지널 타깃인 프리스쿨부터 더 높은 연령대인 초등학생과 성인 여성들의 관심을 얻어 안정적으로 완구 사업과 MD 카테고리를 대폭 확장할 것으로 기대된다.

한국판 포켓몬스터?
티니핑의 현재와 미래

한국판 포켓몬스터라는 칭호를 얻기는 했지만, 비교적 남녀노소를 가리지 않는 〈포켓몬스터〉와 달리 〈캐치! 티니핑〉은 마법소녀물 스토리 기반으로 여자아이를 타깃팅하고 있다.

〈캐치! 티니핑〉이 시장을 사로잡기 전까지 여자아이들 사이에서 마법소녀물로는 〈시크릿 쥬쥬〉(2012)와 〈소피 루비〉(2016) 등이 인기를 끌었는데, 매년 새로운 변신로봇물이 등장하고 인기를 얻는 남아 시장에 비교하면 꽤 오랜만의 대흥행인 셈이다.

그러나 아무리 수집형 캐릭터의 성공이 고무적이어도 남자아이를 주로 타깃하는 변신로봇 완구만큼 판매량과 객단가를 높이기는 어렵다. 대신 티니핑은 오프라인으로 사업을 확장하고 패밀리 플랫폼이 될 수 있는 장기적인 계획을 세우고 있다.

2022년 연말, 용산 아이파크몰에 오픈한 이모션캐슬 로열부티크는 오롯이 여자아이의 공주놀이를 위한 체험공간으로 꾸며졌다. 그곳에는 수제 드레스, 구두, 티아라, 장신구와 같은 다양한 패션 아이템들이 준비돼 있고, 헤어메이크업 전문가들이 콘셉트에 맞는 메이크오버 서비스를 제공한다. 무대, 포토 존, 공주방 같은 다양한 놀이 공간도 있어 부모님들은 우리 아이의 특별한 변신을 사진으로 마음껏 담아갈 수 있다.

정말 재미있는 건 과금 체계인데, 이모션캐슬 로열부티크에서는 드레스의 등급 선택에 따라 추가 과금이 이루어진다. 마치 웨딩드레스 숍에서 더 높은 등급의 웨딩드레스를 고르면 가격이 올라가는 것과 같은 원리이다. 높은 가격만큼이나 등급이 올라간 드레스는 더욱 화려하고

공주를 동경하는 아이의 마음을 정확하게 짚어낸 콘셉트 공간, 이모션캐슬 로열부티크.

특별해진다.

　애니메이션의 주인공 로미가 공주이기 때문에, 같은 공주가 된 아이들은 로열부티크에서 티니핑 캐릭터 탈인형을 만나 온전히 티니핑 세계에 감정이입을 하고 행복해한다. 공주가 돼 보고 싶은 소녀들의 마음을 정확하게 짚어낸 최고의 콘셉트 공간인 셈이다. 이어서 SAMG엔터테인먼트는 2023년 연말 팬덤을 위해 600평 규모의 테마공간 '티니핑 월드 판교'를 선보인다고 한다.

　이곳은 완구, 식음료, 미디어 전시, 코스튬 메이크오버를 모두 체험할 수 있는 문화놀이공간으로 현재의 화제성과 팬덤에 힘입어 기존 하나의 테마에 충실한 로열부티크보다 한 단계 더 도약한 종합 공간으로, 확장하는 기세가 인상 깊다.

　이러한 〈캐치! 티니핑〉의 행보가 업계 종사자 눈에는 사업을 전략적으로 확장해 나가는 것처럼 보이지만 부모로서는 아무래도 상업성이 높다고 인지할 수밖에 없다. 하지만 3D 애니메이션 제작비와 그에 준하지 않는 키즈 콘텐츠의 객단가를 고려했을 때, 특히 국내의 경우 시장 구조상 필연적으로 상업적인 전략이 포함될 수밖에 없다. 완구를 많이 판매하거나 해외에서의 콘텐츠 판매가 이뤄져야만 다음 작품을 만들 수 있기 때문이다. 그래서 K-키즈 콘텐츠는 필연적으로 완구를 고려한 상품화 전략을 촘촘히 갖추고 해외 유통을 고려해야만 한다.

티니핑의 선전은 국내를 넘어 해외에서도 이어지고 있는데, 2023년 들어서는 중국 애니메이션 채널 진잉카툰金鹰卡通에서 시청률 1위를 기록했으며, 일본에서도 도쿄와 도카이, 간사이, 이시카와, 홋카이도 등 일본 전지역 지상파 채널에서 방영을 시작했다. 현재까지 국내에서 만든 변신로봇물이 해외에서 인기를 얻은 사례는 꽤 있어도, 여아 타깃의 마법소녀물이 해외에서 성과를 보인 적이 거의 없었기에 〈캐치! 티니핑〉 시리즈가 보여주고 있는 해외 미디어 반응들은 꽤 고무적이다.

〈캐치! 티니핑〉 시리즈의 제작사 SAMG엔터테인먼트는 2014년 출시해 국내와 중국에서 크게 히트한 〈미니특공대〉와, 유럽에서 인기를 끈 〈미라큘러스: 레이디버그〉를 타사와 공동 제작하기도 했던 이력을 가지고 있다. 주목할 만한 점은 키즈 IP사 중에는 드물게 대부분 완구를 직접 기획, 제작하고 유통까지 한다는 것이다. 보통 완구사가 아닌 K-키즈 콘텐츠 회사는 애니메이션 제작사의 성격이 강해 완구를 직접 제작하고 유통하는 역량까지 내재화하기 쉽지 않다.

그러나 SAMG엔터테인먼트 김수훈 대표는 인터뷰에서 "〈미니특공대〉가 중국에서 큰 인기를 얻었지만, 공동사업을 통해 중국의 다른 회사에게 맡겼기 때문에 로열티 규모가 너무 작았고, 제휴 정도로는 노하우가 쌓이지 않는다는 걸 배웠다"고 언급하며 상품화 사업의 역량 내재화에 강한 의지를 보였다.

2022년 기준 매출 76%가 제품에서 발생하고 있는 것도 주목할 만하다. 이는 일반적인 키즈 IP사의 매출 비중보다는 비교적 높다고 볼 수 있다. 애니메이션의 인기에 힘입은 MD 매출의 증가 견인은 고무적인 성과지만 동시에 MD 부문이 매출에 비해 영업이익이 높은 사업은 아니므로 향후 수익의 지속성에 관심이 모이고 있다.

이에 SAMG엔터테인먼트는 '콘텐츠, MD, 오프라인 경험의 연결'이라는 목표로, 이 모두를 연결하는 멤버십과 플랫폼 사업으로 지속 가능한 확장을 구상하고 있다.

아직 티니핑이 해외 사업을 본격적으로 시작하지 않았으니, 앞으로 〈캐치! 티니핑〉 시리즈가 미국, 유럽, 남미 등 해외로 진출해 새로운 K-키즈 트렌드를 끌어 나갈 미래를 기대하게 된다.

디즈니 레시피를 넘어
OTT와 소셜플랫폼으로의 확장

키즈 콘텐츠의 기반은
'IP 비즈니스'

키즈 콘텐츠의 IP 전략은 '디즈니 레시피'로 대표할 수 있다. 디즈니 레시피는 창업주 월트 디즈니가 1957년에 직접 그린 전략 지도로, 디즈니에서 극장상영용 영화를 제작하고 영화에서 생겨난 캐릭터 자산과 부가 콘텐츠가 어떻게 서로를 도울 것인지, 서로 다른 사업 간의 연계를 통한 확장 전략은 무엇인지 자세하게 설명하고 있다.

예를 들어 이렇다. 실사 콘텐츠와 달리 애니메이션에는 캐릭터가 존재한다.

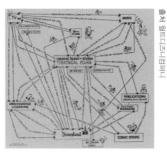

출처 월트디즈니컴퍼니

전 세계 스튜디오의 길잡이가 된 디즈니 레시피. 디즈니 작품들이 어린이를 대상으로 한 애니메이션이 많은 만큼 디즈니 레시피는 키즈 콘텐츠에 가장 부합하는 전략이겠다.

캐릭터에는 강력한 힘이 있는데, 실제 사람 배우들보다 이미지 변신이 비교적 자유롭고 형태의 변형도 가능하다는 것이다. 덕분에 캐릭터를 만화로 옮겨 과장된 표정을 사용해도 어색하지 않고 코스튬과 포즈를 자유자재로 바꿔가며 다양한 스타일의 상품에 노출시킬 수도 있다. 캐릭터 탈인형으로 전 세계 디즈니랜드 테마파크에 캐릭터 하나가 동시에 등장하는 식으로 말이다. 그리고 캐릭터는 영원히 나이가 들지 않으므로, 흥행만 하면 캐릭터 IP는 수십 년간 디즈니 레시피를 반복할 수 있다.

K-키즈 콘텐츠 역시 디즈니 레시피를 충실히 따르는 편이지만 디즈니 콘텐츠가 전 세계 극장을 통해 콘텐츠 자체로 제작비를 거의 회수하는 데 반해 K-키즈 콘텐츠는 극장이 메인 타깃인 경우가 드물다. 대신 이를 보완하기 위해 캐릭터 라이선싱과 MD 전략이 중요한 역할을 한다. 좁은 의미로 'MD'는 캐릭터 완구와 같은 제품을 직접 만들어 판매하는 사업을 의미하고, '라이선싱'은 타사 상품에 캐릭터의 이미지 사용을 허가해주고 상품 판매에 대한 로열티를 받는 비즈니스 모델이다.

디즈니 또한 영화에서 얻는 수익보다 영화에 등장하는 캐릭터를 이용한 상품화에서 얻는 수익의 비중이 점점 커지고 있다. 일례로 〈스타워즈〉 시리즈는 리부트 이후 스타워즈 완구를 판매한 돈으로 다음 편을 만들었다는 이야기가 있을 정도다.

만약 완구 업체에서 미키마우스가 그려진 1만원짜리 티셔츠를 만든다면, 이 업체는 캐릭터 저작권자 또는 브랜드 상표권 보유자인 라이선서에게 티셔츠 한 장당 최소 300원의 로열티를 지급한다. 캐릭터 라이선스 사업은 캐릭터의 상표권의 이용을 허락하면서 인지도와 인기만 빌려주는 것이므로 브랜드가 자체 굿즈를 만들 때처럼 재고 부담이나 판매 복잡도를 감수할 필요가 없고 수출에서도 복잡함이 없다. 캐릭터 라이선싱은 물성을 가진 상품뿐만 아니라 키즈 카페나 테마파크 같은 공간에도 적용될 수 있다. 콘텐츠가 아닌 콘텐츠와 연관된 판권, 즉 지식재산권을 이용한 사업이라 'IP 라이선싱'이라고도 부른다.

국내 업계에는 키즈 콘텐츠가 손익 분기를 달성하려면 과장을 조금 보태 10년이 소요된다는 말이 있다. 콘텐츠가 시즌2는 돼야 인지도가 형성돼 상품화와 라이선싱 같은 부가 사업에서 이익이 발생하는 상황에서 기인한 말이다. 최근 들어서는 국내 완구 시장과 캐릭터 라이선싱 시장이 성숙하기도 했고, 글로벌 시장에 진출하는 K-키즈 콘텐츠가 늘어나면서 콘텐츠의 손익분기점 돌파도 훨씬 빨라지고 있다.

하지만 여전히 키즈 콘텐츠의 손익은 외부에 보이는 흥행 파급력보다 아쉬울 때가 많다. 국내 키즈 콘텐츠가 경제적으로 더 큰 성공을 얻기 위해서는 디즈니 레시피와 같은 생태계Ecosystem를 조성할 수 있는 능력과, 콘텐츠로 이 생태계를 얼마나 정확하고 신속하게 완주할 수 있는가 중요하다.

콘텐츠 생태계를 조성하는 방법에는 두 가지가 있다. 디즈니 제국과 같이 모든 IP에 대한 권리 전체를 확보하고 모든 사업 영역을 수직 통합해 내재화하거나, 콘텐츠 생태계에 해당하는 각각의 부문에 대한 기능을 해줄 수 있는 파트너사와 연맹을 맺는 방법이다.

첫 번째 방법인 디즈니 제국은 K-키즈 콘텐츠에 그리 적합하진 않다. 창업주 월트 디즈니가 디즈니 레시피를 실행할 수 있었던 배경에는 미국이라는 세계 최대 규모를 자랑하는 시장이 있었다. 처음부터 사업 부문을 모두 내재화하기에는 기업의 내부 투자비용이 커질 뿐 아니라 사업 영역을 확장하면서 따라오는 갖가지 이슈에 대응하느라 운영비용이 커지기에 이를 웃도는 규모의 경제를 실현할 수 있어야 한다.

비교적 시작하는 단계의 제작사라면 사업의 본질인 콘텐츠를 제작하는 일에 집중하고, 각 부문에서 경험이 많은 파트너사와 함께 리스크를 나눠지는 해외 공동 제작 및 협업으로 연맹을 맺는 두 번째 방법이 더 적합하다. 물론 여러 파트너사가 존재하는 사업 구조는 그 과실을 나누어야 한다는 점에서 수익성이 떨어질 수 있다. 그럼에도 불구하고 공동 제작을 시도하고, 공동으로 업무를 분담해 해외 경쟁력을 갖추는 기회로 삼아야 한다. 단, 협업 시 수익 분배 조건을 유리하게 설정하도록 하자.

키즈 콘텐츠는 비교적 시간의 흐름과 유행의 변화를 타지 않아 한 번의 큰 흥행이 오래도록 이어질 가능성이 높고, IP 사업으로의 확장성도 크므로 단기적인 수익보다 장기적인 관점에서 지분을 확보하는 데 중점을 두어야 한다. 협업을 진행할 때는 해외 파트너사의 현지 네트워킹과 노하우를 최대한 얻어올 수 있도록 실무 참여 조건을 제안하길 바란다. 해외 경쟁력을 갖추고 나면 더 큰 파트너사를 확보해 큰 시장을 바라볼 수 있을 것이다.

생태계가 준비됐다면 모든 사업 부문들이 콘텐츠의 성공을 위해 기능을 일사불란하게 해줘야 한다. 출시와 동시에 완구 제작을 준비하면 이미 늦었다. 콘텐츠가 출시되기 1년 전에는 완구 기획이 시작돼 콘텐츠 출시와 동시에 완구가 매대에 보일 수 있어야 하고, 출시 이후 어느 시점에 어느 미디어 채널에서 공개해 최대의 부가 판권 수익을 올릴지도 콘텐츠 출시 전에 협의가 모두 돼 있어야 한다.

픽사는 매 영화 작품의 제작 마무리와 동시에 콘셉트 아트를 모아 멋진 액자에 넣어 사옥에 전시를 해둔다. 이는 추후 픽사 아트 전시에 실제로 사용된다. 다음 사업 부문을 위한 준비가 미리 짜인 프로세스처럼 물 흐르듯이 진행되는 셈이다.

영상, 음악 스트리밍, 완구, 전시회, 뮤지컬 등 다양한 형태로 순차 공개되는 콘텐츠는 서로를 홍보해주는 매개가 되기도 하고, 이는 결국 콘텐츠 하나에 대한 팬심을 끌어올려 주는 장치가 된다.

콘텐츠가 출시되고 생태계를 완주하는 데 시간이 너무 오래 걸린다면 어떻게 될까? 요즘같이 콘텐츠가 범람하는 시대에는 당연히 금방 다른 콘텐츠에 밀려 잊힐 것이다. 따라서 잘 만든 콘텐츠를 빠르게 확산시키는 일이 모든 콘텐츠 사업의 첫 단추이다.

디즈니 경우에는 스트리밍을 디즈니 레시피의 새로운 큰 축으로 삼고 디즈니+를 통해 신규 영화를 개봉 30일에서 3개월 내로 바로 공개하고 있다. 이에 반해 일반적인 콘텐츠 회사는 TV 채널이나 글로벌 OTT를 자체적으로 가지고 운영하기 어렵기 때문에 뉴미디어 채널을 최대한 활용해야 한다.

아직도 키즈 콘텐츠는 유튜브다?

위 제목처럼 생각한다면, 그건 아이들이 곁에 없거나 아이들과 소통할 일이 드문 사람들일 가능성이 크다. 자녀가 있는 집과 없는 집의 넷플릭스 사용에는 확연한 차이가 하나 있다. 바로 자녀를 위한 키즈 프로필 사용 유무다. 아이가 직접 고른 캐릭터와 닉네임으로 표시된 키즈 계정은 만 14세 미만이 시청할 수 있는 프로그램만 선별해 제공된다. 요즘 아이들은 "유튜브 틀어주세요"만큼 "넷플릭스 볼래요"라는 말도 자주 한다. 그만큼 키즈 콘텐츠의 흥행에 유튜브와 더불어 넷플릭스와 디즈니+ 같은 구독형 OTT도 중요한 역할을 차지하고 있다.

키즈 콘텐츠와 구독형 OTT의 협력은 코로나19 동안 특히 끈끈해졌다. 이 기간, 집에 체류하는 시간이 길어진 아이들을 위해 시청자 부모들은 키즈 콘텐츠를 구매하거나 키즈 콘텐츠의 시청 시간을 늘려가는 데 망설임이 없었다. 더욱이 어린이의 집중력은 평균 10~30분 내외로 짧으므로, 이들과 1시간 이상의 긴 분량의 영화를 관람하기에 집이 더 편한 것도 이유가 됐다. 팝콘은 못 먹을지라도 집에서 좋아하는 과자를 잔뜩 먹으면서, 멋진 장면에서 소리를 지르며 가족들과 교감할 수 있을 테니까 말이다.

키즈 콘텐츠 제작자로서는 상품화와 부가 사업 진행에 콘텐츠의 효과적인 노출과 인지도 상승이 선행돼야 하기에 코로나19 동안 대부분의 가정에 침투한 OTT가 매우 중요해졌다. 그중에서도 글로벌 OTT는 전 세계 국가 시청자에게 동시 노출할 수 있어 즉각적인 해외 진출과 시청 지표 확보에 유리해 사업 편의성을 높여준다. 해외 진출을 위해 100여 개 국가의 TV 채널 바이어에게 일일이 세일즈하고 협상을 진행하던 때보다 엄청나게 수월해진 것이다.

OTT 플랫폼들에도 고효율이라는 특징을 지닌 키즈 콘텐츠의 중요성이 크다. 이들은 IP 라이선싱과 상품화로 이어지는 수익 극대화뿐만 아니라 스트리밍에서는 콘텐츠 자체의 효율 또한 높기 때문이다. 키즈 콘텐츠는 성인 콘텐츠보다는 적은 예산으로 제작할 수 있으며 어린이들의 충성도가 매우 높다. 충성도는 반복 시청이라는 특징으로 연결돼 유튜브 전 세계 누적 조회수 TOP10에는 핑크퐁의 'Baby Shark Dance'를 포함해 키즈 콘텐츠가 여섯 개나 포진해있다.

또한, 어린이 시청은 가족 단위 시청으로 이어질 가능성이 높아 한꺼번에 다수의 사용자를 붙잡아 둘 수 있는데, 이는 구독 중심 OTT의 신규 고객 확보에 큰 도움이 될 것이다. 2022년 8월 부모 2천명을 대상으로, 버라이어티가 의뢰해 어린이 전문 미디어 기획사 키즈노우베스트 Kids Know Best가 진행한 조사한 자료에 따르면 16세 이하 어린이를 가진 미국 부모 4명 중 3명이 스트리밍 구독을 유지할지 결정하는 데 자녀가 영향을 미친다고 답했다.

게다가 스트리밍 서비스에 익숙해진 어린이 고객은 성인이 될 때까지 장기 구독고객으로 이어지기도 한다. 그렇기에 미래 구독자와 잠재적 소비층을 확보해야 하는 플랫폼 서비스라면 공략 1위 연령대가 어린이가 될 수밖에 없다. 국내외를 막론하고 키즈 콘텐츠를 확보하기 위한 기업들의 경쟁이 치열해지고 있는 가운데, 넷플릭스 역시 키즈에 대한 미래 투자를 염두에 두고 2021년 9월에 7억달러를 주고 영화 〈마틸다〉, 〈찰리와 초콜릿 공장〉으로 유명한 로알드 달 스토리 컴퍼니를 인수했다.

넷플릭스 코리아 관계자는 2023년 7월 진행된 '아이와 함께하는 레드카펫 이벤트'에서 "우리의 목표는 모두에게 이야기를 통한 즐거움을 선사하는 것"이라며 "아이들을 위해서는 다양한 세상을 만날 수 있는 콘텐츠를, 그리고 보호자를 위해서 언제나 안심하고 관리할 수 있는 기능을 지속해서 강화하겠다"고 밝혔다. 양질의 성인 대상 콘텐츠를 앞세

위 구독자를 확보해온 넷플릭스가 전략을 바꿔 키즈 콘텐츠 시장에 뛰어든 배경에는 아무래도 비교적 낮은 예산으로 글로벌 흥행을 보장하는 K-키즈 콘텐츠의 성과가 있지 않았을까 추측해본다.

넷플릭스에서 성과를 낸 K-키즈 콘텐츠로 애벌레 두 마리의 슬랩스틱 코미디 〈라바〉가 국내 애니메이션 최초로 넷플릭스 오리지널 글로벌 계약을 체결해 2018년부터 〈라바 아일랜드〉 시리즈를 선보였고, 아이들과 같이 시청하다 엄마와 아빠도 빠져들곤 하는 코미디 시트콤 애니메이션 〈브레드 이발소〉는 2020년 넷플릭스에 선보인 지 14일 만에 한국, 호주, 영국 등을 포함한 해외 여러 국가의 TV쇼 부문과 키즈 부문 인기 영상 TOP10에 올랐다. 2020년에는 〈핑크퐁 시네마 콘서트: 우주 대탐험〉이 국내 애니메이션 영화 최초로 키즈 부문이 아닌 미국의 영화 부문 TOP5에 순위를 기록했다.

새로운 전략으로 떠오르는 소셜플랫폼

2024년, 키즈 콘텐츠에게도 소셜플랫폼의 전략적 비중이 점점 커질 것으로 예상한다. 여러 소셜플랫폼 중에서도 키즈 콘텐츠가 가장 신경 써야 하는 플랫폼은 틱톡과 인스타그램이다.

특히 1020세대가 사용하는 것으로 알려진 틱톡은 영국 미디어 사용 및 활동에 관한 Childwise의 2023년 보고서에 따르면 7~18세 사이의 어린이가 가장 선호하는 매체다. 참고로 유튜브는 근소한 차이로 2위를 차지했다. 게다가 Childwise의 새로운 조사 결과에 따르면 틱톡이 계속해서 인기를 얻으면서 틱톡 사용을 시작하는 나이대는 계속 낮아지고 있다고 한다. 유튜브가 초기에는 게임 방송 콘텐츠로 성장하다가 전 연령을 커버하는 콘텐츠를 갖추게 되면서부터 이용자층이 넓어진 것처럼 틱톡도 키즈 콘텐츠를 포용할 수 있는 전 연령 플랫폼으로 변화해갈 가능성이 있다.

인스타그램은 키즈 콘텐츠의 게이트키퍼인 시청자 부모와 소통하고, 콘텐츠의 브랜딩 즉 프랜차이즈화를 위한 툴로 중요성이 높아지고 있다. 키즈 IP는 상품화와 부가 사업 전개를 위해 프랜차이즈화가 필수적인데, OTT는 새로 나온 콘텐츠가 브랜딩하는 데 불리한 환경을 가지고 있다. 일단 경쟁 작품이 너무나 많다. 진출하는 시장이 글로벌 시장으로 커진 만큼 다른 국가에서 제공하는 콘텐츠와도 경쟁해야 한다.

또한 OTT는 일방적으로 콘텐츠가 재생되는 TV와 달리 한 화면에 여러 콘텐츠가 동시다발적으로 노출돼 아직 브랜딩이 되지 않은 신규 작품이 선택될 확률이 줄어든다. 만약 우연히 알고리즘의 행운을 얻어 타사의 콘텐츠들 사이에서 재생된다고 하더라도 해당 프로그램만 연속으로 시청하는 게 아니라 한 편을 감상하고 또 다른 콘텐츠로 넘어가 버리기 때문에 콘텐츠를 기억에 남기기 쉽지 않다.

반면 인스타그램은 소셜 기능을 활용할 수 있어 시청자들과 직접적인 소통이 가능하고 연속된 게시물을 통해 브랜드의 이미지를 어필하며 팔로워와 관계 형성이 가능한 환경이다. 유튜브 키즈 채널은 정책상 댓글을 달 수 없고 커뮤니티 탭도 이용이 불가하다.

'Peppa pig(페파피그)'와 같은 해외 유명 IP도 인스타그램을 적극적으로 활용 중인데, 키즈 이용자보다 게이트키퍼인 시청자 부모를 타깃으로 해 아이들과 어떻게 콘텐츠를 즐기면 좋을지에 대한 가이드를 주는 용도로 활용하고, 시청자 부모의 공감을 사는 게시물을 통해 브랜드의 긍정적인 메시지와 가치를 전달하는 데 주력하고 있다.

그러나 키즈 콘텐츠와 소셜플랫폼의 동행은 아직 주의가 필요하다. 플랫폼 내 유해 콘텐츠 필터링이 제대로 작동하고 있는지 우려가 존재하고, 틱톡의 경우 어린이 정보보호와 관련한 과징금을 부과받는 등 국가별로 제재까지 일어나고 있다. 그럼에도 불구하고 어린이들이 소셜플랫폼을 이용해가는 추세는 막을 수 없는 흐름이므로 다가올 변화를 잘 살펴보아야 할 것으로 보인다.

앞으로 키즈 콘텐츠를 새롭게 시도하려는 제작자라면, 본인의 콘텐츠가 기존의 TV 채널이 아닌 유튜브, 틱톡, FAST 등 다양한 뉴미디어 채널에서 충분히 매력을 발휘할 수 있는 기획인지 고려할 필요가 있다. 본편 자체가 OTT나 소셜플랫폼에 적합하지 않은 포맷이라면 해당 채널에 게재할 수 있는 파생 콘텐츠를 미리 준비해야 한다.

더군다나 요즘은 글로벌 시장 상황이 좋지 않아 해외 완구사나 글로벌 OTT들조차 투자 리스크를 줄이기 위해 이미 시장에서 인정받은 프랜차이즈 IP를 찾는 경향이 있는데, 소셜플랫폼에서라도 파일럿 콘텐츠나 캐릭터 이미지가 좋은 반응을 얻으면 해외 파트너사를 설득할 때 도움이 된다.

K-키즈 콘텐츠는 세계 무대에서 더 큰 성장을 이루기 위해 전통 TV 채널, 국내에서 중요한 IPTV 채널, 유튜브와 넷플릭스를 필두로 하는

글로벌 OTT에 이어 틱톡과 인스타그램과 같은 소셜플랫폼까지 다양한 미디어 채널을 종합적이고 전략적으로 활용해야 한다. 세계적 수준의 캐릭터 디자인과 애니메이션 그리고 음악적인 경쟁력이 더해진 K-키즈 콘텐츠는 이미 세계 무대에서 경쟁력을 입증하고 있다.

더 나아가 디즈니 레시피를 뛰어넘는 우리만의 IP 전략 지도와 K-콘텐츠 레시피가 탄생하기를 기대해본다. 콘텐츠에서 프랜차이즈 IP로 무궁무진한 확장 가능성이 많다는 점에서 키즈 콘텐츠는 전략적으로 육성해야 할 원천 IP 기반의 사업이며, K-키즈 콘텐츠의 전성기는 이제 시작이다.

결국 중요한 것은
원천 콘텐츠의 개발이고,
사업의 본질은 좋은 IP입니다.

김민석 | 더핑크퐁컴퍼니 대표

고교 시절 한국 정보 올림피아드에서 수상하며 연세대 화학공학과에 정보특기
자로 입학, 대학에서 화학공학과 경영학을 전공했다. 이후 넥슨, NHN, 삼성출
판사를 거쳐 2010년 '더핑크퐁컴퍼니'(구, 스마트스터디)를 창업했다. 유·아동 콘
텐츠 제작, 유통, 서비스로 사업을 시작하여 현재는 영화 및 애니메이션 시리즈,
음원, 공연, 모바일 애플리케이션, 게임, 라이선스 제품 등 온오프라인 콘텐츠를
제작, 유통, 서비스하는 글로벌 패밀리 엔터테인먼트 기업으로 성장했다. 더핑
크퐁컴퍼니는 디지털 플랫폼 시장 변화에 발맞춰 콘텐츠 산업을 개척해온 성과
를 인정받아 2022년, 미국 시사주간지 《타임》이 발표한 '세계에서 가장 영향력
있는 100대 기업'에 선정되기도 했다.

더핑크퐁컴퍼니는 창업주의 IT 개발자 커리어와 테크 기업으로 출발한 이유가 작용했겠지만, 여타의 애니메이션 스튜디오들보다 혁신적인 플레이로 성장해왔습니다. (TV 애니메이션을 우선시하지 않는 '디지털퍼스트' 전략 등) 이러한 플레이는 콘텐츠에 'Convenience(편리성)'가 더해지는 트렌드와 결합하며 회사의 급성장으로 연결됐다고 분석됩니다. 여기서 Convenience는 곧 IT 기술이겠죠.

그런데, IT 기술은 늘 진화하므로 유튜브가 끝이 아닐 것입니다. 지금 실리콘밸리가 Post OTT를 고민하는 것처럼요. 그렇다면, 더핑크퐁컴퍼니는 넥스트 유튜브 또는 웹3 시대의 콘텐츠 플레이에 대해 어떤 그림을 그리고 계시는지 궁금합니다.

창업자 모두가 IT서비스 개발자, 게임 회사 출신입니다. 다양한 시도를 하다가 교육 분야에서 시장성을 발견했지만 진지하게만 하고 싶지 않았어요. 교육에 재미를 더하는 것에 깊은 고민을 하다 보니 타깃이 점점 어려졌습니다. 어떻게 하면 콘텐츠에 기술을 더해서 소비자에게 쉽고 재미있게 다가갈까? 그것이 회사의 목표였습니다. 국내 최초로 만화 앱을 만들어서 IT 기술 활용 영역의 가능성을 보았고, 이후 '키즈'에 본격적으로 집중했습니다.

유튜브는 IT 기술 영역이 아니라 무수한 플랫폼 중 하나라고 생각합니다. 이러한 관점에서 저희가 고민하고 있는 것은, '어떻게 키즈 콘텐츠를 3D와 AR, VR 영역에서 더욱 실감 나게 구현할까'입니다. AI 활용도 고민하고 있죠. 다만 현재의 기술로는 실감형 콘텐츠를 시청할 때 고글형 헤드셋이 필요하기에 기술의 진화와 트렌드를 지켜보면서 속도를 조절하고 있습니다.

핑크퐁 콘텐츠의 주 소비층은 키즈이기 때문에 현재 보급된 하드웨어가 어린아이들이 사용하기에 적합한지도 고려해야 하기 때문입니다. 이렇게 소프트웨어 기업의 전략은 하드웨어 기업들의 진화와 직결돼 있습니다. 앞으로는 어린이들도 사용하기 편한 가벼운 고글이 등장할 수도, 혹은 고글 없이 실감형 콘텐츠를 만날 수도 있겠죠.

결국 중요한 것은 원천 콘텐츠의 개발입니다. 일부 기술 기반의 기업들이 앱이나, 시청자와의 인터렉션을 강조하지만, 그런 전략은 플랫폼이 진화하거나 주력 디바이스가 바뀌면 경쟁력을 잃게 되거든요. 본질은 좋은 IP입니다.

○●○○

글로벌 미디어 판이 유료방송에서 OTT 스트리밍과 유튜브로 재편된 것은 자명합니다. 다만, 작년부터 구독형 OTT들이 '느린 성장의 시대'를 가고 있는데요. 이에 대해, 미국의 버라이어티는 불황에 대한 답은 '스포츠와 어린이 콘텐츠'라고 보도하기도 했습니다. 다만 스포츠 중계권은 힘과 돈이 있어야 하므로, 고효율 고타율은 어린이 콘텐츠라고 분석했는데요. 또, 16세 이하 어린이를 가진 미국 부모 4명 중 3명이 OTT 구독 유지를 결정하는데 자녀가 영향을 미친다는 조사도 더했습니다. 향후 OTT 경쟁력으로 키즈 IP(OTT 브랜드별 독점형 키즈 오리지널)가 올라설 수 있을지 그리고 이를 위해 키즈 스튜디오들은 어떤 전략이 필요할지요.

기업의 전략에 따라 다를 것 같습니다. OTT에 콘텐츠를 공급하고 제작비 마진으로 운영되는 콘텐츠 제작사들에는 넷플릭스 같은 OTT들의 콘텐츠 포트폴리오 확장 전략이 좋은 시그널일 것입니다. 무엇보다 콘텐츠 제작 투자비 마련에 있어서 자유로워지겠죠.

하지만, 더핑크퐁컴퍼니는 회사가 IP를 소유하고, 보유한 IP를 활용한 다양한 부가서비스도 하고 있습니다. 원천 IP 기획·개발 단계를 거쳐 콘텐츠를 제작하고, OTT뿐만 아니라 우리가 운영하고 있는 여러 플랫폼을 통해 콘텐츠를 전 세계에 배급하는 전 과정을 직접 진행합니다. 콘텐츠 자체의 수익뿐만 아니라 머천다이징과 라이센스 수익까지 창출하고 있죠. 즉, 콘텐츠를 제작해 글로벌 OTT에 공급만 하는 회사들과는 비즈니스 모델이 완전히 다릅니다. 또한, IP를 넘겨받고 제작사에 콘텐츠 제작비를 지급하는 현재의 OTT들이 추구하는 수익모델과도 그 결이 다르죠.

우리에게 콘텐츠는 아주 긴 형태의 TV CF 같다고 할까요. 더핑크퐁컴퍼니 IP를 효과적으로 알릴 방법 중 하나입니다. 콘텐츠로 인기를 얻은 이후, IP로 다양한 사업들을 전개하며 수익을 극대화하는 전략을 취해요.

물론 글로벌 OTT들의 사업구조나 전략도 움직일 것이기에, 늘 그렇듯이 좋은 IP를 기획하면서 글로벌 시장 움직임을 주시해야겠지요.

○○●○

최근 콘텐츠의 장르나 포맷의 경계가 흐려지고 특정 타깃을 염두에 두고 콘텐츠를 만들었는데 다양한 연령층이 관심을 보이는 현상도 나타나고 있습니다.

〈캐치! 티니핑〉의 인기도 기존 애니메이션들과 달리 그 중심에 '컬렉션'이 있다는 것과 20대 여성들이 움직이고 있다는 것 등에 주목하게 되는데요. (제작사의 계획된 전략인지는 알 수 없으나) IT 알고리즘이 기여한 취향 커뮤니티의 시대에 '덕후어른들'이 늘어나고 있는 것과 맞아떨어지는 지점이 보입니다. 이러한 트렌드를 어떻게 해석하는지와 향후 콘텐츠 트렌드는 어떻게 예측하시는지 궁금합니다.

키덜트가 늘어나고 있는 것은 분명해 보입니다. 만화영화라는 어릴 적 추억을 간직하고 있는 아이들이 이미 성인이 되었잖아요. 그 아이들이 나이 들어 가면서 덕후 어른들로 성장한 것으로 해석됩니다. 디즈니의 많은 IP들이 좋은 사례인 것 같습니다. 키즈 타깃 애니메이션이 많지만 그 캐릭터들이 그려진 상품들을 어른들이 소비해도 전혀 어색함이 없으니까요. 오히려 열광하죠.

　이를 위해서는 콘텐츠 기획 단계부터 20~30대가 해당 IP로 탄생한 다양한 상품들을 사용해도 괜찮게 기획하는 것이 핵심입니다. 어른들이 소비해도 어색하지 않아야 하는 거죠. 한마디로 말하자면 어른들의 눈에도 예뻐 보여야 하는 겁니다(웃음). 이미 더핑크퐁컴퍼니는 전 연령층을 흡수할 수 있도록 상품 라인업을 다양하게 가져가고 있으며 향후 더 확장할 계획입니다.

○○○●

더핑크퐁컴퍼니는 키즈 애니메이션 스튜디오를 넘어 '글로벌 패밀리 엔터테인먼트 그룹'입니다. 작은 월트 디즈니를 향해 나아가고 있다는 생각이 드는데요.
이런 관점에서 디즈니의 사업 포트폴리오와 비교하자면 가장 드러나는 차이는 극장용 영화 사업의 유무가 아닐까 싶은데요.

저는 콘텐츠의 꽃은 영화 산업이라고 생각합니다. 어떤 의미인가 하면, 소비자에게 돈을 직접 받으면서 소비자가 지불한 돈으로 제작비 이상의 돈을 벌 수 있는 유일한 장르가 극장영화라는 뜻입니다.

　그래서 저희도 패밀리 타깃의 극장영화에 대한 고민은 항시 해왔으나, 코로나19가 긴 시간 이어지면서 현재 시장 상황을 보면서 테스트 중인 상황입니다. 물론 여러 국가의 극장 산업이 단계적으로 회복되고 있지만 조금 더 시장을 지켜볼 생각입니다.

향후 본격적으로 극장용 영화를 제작하게 된다면, 매년 영화 한두 편을 합리적인 수준의 제작비로 만들면서 꾸준히 소비자와 만나는 오프라인 채널로 극장을 고려하게 될 것으로 보입니다. 고객과의 접점을 다양화하고 마케팅도 다채롭게 할 수 있기 때문이죠.

K-팝,
이제 노는 물이 달라졌다

당신이 모르는 아이돌,
이미 글로벌 스타입니다

2023년 4월, 방탄소년단 지민이 공개한 솔로곡이 빌보드 HOT100 차트 1위를 기록했다. 한국 솔로 가수로는 최초로 빌보드 싱글 차트 1위를 기록했으며, 그룹으로도 개인으로도 데뷔하자마자 빌보드 차트에 진입하는 핫샷 데뷔 기록을 가진 가수도 세계적으로 지민이 유일하다. 이어 2023년 7월, 방탄소년단 정국이 공개한 솔로곡이 빌보드 HOT100 차트 1위를 기록했다.

그동안 방탄소년단 그룹으로는 HOT100 차트 1위를 기록한 적이 꽤 많았지만, 개인 멤버까지도 1위를 달성하고 있는 점은 참 신기하고 자랑스러운 결과다. 그도 그럴 것이 방탄소년단은 신곡을 발매하면 빌보드 차트를 휩쓸고, 블랙핑크는 유튜브 차트를 휩쓴다.

2021년에 발매한 방탄소년단의 'Butter'라는 곡은 빌보드 HOT100 차트 1위를 10주 연속 탈환했는데 역사상 단일 밴드가 보여준 최장기간 1위 기록이며, 블랙핑크는 조회수 1억 뷰를 넘긴 영상이 무려 사십 개가 넘는다. 그 위상에 맞게 공연도 규모가 상당한데, 방탄소년단은 이미 코로나19 이전에 100만명 규모의 월드투어를 진행했었고, 블랙핑크는 2023년 9월까지 180만명 규모의 초대형 월드투어를 진행했다.

잘은 모르겠지만 방탄소년단과 블랙핑크의 글로벌 위상은 간접적으로 체감하고 있다. 그런데 최근 이 기록에 도전하는 아이돌이 하나둘 생겨나고 있다. 여기서 한 가지 궁금증이 생긴다. 방탄소년단과 블랙핑크의 기록에 도전하는 아이돌이라면, 이들의 팬은 몇 명이고, 얼마나 큰지 어떻게 측정할 수 있을까?

결론부터 말하면 객관적인 수치로 표현하기는 어렵다. 방탄소년단의 음악을 스트리밍으로 듣는 사람도 아미이고, 앨범을 사서 듣는 사람도 아미이기 때문이다. 아티스트에게 돈을 쓰고 안 쓰고는 팬임을 증명하는 요인이 아니라는 것이다. 이들은 좋아하는 정도가 다를 뿐 모두 방탄소년단을 좋아하는 팬이라는 점은 같다.

초동 판매량이 중요한 이유

전체 팬덤의 크기를 측정할 수는 없지만, 팬덤의 결집력과 크기를 간접적으로 표현해주는 지표가 있다. 초동 판매량이다. 초동 판매량은 음반 발매 후 일주일간의 판매량을 의미하는데, 초동 판매가 중요한 이유는 해당 아티스트 팬덤의 구매력을 보여주기 때문이다.

아티스트가 신보를 발매해도 요새 대중들은 멜론, 스포티파이, 유튜브 같은 플랫폼에서 음원을 듣지, 음반을 사서 듣지는 않는다. 그럼에도 팬들이 음반을 사는 이유는 팬사인회 응모 혹은 음반에 들어 있는 포토카드를 얻기 위해서 소장 목적으로 사는 이유가 대부분이다. 물론 해당 아티스트에 대한 애정 어린 마음이 가장 중요하지만 말이다.

이런 이유로 초동 판매는 해당 아티스트 팬덤의 크기와 화력을 측정하는 지표로 자리 잡게 됐고, 구매력이 높은 코어 팬덤이 얼마나 많은지 보여주므로, 엔터 기획사들도 초동 판매량을 바탕으로 투어 규모를 예상한다.

초동 기록을 살펴보면, 2022년까지만 해도 2020년 발매된 방탄소년단 정규 4집 앨범이 338만장으로 부동의 1위를 기록하고 있었는데, 2023년 4월 발매된 세븐틴 미니 10집 앨범이 455만장 판매되며 1위를

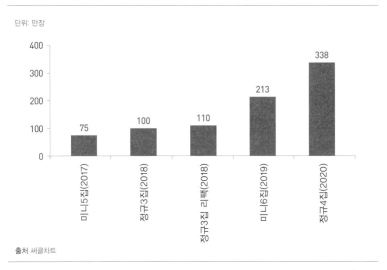

▶▶ 방탄소년단 초동 판매량 추이

단위: 만장

▶▶ 세븐틴 초동 판매량 추이

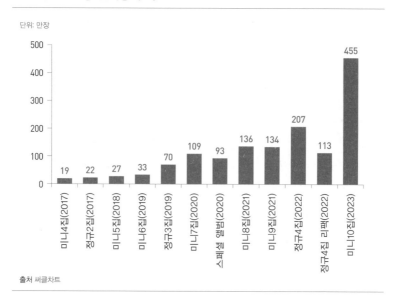

단위: 만장

출처 써클차트

▶▶ 스트레이 키즈 초동 판매량 추이

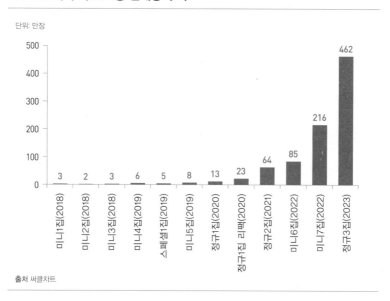

단위: 만장

출처 써클차트

차지했다가 6월 스트레이 키즈의 정규 3집 앨범이 462만장 판매되며 1위에 등극했다. 넘을 수 없을 것 같았던 기록들이 새로운 아티스트에 의해 다시 쓰이고 있다.

물론 2020년과 2023년 음반 시장 규모의 차이는 고려할 필요가 있다. 국내 음반 시장을 비교해보면 2020년은 연간 2,500만장의 음반이 판매됐는데, 2023년 8월까지 누적 음반 판매량이 이미 7,880만장에 도달하며 연간 1억장까지도 판매가 예상되기 때문에 여러 변수를 고려해서 해석할 필요가 있다. 불과 3년 만에 국내 음반 시장이 네 배나 커지다니 참으로 놀라운 성장세가 아닐 수 없다.

딱히 음반을 살 일이 없을 것 같은데도 한 아티스트의 음반이 500만장 이상 판매된다고 하니 정말 신기한 광경이다. 글로벌 시장은 스트리밍 중심으로 성장하고 있는데 왜 K-팝 시장에서는 음반이 산업 성장을 견인하고 있을까?

국제음반산업협회IFPI에서 발간한 글로벌 음악 보고서에 따르면, 2021년은 20년 만에 음반 매출이 처음으로 증가세로 돌아섰는데, 음반 성장을 이끈 주요인은 코로나19 영향도 있지만 아시아 지역에서의 강한 수요가 큰 이유가 됐다. 2022년에도 아시아 중심의 음반 성장세가 이어지고 있는데, 전체 음악 시장에서 음반 매출이 차지하는 비중은 17.5%이고, 전체 음반의 49.8%가 아시아 지역에서 발생하고 있어 한국, 일본 중심의 음반 성장이 글로벌 음반 시장을 움직이고 있음을 알 수 있다.

한국에서 유독 이렇게까지 음반이 성행하는 데에는 여러 가지 이유가 있겠지만, 크게 세 가지로 추려본다면 팬사인회 추첨과 포토 카드 수집, 초동 기록 경신 등의 이유로 음반에 대한 관심이 높을 수밖에 없다고 판단한다.

팬사인회의 경우 엔터 기획사마다 다르지만 일반적으로 음반을 구매한 사람 중 랜덤추첨을 통해 당첨 여부를 공개하는데, 팬사인회 당첨 확률을 높이기 위해 팬들의 인당 음반 구매량이 늘어나면서 음반 판매량을 견인했고, 포토 카드는 음반에 랜덤으로 들어있기 때문에 원하는 멤버의 포토 카드를 얻기 위해 인당 음반 구매량이 늘어나고 있다.

심지어 같은 음반에서도 여러 버전으로 음반이 출시되므로 팬들은 원하는 멤버의 다양한 포토 카드를 얻기 위해서는 음반 구매가 높아질 수밖에 없다. 그리고 한국에서도 초동이라는 문화가 생기기 시작하면서 음반 판매량이 기하급수적으로 늘어나기 시작했는데, 아티스트가

▶▶▶ 글로벌 음악시장 부문별 매출 비중 추이

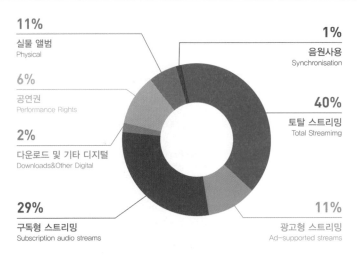

11%
실물 앨범
Physical

6%
공연권
Performance Rights

2%
다운로드 및 기타 디지털
Downloads&Other Digital

29%
구독형 스트리밍
Subscription audio streams

1%
음원사용
Synchronisation

40%
토탈 스트리밍
Total Streamimg

11%
광고형 스트리밍
Ad-supported streams

출처 IFPI

신보를 발매하면 이전 기록보다 더 높은 판매기록을 경신하기 위해 음반을 대량 구매할 때도 있다. 다른 국가와 달리 한국에서의 음반은 단순히 음악을 들을 수 있는 역할만 하는 것이 아닌, 팬덤 비즈니스로 기능하면서 음반이 시장 성장을 견인하고 있다.

코로나19 이전만 하더라도 보이그룹은 100만장, 걸그룹은 30만장 음반 판매를 바라보고 있었는데, 이미 100만장 이상의 앨범을 판매해 밀리언셀러에 등극한 아티스트가 생각보다 많아지고 있다. 데뷔하자마자 초동 판매량 182만장을 기록한 신인 아티스트도 등장하면서 이제 보이그룹은 300만장, 걸그룹은 200만장 판매를 기대하는 시대가 열렸다. 이들의 주 무대는 이제 더 이상 한국이 아닌 글로벌 시장이 됐다.

앨범 규모가 확대된 만큼 공연 규모도 커졌다. 대표적으로 일본시장을 살펴보면, 일본은 국내 엔터 기획사의 가장 큰 캐시카우 시장이자 미국에 이어 글로벌 2위 규모의 음악 시장이다. 이들은 회당 5만명 이상의 관객을 수용할 수 있는 대규모 공연장을 여럿 보유하고 있어 규모의 경제 효과도 누릴 수 있다.

몇 년 전만 해도 돔 투어를 할 수 있는 아티스트는 연차가 오래된 아티스트에 불과했다. 일본 팬덤은 아티스트 충성도가 높아서 새로운 아티스트에 대한 관심보다는 한번 좋아하는 아티스트를 오랫동안 좋아하는 특징이 있기 때문이다. 그래서 일본에서 어느 정도 인기를 얻으면 아레나 투어는 할 수 있지만, 돔 투어는 쉽지 않다.

돔 투어는 5만명에 달하는 수용인원을 채울 수 있는 티켓파워를 가진 최정상 아티스트만 설 수 있는 꿈의 무대이기 때문이다. 이 자체로 상징성이 크다고 할 수 있다.

이런 이유로 돔 투어는 일본에서 오랜 시간 활동하며 인지도를 쌓아온 2~3세대 아티스트 중심으로 이루어질 수밖에 없었는데, 지난 1년 사이 돔에 입성하는 4세대 아티스트가 늘어나기 시작했다.

이미 올해 수많은 4세대 아티스트가 도쿄돔 입성을 바라보고 있는데, 그중에서도 에스파는 데뷔 2년 9개월 만에 도쿄돔에 입성하며 기존 트와이스가 보유한 도쿄돔 최단기간 입성 기록을 단숨에 깨 버렸고, 스트레이 키즈는 4대 돔 투어를 진행했으며, 엔하이픈은 K-팝 보이그룹으로는 최단기간 도쿄돔 입성 쾌거를 이뤘고, 트레저는 2023년 초 교세라돔 공연에 이어 연말 도쿄돔 앵콜 공연을 준비하고 있다.

4세대뿐 아니라 기존 3세대 아티스트는 도쿄돔을 넘어 한 단계 더 커진 스타디움까지도 도전하고 있는데, 세븐틴은 콘서트뿐 아니라 팬미팅까지도 도쿄돔에서 진행할 정도로 일본 내 팬덤이 탄탄하게 자리 잡혀 있고, 트와이스는 K-팝 걸그룹 최초로 스타디움 투어를 성황리에 마쳤으며 NCT는 올해 처음 스타디움에 입성하며 일본에서의 견고한 팬덤을 증명했다. K-팝 아티스트들의 도쿄돔 입성까지 걸리던 시간이 점점 짧아지면서 불과 1년 사이에 회당 모객이 40% 이상 성장한 것이다.

앨범 규모의 성장이 공연 모객의 확대를 이끌고, 다시 구보 판매를 증가시키며 아티스트가 신보를 발매할 때 폭발적인 화력으로 드러나면서 커리어 하이를 이끄는 선순환 구조가 형성되고 있다. 이것이 나에게 생소한 아이돌이 글로벌 대스타가 된 배경이다. 어느 하나만 잘한 것이 아닌, 모든 부문이 조화롭게 잘 맞으면서 산업의 성장을 이끌었다!

"내 아티스트에게 이런 모습이?" 팬들을 위한 예능, 자컨

모든 아티스트가 1년 내내 활동하기란 쉽지 않다. 아무리 팬심이 가득해도 눈에서 멀어지면 마음에서도 멀어지기 마련인지라 활동 공백기에도 팬덤을 유지하기 위한 노력이 필요하다. 그 노력의 일환 중 하나가 바로 자체 콘텐츠다. 이는 아티스트마다 직접 만드는 자체 제작 콘텐츠로 줄여서 '자컨'이라고 부르는데 쉽게 말해 아이돌 예능이다.

예전 아이돌 콘텐츠라고 하면 주로 공중파를 중심으로 이루어졌다. SBS의 〈런닝맨〉과 〈강심장〉이나 MBC의 〈무한도전〉 같은 인지도 높은 프로그램에 멤버 전원 혹은 일부가 출연해 대중성을 높이는 식이었는데 최근에는 아이돌 문화를 소비하는 세대의 관심이 TV에서 유튜브로 옮겨왔고, 더 이상 K-팝 아티스트의 시장이 국내에만 한정되어 있지 않기 때문에 글로벌 시장을 고려해 유튜브를 중심으로 한 자컨이 급부상하게 됐다.

방영 채널만 달라진 게 아니라 다루는 콘텐츠의 내용 역시 변화했는데, 프로그램의 포맷과 형식이 정해진 공중파 예능과는 달리 자컨에서는 다양한 소재의 콘텐츠를 중심으로 해당 아이돌만 출연하기 때문에 "무대에서 항상 빛나던 내 아티스트가 무대 밖에서는 이런 다채로운 모습도 있구나"하며 그의 인간적인 매력을 느낄 수 있다.

"다 봤나?"싶으면 또 새로운 영상이 업로드되며 수없이 쏟아지는 떡밥에 당연히 팬심이 식을 수가 없다. 그래서 K-팝 아티스트 대부분이 자컨을 공개하고 있고, 특히나 K-팝 아티스트의 글로벌 인지도가 높아지게 된 배경 중 하나도 바로 이 자컨에 있다고 판단한다.

성공적인 자컨의 사례라고 하면 당연히 방탄소년단의 '달려라 방탄'이 있다. 2015년부터 시작돼 방탄소년단 멤버들끼리 게임이나 상황극, 야외 활동 등 다양한 주제를 바탕으로 진행하는 콘텐츠인데 '달려라 방탄'을 통해 방탄소년단이 글로벌 인지도를 얻기 시작하면서 K-팝 아티스트에게 자컨은 필수 존재가 됐다.

'달려라 방탄'은 자컨계의 조상님으로 불릴 만큼 너무나도 유명한 예능이기 때문에 이 책에서는 최근에 급부상하며 높은 인기를 얻고 있는 세븐틴의 자컨 '고잉 세븐틴GOING SEVENTEEN'을 소개하려고 한다.

세븐틴은 2019년부터 본격적으로 웹예능 포맷을 갖추며 '고잉 세븐틴'이라는 자컨을 시작했는데, 에피소드마다 다채로운 주제를 선보이고 있고 센스 있는 자막과 깔끔한 편집이 더해져 팬들 사이에서 뜨거운 반응을 얻고 있다.

특히 세븐틴 멤버들끼리 노는 리얼리티 콘텐츠인 'TTT'나 특이한 주제를 가지고 자유롭게 토론하는 콘텐츠인 '논리나잇', 라이어 게임과 마피아 게임, 보물찾기를 결합한 게임 콘텐츠인 '돈't Lie', 수면을 취하는 동안 심박수 변화에 따라 퇴근하는 콘텐츠인 '불면제로' 등 이미 유명한 시즌제 에피소드도 여럿 존재할 정도로 상당히 인기가 높으며 팬성 콘텐츠임에도 불구하고 조회수가 1천만 뷰 이상을 기록한 에피소드도 다수 있다.

재밌는 점은 세븐틴 공식 팬덤 이름은 '캐럿'인데, 아직 본격적으로 입덕을 하진 않았지만 '고잉 세븐틴'을 꾸준히 시청하는 시청자에게 '큐빅'이라는 애칭을 지어주며 세븐틴 멤버들도 자컨에서 캐럿과 큐빅 모두 언급하며 자연스러운 입덕을 유인하고 있다. K-팝 팬덤 플랫폼 블립에 따르면, 세븐틴 팬덤 10명 중 6명이 '고잉 세븐틴'을 보고 세븐틴에 입덕했다는 결과가 있다.

'고잉 세븐틴'은 '밥 친구'라는 수식어가 붙을 정도로 가볍게 볼 수 있는 콘텐츠라서, 보다 보면 어느새 세븐틴이라는 그룹에 흥미를 갖게 되는 것이다. 당연히 곡의 완성도와 높은 수준의 퍼포먼스가 팬덤 유입에 제일 중요한 요소이지만, 자컨을 포함한 다양한 영상 콘텐츠가 팬덤을 끌어들이는 데 큰 영향을 끼치고 있음을 알 수 있다.

최근 화제성 높은 콘텐츠들을 생각해보면, 각 아이돌 그룹 중 1명이 출연진으로 출연하거나 혹은 자체 유튜브 채널을 개설해 매주 콘텐츠를 업로드하는 모습을 볼 수 있는데 국내 엔터 기획사들이 예능 콘텐츠에 집중하는 이유가 바로 여기에 있다. 특히 자컨에서 나온 다양한 밈들이 팬들에 의해 2차, 3차 콘텐츠로 재창작되며 자유롭게 확산되니 자연스럽게 팬덤이 확장될 수밖에 없다.

음반 시장이 10년, 20년 뒤에도 지금과 같이 매년 폭발적으로 성장할 것이라고 장담하기는 어렵다. 다만 지난 3년간 경이로운 성장세를 보인 음반 시장의 성장은 당분간 지속될 수밖에 없으며, 이전에는 보지 못했던 놀라운 숫자들이 매년 새로운 아티스트에 의해 새롭게 쓰일 것이다. K-팝 아티스트의 인지도가 높아질수록 공연 매진 속도도 빨라지고 있다. 공연 모객 규모는 앞으로 점점 더 커질 것이며 일본, 아시아를 넘어 다양한 국가로 팬덤이 확장해나갈 것이다.

내가 모르는 아티스트가 어느새 글로벌 스타가 되어 있는 건 어쩌면 당연한 결과일지도 모른다. 이제는 K-팝 아티스트의 주 무대가 한국이 아닌 글로벌 시대가 되었다. 일본과 아시아를 넘어 다음 시장은 미국이다.

미국의 중심에서
K-팝을 외치다

국내 음원 차트 성적도 중요하지만, 빌보드 차트인을 했다는 기사가 나오면 관련 엔터 기획사의 주가가 꿈틀한다. 그도 그럴 것이 미국은 글로벌 1위의 음악 시장이지만, 아직 K-팝 아티스트의 진출이 활발하지 않아 성장 잠재력이 큰 시장이기 때문이다.

2022년까지만 해도 빌보드 HOT100에 차트인하는 아티스트는 방탄소년단과 블랙핑크, 트와이스가 유일했다. 그런데 2023년 들어 뉴진스, 피프티 피프티 등 다양한 국내 아티스트들이 빌보드 HOT100 차트에 이름을 올리며 미국시장에서의 영향력을 확대해가고 있다.

누군가를 좋아하는데 이유가 있겠냐마는 불과 1~2년 사이에 어떻게 이렇게까지 미국에서 K-팝 아티스트의 팬덤이 확대될 수 있었는지 살펴보려 한다.

생각해보면 어떤 아티스트는 한국시간 기준 월요일 오후 6시에 음원을 공개하는데, 다른 아티스트는 금요일 오후 1시에 음원을 공개한다. 발매 시간이 이렇게 다른 데는 나름 전략적인 이유가 숨어 있는데, 금요일 발매의 경우 빌보드 차트인을 염두에 두고 있기 때문이다. 한국시간으로 금요일 오후 1시는 미국 동부시간 기준 금요일 자정인데, 빌보드 차트는 금요일부터 목요일까지의 결과를 차트에 반영하기 때문에 전략적으로 해당 시간에 음원을 공개하는 것이다.

2020년부터 방탄소년단, 블랙핑크에 이어 미국시장을 염두에 둔 아티스트들이 금요일 오후 1시에 음원을 공개하는 일이 많아지면서 미국시장에서의 인지도가 높아지기 시작했다. 실제로 빌보드200 차트와 빌보드 HOT100 차트를 보면 2020년부터 K-팝 아티스트의 차트인 횟수가 높아지는 것을 확인할 수 있다.

이런 노력의 결과로 2022년 연간 미국 내 앨범 판매량 순위를 살펴보면 K-팝 아티스트가 7팀이나 포함돼 있다는 점이 상당히 흥미롭다. 솔로 아티스트 중심인 미국에서 그룹 형태의 K-팝 아티스트가 선전하고 있다는 점은 눈여겨볼 부분이다. 앨범 성적만으로도 충분히 고무적인 성과이기는 하나 우리는 미국시장의 특성에 대해 조금 더 살펴볼 필요가 있다.

2022년 미국 음악 시장에서 앨범을 포함한 피지컬 음반(실물 음반)이 차지하는 비중은 전체의 11%에 불과하다. 반면 스트리밍은 전체의 84%를 차지한다. 물론 11%라고 해도 상당히 큰 규모의 시장이지만, K-팝 아티스트가 미국에서 한 단계 더 도약하기 위해서는 비중이 높은 음원 중심의 성장이 필요하다. 음반은 팬덤 중심의 성격이 크지만, 음원은 대중성을 확보해야 하므로 음원에서의 성장을 기대하기 위해서는 미국 대중들에게 많이 알려져야만 한다. 그래서 코로나19 기간, 미국에 진출하게 된 K-팝 아티스트들은 미국에서 공연을 활발하게 진행하기 시작했다.

1년 중 아티스트에게 가장 큰 이벤트라고 한다면 아무래도 공연일 것이다. 사실 공연 자체의 수익성은 그리 높지 않다. 공연장 대관료, 음향 장비, 무대 장치 등 다양한 부문에서 상당한 비용이 발생하기 때문이다. 엔터 기획사로선 아티스트의 기여도가 높으므로 정산 비율이 다른 항목 대비 높아 원가 부담이 있는 것도 사실이다.

다만 공연을 통해 글로벌 팬덤을 확보할 수 있고, 부족한 수익성은 MD 판매를 통해 극대화할 수 있다. 새롭게 입덕한 팬덤이 구보를 사고, 과거의 음원이 다시 스트리밍되며 팬덤 화력을 높이는 것이다. 신보를 발매하면 기존 팬덤에 새로 입덕한 글로벌 팬덤이 힘을 모아 초동 판매량을 끌어 올리고, 더 큰 규모의 모객을 동원하는 투어로 이어지는 선순환 구조가 형성된다.

그렇기에 본격적인 팬덤 확대의 시작은 아무래도 공연이다. 그리고 코로나19로 국경 간 이동이 막혔던 지난 3년 동안 가장 먼저 국경을 개방한 나라가 미국이었다. 국내 엔터 기획사들은 다른 해외 지역 대비 회당 평균 모객 수가 많고 티켓 가격도 비싸 평균 매출이 높아 수익성 측면에서도 긍정적인 미국에서 공연을 안 할 이유가 없었다. 국내 엔터 기획사들은 전략적으로 미국시장의 빈틈을 잘 파고들며 가랑비에 옷 젖듯 미국 팬덤을 조용히 흡수해갔다. 미국시장에서는 대부분 공연을 통해 수익이 창출되므로 팬덤이 투어까지 연결되는 것이 중요하다.

2022년, 4대 엔터 기획사 기준으로 미국에서 공연한 아티스트만 10팀이며 대부분 회당 1만명 이상의 아레나급 투어를 진행하며 미국시장에 빠르게 자리 잡았다.

코로나19가 어쩌면 K-팝 아티스트의 미국시장 진출을 도와준 셈이다. 국내 엔터 기획사들은 과거처럼 맨땅에 헤딩하지 않고 미국 내 유통 파트너를 통해 글로벌 네트워크를 확보하며 미국에서 자체 팬덤만으로 회당 1만명 이상을 모객하는 수준까지 성장하게 됐다. 그리고 이제는 회당 2만명 이상의 스타디움 투어에 도전하는 아티스트가 늘어나고 있다.

대표적인 사례 하나가 트와이스다. 이들은 2021년 10월, 데뷔 이후 첫 영어 풀 싱글 앨범 〈The Feels〉를 발매하면서 본격적으로 미국시장에서 활동을 시작했다. 트와이스의 미국 내 인지도를 높이기 위해 JYP 엔터테인먼트(이하 JYP)는 유니버설 뮤직 산하의 레이블인 리퍼블릭 레코드Republic Record와 전략적 협업을 체결했고, 그 결과로 2022년 2월 총 10만명 규모의 미국 단독 공연을 성황리에 진행하게 됐다.

놀라운 점은 트와이스는 평균적으로 구보가 매달 1만장 정도 팔리고 있었는데, 공연 이후 3월과 4월 구보 판매량이 각각 17만장을 기록하며 신규 팬덤의 유입이 미국 공연 이후 확연히 보였다는 점이다. 5월에는 회당 2만명 규모의 스타디움 앙코르 투어를 진행하며 미국 내 팬덤을 더욱 탄탄히 했다. 그리고 2023년 6월, K-팝 아티스트로는 방탄소년단 이후 처음으로 회당 5만명 이상의 스타디움 투어를 매진시켰고, K-팝 걸그룹 최초로 미국 내 누적 앨범 판매량 100만장을 돌파하는 신기록을 세우며 미국시장에서 빠르게 자리 잡으며 성장하고 있다.

긍정적인 변화는 2022년 미국에서 아레나 투어를 진행했던 아티스트들이 2023년 미국 공연에서는 스타디움에 입성하며 규모 있는 성장을 보인다는 점인데, 트와이스, 블랙핑크뿐 아니라 TXT, 스트레이 키즈, 엔하이픈 모두 미국에서 공연장 규모를 확대하며 시장에 빠르게 침투하고 있다. 그리고 이 침투 현상은 다양한 아티스트로 이어지며 가속화되고 있다.

지금까지 국내 엔터 기획사들은 K-팝 아티스트의 미국 진출을 주된 목적으로 삼았지만, 이제는 여기서 한 단계 더 나아가서 미국 현지화 아이돌 제작까지 준비하고 있다. 단순히 다국적 아이돌 그룹의 해외 진출이 아닌, 기획 단계부터 합숙과 트레이닝 중심의 K-팝 아티스트 육성 시스템을 도입한 첫 모델이라는 점에서 기대가 크다.

미국 현지 아이돌의 성공 가능성에 대해 생각하기 전에 먼저 미국 기획사 시스템에 대한 이해가 필요하다. 미국 기획사는 한국과는 약간 차이가 있는데, 한국 기획사는 아티스트의 보컬, 댄스, 외국어 트레이닝부터 시작해서 음반 제작, 유통, 마케팅, 매니지먼트, MD 제작 등 아티스트의 모든 활동에 종합적으로 관여하는 반면 미국은 그 역할이 다 세분돼 있다. 활동 섭외 등을 담당하는 에이전시와 음반 기획과 유통을 담당하는 레이블이 전부 개별적으로 존재하기 때문에 아티스트가 이들과 독립적으로 계약을 맺는 구조다.

현재 하이브와 JYP, 두 엔터 기획사가 현지 파트너사와 함께 미국 현지 걸그룹 프로젝트를 준비하고 있다. JYP는 유니버설 뮤직 산하의 리퍼블릭 레코드와 협업해 북미를 중심으로 활동할 걸그룹 데뷔 프로젝트 'A2K America 2 Korea'를 진행하고 있다. 이미 2022년 9월 미국 주요 다섯 개 도시에서 오디션을 개최했으며 여기서 선발된 연습생은 한국 본사로 이동해 K-팝 트레이닝 시스템을 거치게 된다. 이미 2023년 7월부터 10월까지 유튜브를 통해 데뷔조 선발 과정이 영상으로 공개됐으며 6인의 최종 멤버가 'VCHA'라는 활동명으로 2023년 말 정식 데뷔를 앞두고 있다.

▶▶ **2022년 미국 투어 수익 TOP10 아티스트**

순위	아티스트	투어 수익	모객수 (명)	공연 횟수 (회)
1	배드 버니 Bad Bunny	$373,463,379	1,826,339	65
2	엘튼 존 Elton John	$334,385,023	2,071,661	84
3	에드 시런 Ed Sheeran	$246,287,916	3,047,696	63
4	해리 스타일스 Harry Styles	$214,408,180	1,475,091	71
5	콜드플레이 Coldplay	$208,000,727	2,260,651	40
6	롤링스톤스 The Rolling Stones	$179,349,815	949,454	20
7	레드 핫 칠리 페퍼스 Red Hot Chili Peppers	$176,998,650	1,465,881	31
8	더프 레퍼드 Def Leppard &머틀리 크루 Motley Crue	$173,474,649	1,313,207	35
9	케니 체스니 Kenny Chesney	$135,046,047	1,299,282	41
10	위켄드 The Weeknd	$131,056,262	904,744	19
27	방탄소년단	$75,489,240	458,144	11

출처 Billboard

하이브 아메리카는 유니버설 뮤직 그룹 산하의 게펜 레코드Geffen Record와 협력해 글로벌 여성 팝 그룹 데뷔 프로젝트 '드림 아카데미The Debut: Dream Academy'를 진행하고 있다. 하이브가 멤버 선발부터 육성, 콘텐츠 제작 등을 담당한다면, 게펜 레코드는 미국 내 글로벌 네트워크와 파트너십을 활용한 음반 제작, 마케팅 및 유통 등을 담당하게 된다. 오디션을 통해 선발된 연습생은 하이브 아메리카에서 K-팝 트레이닝을 받아 2024년 상반기 데뷔 예정이다.

가보지 않은 길이므로 성공 가능성에 대해 예측하기란 쉽지 않지만, 그럼에도 미국 현지 아티스트 데뷔가 중요한 이유는 글로벌 1위 음악 시장인 미국에서 메인스트림으로 진입하게 되는 첫 번째 단계이기 때문이다. 한국은 IP 기반의 간접 매출이 30~50% 정도를 차지하지만, 미국은 공연 매출이 전체의 70% 이상을 차지하는 구조다.

물론 횟수와 활동 지역 차이가 있겠지만 2022년 미국에서 가장 높은 투어 수익을 올린 아티스트는 배드 버니Bad Bunny로 3.7억달러(모객 약 183만명, 공연 횟수 65회)를 기록했으며 방탄소년단은 0.8억달러(모객 약 46만명, 공연 횟수 11회)를 기록했다. K-팝 아티스트들이 미국시장에서 회당 5~6만명 규모의 스타디움 투어를 늘려가고 있지만, 미국 아티스트들이 벌어들이는 규모에 비하면 아직 미미한 수준이다. 더 많이, 더 다양한 지역에서 투어가 필요하다.

MD 구성도 미국시장과 차이가 있다. 배드 버니를 비롯해 투어 상위 아티스트인 에드 시런, 해리 스타일스의 투어 MD를 살펴보면 모자, 양말, 티셔츠 등 대부분이 의류 상품으로 구성됐지만, 방탄소년단의 투어 MD를 살펴보면 의류부터 시작해 키링, 액세서리, 가방 등 다양한 투어

Bad Bunny MD 카테고리.

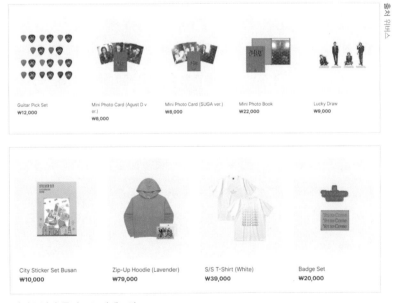

Guitar Pick Set
₩12,000

Mini Photo Card (Agust D ver.)
₩8,000

Mini Photo Card (SUGA ver.)
₩8,000

Mini Photo Book
₩22,000

Lucky Draw
₩9,000

City Sticker Set Busan
₩10,000

Zip-Up Hoodie (Lavender)
₩79,000

S/S T-Shirt (White)
₩39,000

Badge Set
₩20,000

방탄소년단 투어 MD 카테고리.

MD 상품을 판매하고 있다. 그리고 미국 아티스트는 없지만 한국 아티스트에게 있는 것이 응원봉인데, 아티스트별 개성 있는 응원봉은 한국에만 있는 유일무이한 문화로 공연마다 새로운 버전의 응원봉을 선보이기 때문에 응원봉 매출만 더해져도 충분히 유의미한 간접 매출의 증가가 기대된다.

한국 엔터 기획사의 아티스트 트레이닝 능력과 IP 기반의 2차 수익 창출 능력에 더해 미국 대형 유통사의 마케팅 능력이 더해지면 상상 이상의 파급력이 있을 것이라 기대된다. 이제는 K-팝 문화의 확산을 넘어 미국이라는 거대 시장에 K-팝 문화를 이식하는 단계까지 성장하고 있다.

코로나19를 기점으로 미국시장으로의 진출이 활발해졌고, 그로 인해 진출 시장이 빠르게 확대됐다. 과거 원더걸스의 미국 진출을 생각해 보면, 불과 15년 전이지만 그때 당시에는 맨땅에 헤딩하듯이 진출했던 터라 씁쓸한 기억만 안고 돌아왔는데, 지금은 다르다. K-팝의 위상 자체가 달라졌고, 국내 엔터 기획사들은 더 전략적으로 현지 파트너사와 협력하며 미국시장을 조심스럽게 파고들고 있다.

미국이라는 시장에 본격적으로 진출한 지 몇 년 되지도 않았는데 벌써 미국 현지화 아이돌 프로젝트까지 준비하고 있는 모습에서 산업이 급속도로 성장하고 있음을 체감할 수 있다. 미국 현지화 전략도 성공한다면, 글로벌 1위와 2위인 시장에서 메인스트림으로 자리 잡게 되는 것이다. 생각만 해도 짜릿하지 않을 수 없다.

노래만으로 빌보드를 잡아먹다
(feat. 뉴진스)

다시 빌보드 차트로 돌아가자. 빌보드에는 메인 차트가 두 개 있는데, 메인 앨범 차트인 빌보드200과 싱글 차트인 HOT100이다. 빌보드 200은 모든 장르의 앨범 판매량과 스트리밍을 총집계하는 차트로 빌보드의 메인 앨범 차트고, 빌보드 HOT100은 디지털 음원 다운로드, 스트리밍 수치, 라디오 에어플레이 수치, 유튜브 조회수 등을 합산해 곡의 성적을 매기는 메인 차트다.

쉽게 말해 빌보드200이 팬덤의 규모를 보여준다면, HOT100은 매주 미국에서 가장 인기 있고 미국 대중들이 뜨겁게 소비하고 있는 히트 곡의 순위를 집계하는 차트다.

앞서 살펴본 것처럼, K-팝 아티스트의 미국시장 음반 판매량이 생각보다 견조하므로 상대적으로 빌보드200에는 다양한 아티스트가 차트 인 하고 있으며 1위를 기록한 아티스트도 꽤 많다.

다만 빌보드 HOT100 차트는 얼마나 미국시장 안에서 대중성을 확보했는지를 평가하는 차트다 보니 아무래도 미국시장 노출도가 그리 높지 않은 K-팝 아티스트에게 HOT100 차트인은 빌보드200보다는 상대적으로 어렵다.

그리고 최근 HOT100 차트의 집계 방식이 아티스트 공식 홈페이지에서 발생하는 음반, 음원 다운로드 횟수를 반영하지 않는 것으로 변경되면서 K-팝 아티스트에게는 더 불리한 상황이 됐다. K-팝 아티스트는 미국에서 라디오 방송 횟수가 낮은 대신 공식 홈페이지에서 발생하는 판매량을 주력으로 차트에 입성해왔기 때문이다.

집계 방식의 변화로 빌보드 입성 문턱이 높아지며 HOT100 차트인이 더욱 힘들어졌다. 이런 상황에서 2023년 들어 빌보드 HOT100 차트에 흥미로운 일이 생겼다. 방탄소년단, 블랙핑크만 점령하던 차트에 새로운 이름이 보이기 시작한 것이다. 피프티 피프티, 뉴진스. 괴물 신인이 등장했다.

피프티 피프티의 HOT100 차트 입성은 시장의 큰 관심을 불러일으켰다. 왜일까? 이들이 엄청난 자본력이 투입된 대형 기획사도 아닌 중소형 기획사의 소속 아티스트이면서 한국에서 그리 인지도가 높지 않음에도 K-팝 아티스트 사상 데뷔 130일 만에 최단기간 HOT100 차트인에 성공했으며, K-팝 걸그룹 사상 이십오 주 연속이라는 역대 최장기간 차트인 기록을 세웠기 때문이다.

피프티 피프티의 'Cupid'가 HOT100 차트에 진입할 수 있었던 가장 큰 이유는 틱톡의 영향이 컸던 것으로 보인다. 'Cupid'의 영어버전 곡은 스페드업Sped-Up ▼ 버전으로 유행하며 큰 인기를 끌었고, 다양한 영상의 배경음악에 사용되며 미국 대중들의 마음을 사로잡았다.

물론 틱톡을 통해 화제성을 높인 것은 맞지만, 빌보드 차트에서 롱런하는 근본적인 이유를 분석해보면 곡 자체의 특성도 중요한 역할을 했다고 생각한다.

'Cupid'는 K-팝의 특징인 강렬하고 화려한 비트보다는 편하게 들을 수 있는 멜로디와 편곡으로 팝 음악을 좋아하는 팬들의 취향을 저격하며 스트리밍, 라디오 에어플레이, 유튜브 조회수를 끌어 올리며 팬덤보다 음악 자체로 승부를 봤다. 특히 'Cupid'는 청량한 신시사이저 사운드가 특징인 신스팝 장르의 곡으로 영어 버전에서는 오리지널 버전과는 다르게 랩 파트를 과감히 없애 팝 느낌을 더 살렸다.

전 세계적으로 레트로 열풍이 불기 시작하면서 2019년 신스팝 장르가 더 위켄드, 두아 리파 중심으로 해외 팝 시장에서 다시 유행하기 시작했다. 지난 10년간 강렬한 음악 비트에 피로감을 느낀 대중들도 이지 리스닝 음악을 추구하면서 듣기 편한 음악에 반응한 것이다.

2023년 3월, 빌보드 HOT100 차트 1위를 기록한 방탄소년단 지민의 솔로곡 'Like Crazy' 역시 신스팝 계열의 곡이다. 대중들은 나른한 댄스곡, 즉 이지 리스닝에 반응하고 있다. 그리고 이미 1년 전 이지 리스닝의 흥행 가능성을 입증한 가수가 있다. 뉴진스다.

피프티 피프티의 성과에 놀랄 틈도 잠시, 뉴진스가 한층 더 강력해져 돌아왔다. 이들은 2023년 7월 발매한 미니 2집이 빌보드200 1위에 오

▼ 곡의 속도를 빠르게 높인 음원으로, 틱톡 챌린지에 최적화됐다는 반응을 얻고 있다.

르는 한편, 트리플 타이틀곡 3곡이 모두 HOT100 차트에 진입했다. 특히 지난 15년 동안 빌보드200 1위를 기록한 걸그룹은 블랙핑크와 뉴진스뿐이라는 점에서 한 번 놀라고, HOT100 차트에 3곡을 한 번에 올려놓은 K-팝 걸그룹은 뉴진스가 처음이라는 점에서 두 번 놀란다.

뉴진스의 성공을 분석해보자면, 이들은 시작부터 다른 K-팝 아티스트들이 보인 양상과 달랐다. HOT100 차트인이 이번이 처음이 아닌데, 이미 2023년 1월 발매한 싱글 앨범의 수록곡 'Ditto'와 'OMG' 모두 HOT100 차트에 진입하며 데뷔 6개월 차에 빌보드 메인 차트에 입성하는 쾌거를 이뤘다. 한번 흥행하고 잊혀지는 것이 아닌, 미국시장에서 계속 팬덤이 확장되고 있다.

한마디로 미국 대중들이 좋아하는 음악을 하고 있다는 의미다. 그 결과로 2023년 8월, 미국의 유명한 음악 축제인 롤라팔루자Lollapalooza에서 공연한 최초의 K-팝 걸그룹이 됐다. 이 모든 일이 데뷔한 지 1년밖에 안 된 신인 걸그룹이 이뤄낸 성과다.

빌보드는, 그리고 미국은 왜 뉴진스에 열광할까. 뉴진스 음악의 특성에서 그 이유를 찾아보려 한다. 뉴진스는 기존 K-팝 아티스트와는 상이한 콘셉트와 다른 결의 음악 스타일을 추구한다.

뉴진스는 몽환적이고 나른한 보컬과 편안한 멜로디 안에 이미 미국에서 유행하고 있던 장르인 UK 개러지와 저지클럽 비트를 기반으로 음악 트렌드를 잘 녹여내며 뉴진스만의 음악 세계를 구축하고 있다. 앞서 언급했던 K-팝 특유의 파워풀하고 화려한 비트와 후렴구가 명확히 드러나는 특징과는 다른 양상이다. 그리고 이런 UK 개러지와 저지클럽의 특징은 차분하고 편안하게 들을 수 있는 이지 리스닝 음악에 최적화돼 있

다는 점인데, 앞에서도 언급했듯이 지금 미
국 대중은 이지 리스닝 음악에 반응하고 있
고 이 장르의 선구자 역할을 하는 아티스트
가 뉴진스다.

파워퍼프걸과 컬래버레이션
한 미니 2집 〈Get Up〉.

　뉴진스는 데뷔 앨범을 비롯해 올해 1월에
발매한 싱글 1집의 수록곡 대부분이 3분을 채 넘지 않고, 심지어 올해
7월에 발매한 미니 2집 〈Get Up〉의 수록곡은 전부 3분을 넘기지 않는
데 여기에는 모두 틱톡과 같이 소비 시간이 짧은 숏폼플랫폼에서 화제
성을 높이기 위한 전략이 숨어있다.

　콘셉트에서도 차별점이 보인다. 블랙핑크의 성공 이후 대부분의 걸
그룹이 당당함과 주체성을 내세운 걸크러시 콘셉트를 보이는 것과는
달리 뉴진스는 친근하고 트렌디한 이미지를 내세우며 차별화에 성공
했다. 특히 이번 미니 2집은 미국의 인기 애니메이션 〈파워퍼프걸The
Powerpuff Girls〉과 협업해 레트로가 유행인 미국 주류 시장에 빠르게 침투
하는 데 성공했다. 음악적으로도, 문화적으로도 트렌드를 이끌고 있으
니 한국도, 미국도 열광할 수밖에 없다.

콘셉트가 중요해지고 있는 시대다. 매년 다양한 아티스트가 끊임없이
쏟아지고 있고, 그 안에서 성공하는 아티스트는 손에 꼽을 정도로 적다.
K-팝이라고 하지만 이제 경쟁의 시장이 한국이 아닌 미국이 됐다. 이
제 다양한 K-팝 아티스트들이 미국시장의 트렌드를 반영한 음악을 자
주 보여주지 않을까 기대해본다. 앞으로 강렬하고 화려한 K-팝 특유의
음악적 색채가 어떻게 다채로워질지 지켜보는 재미가 있겠다.

누가 응원봉만 MD로 생각해?
이젠 내 개성을 표현하는 수단!

최근 4대 엔터 기획사에서 눈에 띄게 성장한 매출 중 하나가 MD다. 가장 급격한 성장을 보이는 곳은 JYP로, 2021년까지 평균적으로 분기 MD 매출이 50억원 정도 발생했는데 2022년 3분기에 JYP 360이라는 자사몰을 설립해 MD 물량을 내재화하기 시작하며 MD 매출이 기하급수적으로 늘어나기 시작했다. 분기 평균 50억원이던 MD 매출은 2022년 3분기 157억원, 4분기 171억원을 거쳐 2023년 1분기 275억원, 2분기 217억원의 MD 매출을 기록하며 불과 1년 사이에 MD 매출이 5배 가까이 성장했다.

SM엔터테인먼트(이하 SM)도 비슷하다. 분기 평균 150억원대의 MD 매출을 기록하던 회사가 2022년 4분기 411억원의 MD 매출을 기록하고, 2023년 1분기 297억원을 거쳐 2분기 423억원의 MD 매출을 달성하며 MD로만 분기에 400억원을 벌어들이고 있다.

물론 2022년부터 오프라인 콘서트가 재개되면서 공연 증가에 따른 MD 판매가 증가한 영향도 있겠지만, 이렇게 단기간에 빠른 속도로 MD 매출이 성장하는 데에는 분명 다른 영향도 있을 것으로 판단한다. 그 해답을 팝업 스토어에서 찾아보자.

엔터 기획사들은 팝업 스토어를 많이 활용하고 있는데, 팝업 스토어란 짧은 기간 동안 운영되는 오프라인 매장을 의미한다. 아티스트 컴백 일정에 맞춰 한시적으로 운영되고, 팝업 스토어에서만 구할 수 있는 한정판 MD를 판매하며 팬들의 방문 욕구를 자극한다.

입장료는 무료이지만 듣고 입고 마시고 체험할 수 있는 다양한 공간을 제공하며 화제성과 구매율을 높이고 있는데, 특히 팝업 스토어 오픈 첫날에는 새벽부터 오픈런을 하기 위한 팬들의 대기 행렬이 이어질 정도로 반응이 뜨겁다. 팝업 스토어는 단순 MD 판매뿐 아니라 아티스트의 정체성을 한눈에 볼 수 있는 복합공간으로 자리 잡으며 라이트 팬덤을 코어 팬덤으로 자연스럽게 전환하고 있다.

대표적인 팝업 스토어 사례 몇 가지를 살펴보면, 뉴진스는 2022년 8월 신인 아티스트 최초로 더현대 서울에서 팝업 스토어를 운영했는데 포토 카드, 열쇠고리, 컵, 가방, 키링, 액세서리, 의류 등 다양한 공식 MD를 판매함과 동시에 뉴진스의 브랜딩과 정체성을 경험할 수 있는 공간을 제공했었다. 뉴진스의 팝업 스토어에는 운영 기간에 총 1만 7천여 명이 방문했다.

아티스트 자체 팝업 스토어 외에도 다른 브랜드와의 컬래버레이션 팝업 스토어도 있는데, NCT는 K-팝 아티스트 최초로 산리오 캐릭터와 컬래버레이션 팝업 스토어를 열어 포토 카드, 스티커, 멤버들의 얼굴

더현대 서울에서 열린
뉴진스의 팝업 스토어.

이 담긴 인생네컷 촬영 등 다양한 체험공간을 제공하며 총 3만명이 방문했고, 스트레이 키즈도 멤버들을 모티브로 한 동물 캐릭터 스키주와 협업한 팝업 스토어를 열어 총 2만 1,700명이 방문했다.

이외에도 오프라인 공간을 이용한 팝업 스토어도 있는데, 세븐틴은 세빛섬에 '세븐틴 스트리트'를 조성해 다양한 체험과 전시 프로그램을 운영했는데 일주일 동안 총 15만명의 팬들이 방문했고, 데뷔 8주년을 맞이해 강남 한복판에 있는 4층에 달하는 빌딩을 전부 세븐틴 카페로 운영하며 스페셜 카페 메뉴 제공은 물론 전시 공간이자 MD를 살 수 있는 공간으로 꾸몄다.

팝업 스토어는 일정 기간만 진행하기 때문에 짧은 시간 동안 많은 팬덤이 결집하는 효과가 생기고, MD 구매뿐 아니라 팝업 스토어에서만 즐길 수 있는 포토존, 이벤트존 등 다양한 체험을 통해 화제성을 높일 수 있으며, 결론적으로 프로모션 효과를 톡톡히 누릴 수 있다.

엔터 기획사들은 어떻게 신규 팬덤을 확보하고, 기존 팬덤을 충성도 높은 코어 팬덤으로 전환할지가 항상 고민인데, 팝업 스토어 후기가

SNS를 통해 확산되며 팬이 아니어도 새로운 것에 흥미를 느끼는 Z세대의 방문을 이끌어내며 자연스럽게 신규 팬덤이 생기고, 기존 팬덤은 MD 구매를 통해 코어 팬덤으로 전환되는 선순환 구조를 형성할 수 있다. 그리고 팝업 스토어를 통해 규모 있는 매출도 얻을 수 있으니 당연히 엔터 기획사들은 팝업 스토어에 관심이 많을 수밖에 없고 상시 MD 판매에 집중할 수밖에 없다.

흥미로운 부분은 최근 팝업 스토어와 같은 오프라인 이벤트들이 활성화되면서 수요가 증가하고 있는 상품이 있는데 바로 아이돌 인형이다. 덕질 문화 중 하나로 팬들 사이에서 맛있는 음식을 먹거나 여행을 갔을 때, 특정 장소에 가서 포토 카드 혹은 아이돌 인형과 함께 사진을 찍는 '예절샷'이라는 문화가 확산되고, 가방이나 소지품에 인형이나 키링을 다는 문화가 유행하면서 아이돌 인형에 관한 관심이 높아지고 있다.

원래 아이돌 인형은 아티스트의 모습을 동물로 형상화해 만든 비공식 MD로 트위터 같은 플랫폼을 통해 팬들 사이에서 거래되던 상품이다. 보통 팬들이 직접 도안을 만들어 공동 구매를 진행하는데, 공동 구매 기간이 지나면 언제 또 판매될지 몰라 인형을 구하는 것 자체가 어렵고 리셀 가격도 최소 2배 이상에 거래되는 경우가 흔하다.

수요는 많은데 공급이 한정적이기 때문에 공식 인형은 어찌 보면 기회의 시장인 셈인데, 최근 블랙핑크에 이어 아이브, 뉴진스까지 소속사에서 출시하며 수익화 영역을 다양화하고 있다.

더 이상 응원봉만이 MD의 전부가 아니다. 덕질 문화가 진화한 만큼 엔터 기획사에서 판매하는 MD도 같이 발전했다. 상시 MD를 구매하는 팬덤이 늘어나면서 엔터 기획사들도 MD 카테고리 다변화에 집중하고 있는데 앨범은 물론이고 의류, 가방, 액세서리, 키링, 마스킹 테이프 등 다채로운 상품을 판매하고 있다.

MD는 팬들에게는 아티스트에 대한 팬심을 표현하는 하나의 방식이자 덕질을 즐겁게 해주며 높은 만족감을 주는 행위가 되고, 엔터 기획사에게는 고마진 사업이자 지속 가능한 매출을 발생시키는 사업이기 때문에 중요하다.

4대 엔터 기획사 모두 MD 전문 자회사를 통해 온라인몰을 운영하고 있는데, 하이브는 위버스라는 플랫폼을 운영하며 입점 아티스트의 다양한 MD를 판매하고 있고, JYP는 MD 전문 자회사인 JYP 360이 운영하는 JYP Shop을 통해, SM도 MD 자회사인 에스엠브랜드마케팅SM Brand Marketing 이 운영하는 SMTOWN & STORE를 통해, YG엔터테인먼트는 YG Plus가 운영하는 YG Select를 통해 다채로운 상품을 판매하고 있다. 2022년 기준 4대 엔터 기획사의 MD 매출은 전체의 15~20% 정도를 차지했는데, 이 규모는 앞으로도 꾸준히 성장할 것으로 전망한다.

지나가다 팝업 스토어 매장을 발견한다면 들어가보자. 대체 뭘 팔길래 이렇게까지 열광하냐 싶지만, 한번 경험해보면 팝업스토어의 매력을 생생히 피부로 느끼게 될 것이다.

이 챕터를 읽기 전과 후의 엔터테인먼트를 바라보는 시각이 달라져 있었으면 좋겠다. 분명 많은 사람들이 엔터테인먼트라고 하면 그저 앨범 판매, 공연 매출로만 돈을 버는 곳 아니냐는 생각이 있을 것이다. 물론 그 말도 맞다. 하지만 강조하고 싶은 내용은 더 이상 엔터테인먼트를 모멘텀으로 바라볼 것이 아닌, 하나의 산업으로 바라봐야 한다는 것이다.

아시아에서만 머물던 팬덤은 진작 끝났다. 이미 미국, 유럽 등 서구권으로 팬덤이 확장되기 시작했고, 굵직한 성과도 끊임없이 보여주고 있다. 앨범 판매량은 기하급수적으로 늘어나고 있고, 공연은 티켓이 오픈되자마자 바로 매진되며 앙코르 공연이 이어지고 있고, 응원봉만 팔던 MD는 점점 고도화되며 일상에 자연스럽게 침투하고 있다.

모든 매출 부문에서 탄탄한 성장이 보이고 있고, 실적으로도 탄탄한 숫자를 증명하고 있으니 이제 엔터테인먼트도 당연히 하나의 산업으로 바라보는 것이 타당하다.

엔터테인먼트 산업은 매년 더 멋있고, 화려하게 변하고 있다. 그리고 앞으로 이런 변화는 더 다채롭고 새롭게 다가올 것이다. 그 변화의 첫 시작이 미국 현지화 아이돌 프로젝트일 것이고, 내년은 또 어떤 대형 프로젝트를 준비할지 모르겠다. 하지만 분명한 점은 엔터테인먼트 산업은 성장 여력도, 성장 자원도 너무나도 풍부하기 때문에 어떤 변화가 생길지 매년 기대를 할 수밖에 없다는 것이다.

음악적인 부분에서의 성장은 너무나도 자명하고, 이제는 글로벌 시장에서 한국 엔터테인먼트 산업이 어떤 성과를 보일지 지켜봐야겠다. 어쩌면 엔터테인먼트 산업이 다른 산업과 어떤 식으로 융합되며 글로벌 시장에서의 점유율을 높여갈지 지켜보는 것도 재미있는 부분이겠다.

글로벌 시장에서 새로운 역사를 써내려가고 있는 한국 엔터테인먼트 산업의 이야기를 기대해보자. 어쩌면 내년 K-팝 챕터에서는 올해보다 할 얘기가 더 많아질 지도 모르겠다.

팬덤을 위한 아티스트의 서사에 주목해야 한다.

차우진 | 음악 평론가, 티빙 오리지널 〈케이팝 제너레이션〉 제작

IT 기획자, 엔터테인먼트 전문 기자, 콘텐츠 기획자를 거쳐 음악 평론가로 활동하고 있다. 브랜딩, 디자인, 오디오, 비디오, 출판 콘텐츠 분야의 전문가들이 모여 있는 크리에이터 그룹이자 콘텐츠 브랜드인 TMI.fm을 설립해 매거진 형태의 구독형 뉴스레터를 제공한다. 음악과 아티스트의 진화, 산업적 측면을 분리하기 어려운 K-팝 시장을 가장 균형 있게 보는 평론가로 뽑힌다. 2023년 5월, K-팝 문화현상을 바탕으로 산업의 미래를 담은 8부작의 티빙 오리지널 〈케이팝 제너레이션〉을 제작했다.

코로나19 동안 K-팝 아티스트의 미국시장 성과가 유독 두드러지기 시작했다고 생각합니다. 2020년부터 빌보드 차트인 횟수가 높아지고 있고, 공연도 2만명 이상의 스타디움에서 진행된 점이 이를 방증하고 있는데요. K-팝이라는 장르가 이제는 미국시장에서 메인 스트림으로 나아가고 있다고 해석해도 될까요?

미국의 메인 스트림은 우리 상상보다 훨씬 규모가 크고, 미국만이 아니라 전 세계에 압도적으로 영향을 미칩니다. K-팝은 아직은 특정 세대와 계층에게만 영향을 미친다고 봐요. 다만 빠르게 성장하고 있다고 할 수 있죠. 규모뿐만 아니라 밀도도 매우 높습니다.

한편 '메인스트림'에 대한 정의가 필요할 수도 있는데요. 미국 공중파에 나가고 빌보드 1위를 하는 것만이 중요한 건 아니라고 봐요. 그건 대중성보다는 산업적 영향력을 확인하는 지표로 바뀌는 것 같습니다.

미국에서도 팬덤은 너무 중요해지고 있어요. 빌보드의 음반 판매량도 팬덤의 영향력을 확인하는 지표로 중요해지고 있고요. 팬덤이 얼마나 견고하냐에 따라 음악의 지속 가능성이 보장되는 것 같습니다. K-팝이 10년, 20년 전에 한국에서 이미 실험하고 검증한 방식이, 지금 미국에서 장르 구별 없이 벌어지고 있다는 데 주목할 필요가 있어요.

국내 대형 기획사들은 미국 현지화 아이돌 제작까지 준비하고 있습니다. 그동안 미국시장에서의 경험이 많이 쌓이면서 축적된 노하우로 성공적인 신인 론칭을 기대하는 시각도 있는가 하면, K-팝이라는 장르가 한정적이다 보니 스트리밍 중심의 미국 시장에 침투하기에는 장르의 다양성이 필요하다는 문제가 제기되기도 합니다. 미국시장 침투율을 지금보다 더 높이기 위해서는 어떤 노력이 필요할까요?

미국은 결코 단일한 시장이 아닙니다. 미국을 일본이나 베트남, 브라질 등과 같은 '로컬라이징'으로 접근하면 안 된다고 봅니다. 미국은 그 자체로 복합적인 시장이며, 계층 간의 격차도 크고 지역별로 차이도 큽니다. 대신 정체성을 기반으로 하는 커뮤니티가 훨씬 더 중요합니다. 미국은 그 자체로 다양성의 집합체이기 때문에 큰 타깃이 아니라 작은 타깃에 집중하는 게 더 효과적일 수 있습니다.

K-팝에는 10대들이 열심히 훈련하면서 한계를 극복하고 스타로 성장한다는 서사가 있습니다. 이런 점이 미국 10대들에게 영감을 주고 몰입하게 합니다. 미국에서 스타로 성장한 케이스인 에드 시런, 테일러 스위프트, 비욘세, 레이디 가가, 해리 스타일스, 올리비아 로드리고 등이 작든 크든 모두 이런 과정을 겪었습니다. 미국에서 K-팝은 비즈니스를 위한 세계관보다는 팬덤을 위한 아티스트의 서사를 만드는 데 주력할 필요가 있습니다.

○○●○○

코로나19를 거치면서 팬 플랫폼도 개화하기 시작했고, 온라인 콘서트라는 기존에는 없던 수익 모델도 생겨났습니다. MD는 더 고도화되고 있으며, 팝업 스토어는 팬덤 확장의 필수 요소가 돼 가고 있는 듯합니다. 엔터테인먼트 산업의 미래는 어떤 방향으로 그려질까요?

과거와 현재의 엔터테인먼트 산업에서 달라진 것과 그대로인 것을 보면 좋을 듯합니다. 엔터테인먼트 산업의 가장 큰 변화는 업종의 변화입니다. 과거에 엔터테인먼트 산업은 사실상 제조업이었습니다. 음반(음악), DVD(영화), 패키지(게임)를 판매하면서 성장했어요. 제품과 사업이 같았죠.

하지만 지금 엔터테인먼트 산업은 IP 사업으로 전환되었습니다. 제품과 사업이 분리됐습니다. 음악을 알려 아티스트 팬덤을 확보한 후에 다양한 IP 사업으로 확장하는 거죠. 이렇다 보니 중장기적으로 음악이라는 '본질'은 오히려 단계적으로 무료화될 가능성이 있어 보여요. 그리고 제작 비용은 점점 커질 테니, 테크의 접목과 아티스트 팬덤은 더 중요해질 겁니다.

한편 그대로인 점은 엔터테인먼트 산업이 스타 비즈니스라는 점입니다. 음악이든 게임이든 '스타'가 필요합니다. 그런데 제작비와 마케팅비의 상승은 업계의 상위 그룹에 더 큰 기회를 줄 가능성이 높아질 겁니다. 블록버스터 시장은 더 커지는 거죠. 그럼에도 대형 기획사가 아닌 중소기획사나 인디신에서도 새로운 기회가 있습니다. 미디어 다변화와 서사형 아티스트를 향한 팬덤 문화 등이 이런 기회를 이어 나갈 겁니다. 다만, 아티스트의 지속 가능성이란 점에서는 대형 기획사가 아닐수록 사업의 방향성이나 팬덤 스토리 등이 훨씬 더 중요합니다.

○○○●●

이번엔 거대한 K-팝 산업이 아닌 음악 내면의 이야기를 하고 싶습니다. 평론가님은 K-팝을 음악과 엔터테인먼트 산업 측면 모두에서 균형 있게 보시는 전문가로 알려져 있으신데요. K-팝을 음악으로만 본다면 어떠한 트렌드로 흘러가고 있을까요.

K-팝의 대표적인 특성은 4분 정도 곡에 두 개 이상의 장르가 포함되고, 작곡, 작사, 프로듀서 등 권리자도 다수라는 점입니다. 그런데 이건 K-팝만의 특징이 아니라 팝의 큰 경향입니다. 그 이유는 밀도 높은 경쟁 체제에서 리스너의 귀에 꽂히는 음악이 필요해졌고, 그건 탁월한 작곡가 1명의 역량에 의존할 수만은 없습니다. 그래서 공동 작업 방식이 일반화된 건데요. 이런 식으로 음악의 스타일도 산업 구조와 매우 밀접하게 연결됩니다.

이걸 전제로 보면 앞으로 몇 가지 변화를 예상할 수 있습니다. 음악은 짧아집니다. 플레이리스트 위주로 감상하게 되면서 곡의 길이는 5분에서 4분으로, 4분에서 3분 이내로 점점 짧아지고 있습니다. K-팝은 이 경향과 충돌하는데, 멤버 수가 많아서 보컬을 1초라도 부여해야 하기 때문입니다. 그래서 멤버 수가 줄어들 수도 있고, 여러 장르가 섞이는 성향이 바뀔 가능성도 있습니다.

그리고 지금의 음악은 '보는 음악'입니다. 그래서 안무도 복잡해지는 경향인데요, 히트곡의 안무는 사실 따라 하기 쉬워야 합니다. 곡 하나에 복잡한 안무와 단순한 안무가 공존하고, 챌린지 위주의 마케팅이 벌어지는 일도 이 때문이라고 봅니다. 어쨌든 음악 트렌드도 결국 산업 구조와 밀접할 수밖에 없습니다. 그리고 평론가로선, 이런 정형화된 구조나 흐름을 깨고 새로운 유행을 만드는 아이코닉한 음악과 아티스트가 등장하길 기대하기도 하죠.

○○○○●

2023년 5월, 〈케이팝 제너레이션〉이라는 티빙 오리지널을 제작했습니다. 제작자 입장에서 K-팝을 '다큐 시리즈'라는 콘텐츠 자체로만 들여다볼 기회였을 것 같은데요. OTT 오리지널 콘텐츠 제작자로서의 경험과 인사이트를 듣고 싶습니다.

넷플릭스가 한국 OTT 시장에 큰 영향을 미친다고 생각했어요. 넷플릭스는 제작비보다 조금 더 큰 비용을 투자하는 대신 IP를 귀속시키는 방식으로 콘텐츠를 수급하는데, 한국도 같은 방식으로 오리지널 콘텐츠를 제작한다는 걸 알게 됐습니다. 하지만 저희는 기획 단계부터 IP 확보가 우선 사항이었으므로 제작 투자비를 줄이는 대신 IP는 저희 제작사가 가져가기로 협의했어요.

OTT 콘텐츠 제작에서 난감한 것 중 하나가 음악입니다. 유료방송이다 보니 콘텐츠에 삽입되는 음악의 사용료가 생각 이상으로 높았는데, 그게 최근 몇 년간 바뀐 것 중 하나인 듯합니다. 이런 상황에서 A.I. BGM이나 음악 라이브러리, 음악의 판권 사업이 커질 수 있다고 생각했어요. 그리고 OTT에게 다큐멘터리 시리즈는 '가성비 좋은 콘텐츠'이지만, 한국 드라마와 예능이 글로벌 히트하면서 그들의 관심이 다큐멘터리보다는 드라마, 예능 위주로 무게 중심을 두고 있다는 생각도 듭니다.

다큐멘터리는 상대적으로 제작비는 낮지만, 제작 시간이 오래 걸리고 글로벌 시청자를 타깃으로 하는 데 어려움이 있는 것 같아요. 어쨌든 핵심은 어디서 제작하고 퍼블리싱하든, 글로벌 타깃이 우선이 돼야 하는 상황이 됐으니까요. 물론 다큐멘터리는 가능성이 있습니다. 특히 OTT가 제공하는 인물 다큐멘터리는 현지의 역사를 교양으로 받아들이게 하는 역할을 한다고 할 수 있어요.

소비자의 관심은 보통 재미(엔터테인먼트 콘텐츠)에서 정보, 지식(교양 콘텐츠)으로 이동하는 경향이 있는데, 이때 다큐멘터리는 고관여 사용자의 이탈을 막아주는 역할을 해요. 물론 그렇기에 기획 단계에서 글로벌의 취향, 경향, 퀄리티 등 눈높이를 고려해야 하는 상황이 생기지만, 크리에이터 관점에서 어렵지만 매우 흥미로운 챌린지가 되죠.

6

기업과 브랜드는 왜 지금
오리지널 콘텐츠에 집착하는가

우리는 '기업 오리지널 콘텐츠'의
시대에 살고 있다

배우 김지석이 '미원' 그 자체로 등장해 큰 관심을 모았던 광고를 유튜브에서 한 번쯤 본 적이 있을 것이다. 해당 영상은 역사와 전통을 자랑하는 '미원' 상품을 홍보하기 위해 제작된 디지털 광고였는데, 미원으로 분장한 주인공의 매력적인 B급 개그 코드는 사람들의 관심을 끌 만했다. 가장 전통적인 기업이지만, 가장 트렌디한 코드를 반영해 탄생한 해당 영상은 1천만이 넘는 조회수를 기록하며 큰 화제성을 불러일으켰다.

이처럼 미원을 비롯한 기업들이 유튜브를 통한 브랜드 마케팅에 힘을 쏟고 있다. 왜 수많은 기업들이 유튜브 마케팅에 집중하고 있는 것일까?

첫째, 사람들은 하나의 콘텐츠에 집중할 시간이 없다. 요즘 사람들은 너무나도 바쁘다. 특히 콘텐츠를 소비하는 데는 더욱 그렇다. 유튜브, 틱톡, 인스타그램 등 다양한 동영상 콘텐츠 기반 플랫폼이 폭발적으로 성장하면서, 하루에도 봐야 할 콘텐츠가 산더미처럼 쌓여 있다. 이러한 상황에서 기업의 광고성 콘텐츠를 소비할 여력은 점점 더 줄어들고 있다. TV를 시청하는 비율이 줄어들면서 TV 광고를 접하는 환경 자체가 달라지기도 했다.

이때, 주목받았던 것이 페이스북의 맞춤형 광고였다. 맞춤형 광고는 사용자들의 행동정보 데이터를 분석해 고객에게 딱 맞는 광고 소재를 추천해줬지만, 이는 재밌는 콘텐츠를 보기에도 바쁜 현대인들의 눈과 귀를 사로잡기에는 턱없이 부족했다. 이러한 시대에 기업은 브랜드 마케팅을 위해 콘텐츠 안으로 들어가는 방법을 택하게 됐다. 고객이 평소에 즐겨보는 소셜플랫폼에서 콘텐츠 하나로 광고를 자연스럽게 소비하게 만드는 것이다.

그 결과 기업은 콘텐츠의 재미와 기업, 브랜드의 마케팅 포인트의 균형을 갖춘 다양한 형식의 브랜디드 콘텐츠를 제작하고 있다. 가령 유명 유튜버의 채널과 협업해 브랜드를 알리거나, 브랜드 채널을 따로 만들어 오리지널 콘텐츠를 제작해 마케팅을 강화해가는 거다. 유튜브 콘텐츠 마케팅에 큰 효과를 경험한 기업들은 점차 투자를 늘리며 새로운 시대의 마케팅 승자가 되기 위해 노력하고 있다.

둘째, 유튜브 기반의 콘텐츠 마케팅은 싸기(?) 때문이다. 물론 고퀄리티의 디지털 광고, 유명 크리에이터와의 협업은 절대 적지 않은 비용이 요구되기도 한다. 하지만 TV 광고에 비해서 훨씬 적은 비용으로 다양한 콘텐츠를 제작할 수 있다. 기본적으로 스마트폰만 있다면 편성비나 매체비 없이 홍보를 시작할 수 있기 때문이다. 사실 TV 광고는, 톱스타를 캐스팅한 제작비보다 시청률 높은 인기 프로그램에 광고를 방영하기 위한 매체 편성비가 더 많은 경우가 태반이다.

또한 플랫폼에 대한 이해에 기반한 기획을 통해 간단한 영상만으로 큰 사랑을 받을 수 있다. 실제로 유튜브 채널 〈충주시〉, 〈미스터카멜〉은 출연자의 끼, 적절한 기획력만으로도 유튜브 세상에서 구독자들의 선택을 받고 있다. 고가의 카메라, 작가, 전문 PD 등의 요소가 없이도 충분한 마케팅 효과를 줄 수 있고 오리지널 콘텐츠가 큰 인기를 얻으면 IP까지 생길 수도 있다. 콘텐츠 자체로 부가가치의 잠재력이 엄청나며, 이는 앞으로 유튜브 콘텐츠 마케팅이 더욱더 주목받을 수밖에 없는 이유가 된다.

셋째, TV 광고보다 상대적으로 긴 생명력을 갖고 있다. SSG와 박명수의 조합으로 화제가 됐던 웹예능 〈거상 박명수〉는 여전히 조회수를 갱신하고 있다. TV 광고가 수개월만 지나면 오래된 콘텐츠라는 느낌을 주는 반면, 유튜브 콘텐츠는 시간이 흘러도 생명력을 갖고 있으며 여전히 재밌다는 느낌을 준다. 긴 생명력은 시리즈형 콘텐츠 같은 다양한 시도를 해볼 수 있도록 한다.

기업들은 이러한 배경을 바탕으로 유튜브 오리지널 콘텐츠 제작을 통한 마케팅을 이어가고 있다. 그리고 이러한 활동은 앞으로 더 기대될 만큼 무한한 성장 잠재력을 갖고 있다.

재미가 없다면 무無쓸모!
B급 광고 어디까지 해봤니?

TV에 공개하는 광고 길이는 보통 15~30초에 맞춰 제작한다. 그렇기에

TV 광고는 한정된 시간에 맞춰 메시지도 직접적이고 압축적으로 전달하는 것에 집중하게 된다.

하지만 유튜브에 공개하는 디지털 광고 콘텐츠는 시간에 구애받지 않는다. 그만큼 과감한 시도가 가능하고, 콘텐츠 그 자체의 재미도 함께 추구하는 경향이 강하다. 기업들은 사람들의 눈과 귀를 붙들기 위해서 화제성이 높은 재미있는 광고를 찾기 시작했고, 요즘은 이런 콘셉트를 B급 광고로 설명하고 있다.

B급 광고라는 말을 들어봤을 것이다. B급 광고는 말 그대로 B급 코드를 담은 광고 콘텐츠를 의미하는데 과거의 B급 광고는 낮은 퀄리티로 제작되거나, 일부 마니악mania한 취향을 가진 사람들에게만 통하는 감성이라고 생각되곤 했다.

다만 필자가 이야기하고자 하는 B급은 A급보다 한 단계 낮은 것을 의미하는 것이 아니라, 특정 코드를 좋아하는 사람들에게 특별한 재미를 선사한다는 의미가 있다. 비록 B급이라는 단어를 쓰고 있지만 말이다. 알고리즘에 의해 운영되는 유튜브 세상에서, B급 코드는 자기가 좋아하는 것을 찾아가면서 즐기는 덕후들을 광고로 흡수시키기 위해 영

광고는 '믿고 보는 배우 마동석'이라는 이미지를 반복적으로 보여주면서 '믿을 수 있는 코빗'이란 메시지와 연결했다. 재미와 광고 효과를 동시에 잡은 좋은 사례.

리하게 활용되고 있다.

　B급이 B급이 아닌 세상이다. 기업으로서는 재미를 위해 B급 코드를 적극적으로 수용하는 게 당연해졌다. 그리고 지난 몇 년간 미원의 '65년째 감칠맛 내는 조연', 삼양식품의 '평범하게 위대하게' 등 대표적인 B급 광고들이 많은 사랑을 받으면서, 기업들은 더욱 적극적으로 B급 코드를 자사 광고에 적용하고 있다.

　2023년 다양한 커뮤니티에서 가장 많이 바이럴된 디지털 광고 콘텐츠는 피자헛의 '지금 만나러 갑니다', '지금 잡으러 갑니다'였다. 최근 유행하는 B급 코드인 뇌절▼을 극단적으로 적용해 많은 사람의 사랑을 받았다.

　B급 코드를 머금은 콘텐츠에서 찾아볼 수 있는 가장 큰 특징은 역시 재미다. 피자헛의 댓글에서도 '광고를 찾아서 끝까지 본 건 처음이에요', '광고 폼 미쳤다' 등 콘텐츠 자체의 재미가 언급된다. 이제 사람들은 예전 TV 광고 스타일의 영상은 스킵하지만, 콘텐츠 자체의 강점을 갖춘 디지털 광고는 일부러 찾아서 끝까지 보는 경우가 많다고 한다.

　'마동석이 유명한 영화의 주인공이었다면?'이라는 주제로 제작된 코빗의 '마동석 유니버스'는, TV 광고에서 볼 수 없는 기획력으로 사랑받았다. 특히 이 광고는 '그랑사가, 연극의 왕', 배우 이병헌이 출연한 '브롤스타즈' 등 화제성 높은 광고를 제작해온 돌고래유괴단과 협업하며 더욱 주목받았는데, 5분이 넘는 러닝타임 속에서 마동석은 〈신세계〉, 〈올드보이〉, 〈아저씨〉 등 다양한 영화를 패러디하기도 했었다.

▼ 똑같은 말이나 행동을 집착적으로 반복해서 상대를 질리게 하는 것을 뜻함.

이 광고의 묘미는 '마동석이 유명한 영화의 주인공이었다면?'이라는 주제 아래, 다양한 영화를 마동석식으로 끝내는 반복 코드에 있다. 영상은 '믿고 볼 수 있는 배우 마동석'이라는 이미지를 반복적으로 보여주면서 '믿고 맡길 수 있는 가상 자산 거래소 코빗'이라는 광고 소재와 연결하는 데 성공한 것이다. 이들은 TV 광고라면 시간의 한계 속에서 할 수 없었을 아이디어를 시도해, 회사의 브랜딩을 성공적으로 수행할 수 있었다.

삼양식품의 '일곱 크리에이터가 먹고 싶어 한 단 하나의 쿠티크'는 유명한 유튜브 크리에이터, 배우 등을 적극적으로 활용해 조회수 1천만을 넘긴 광고 콘텐츠다. 최근 B급 광고의 특징 중 하나는 유튜브 크리에이터의 개성을 잘 살린 캐릭터를 등장시키는 것이다.

'일곱 크리에이터가 먹고 싶어 한 단 하나의 쿠티크'도 〈피식대학〉의 재벌 캐릭터 '이호창', 〈빠더너스〉 문상훈의 기자 캐릭터 '문상'을 그대로 가져와 등장시켰고, 그 결과로 '헐……진짜 인기 유튜버들 나온 거 너무 취향저격ㅋㅋㅋㅋㅋㅋ'과 같은 긍정적인 댓글을 끌어냈다.

광고가 업로드되는 시점에 가장 핫한 유튜브 크리에이터의 캐릭터를 활용하는 방식은 앞으로도 계속될 것으로 예상된다. 시청자로서 마동석, 곽튜브 등 인기 있는 셀러브리티를 참여시키는 섭외력과 유행 코드를 적용한 창의적인 기획력이 버무려진 광고를 한 번쯤 클릭하지 않을 수 없기 때문이다. 마케터의 기획력이 어느 때보다 중요해진 시대다.

특명! 방송국보다 재밌는 '기업 웹예능'을 만들어라

이제 기업들도 "광고도 콘텐츠"라는 공식을 이해하여 자사 유튜브 채널들을 운영하고 있다. 그들에게 남은 과제는 "이것을 어떻게 잘 활용하는가?"다. 기업은 이에 대한 전략으로 웹예능을 택한 듯하다. 기업이 운영하는 유튜트 채널들에서 우리는 웹예능을 쉽게 찾아볼 수 있다. 이들은 웹예능에 주목하는 이유는 무엇일까?

첫째, 사람들에게 쉽게 소비되면서 기업의 브랜딩을 입히기 좋은 장르가 바로 웹예능이다. 기업들은 〈상팔자〉, 〈네고왕〉 등 외부 웹예능 콘텐츠와 협업하면서 브랜딩 측면에서 수많은 성과를 창출해왔는데, 이 과정에서 웹예능으로 화제성을 불러오고, 브랜드를 시청자들에게 자연스럽게 전달할 수 있는 사실을 깨닫게 됐다.

둘째, 브랜드 찐팬을 영입할 수 있는 소통 창구를 만들 수 있다. 기업들은 그동안 찐팬을 만들기엔 한계가 많았다. 이들은 대부분 언론 매체를 이용한 간접 커뮤니케이션에 집중했기 때문이다. 그러나 소셜미디어가 발전하면서 기업들은 이제 본인들만의 콘텐츠에 기반한 직접 커뮤니케이션이 가능해졌다.

기업의 팔로워는, 곧 브랜드의 '찐팬'이자 '마니아'로 발전하기도 하며, 이를 아는 기업들은 웹예능으로 브랜드 스토리를 보여주는 전략을 택한다. 가령 〈롯데 LOTTE〉의 '승진왕'은 롯데의 다양한 사업들을 자연스럽게 드러내고 있다. 롯데 자이언츠 야구단에서 직접 근무하는 모습을 보여주며 브랜드 찐팬을 만들기 위해 노력하는 것이다.

구독자가 많은 유튜브 채널은 예전으로 치면 방송국 하나와 맞먹는다. 어떤 기업이 구독자 100만명이 있는 유튜브 채널을 운영한다고 생각해보자. 이들은 100만명과 언제든지 커뮤니케이션을 할 수 있는 자사 '방송국'을 소유하고 있는 셈이다. 언제든 기업의 긍정적인 메시지를 안정적으로 송출할 수 있으면서 시청률을 유지하는 방송국이 있다는 것은 마케팅에 있어서 든든한 일이다.

반대로 본인들만의 채널이 없다는 말은 매번 간접 커뮤니케이션을 통해야 하며, 안정적이지 않은 커뮤니케이션을 할 수밖에 없다는 것을 의미한다. 기업으로서는 브랜드 스토리를 효과적으로 보여줄 수 있는 웹예능은 놓치기는 아쉬울 것이다.

기업의 웹예능 콘텐츠는 기존 TV 광고 콘텐츠 대비 적은 제작비, MZ세대에 정확하게 타깃팅할 수 있다는 큰 장점을 갖고 있기에 앞으로 더욱 제작이 활발해질 것으로 보인다.

다만 주의할 것이 있다. 웹예능은 무조건 잘 만들어야 한다. 알다시피 유튜브에는 온갖 콘텐츠가 올라온다. 기업이 마케팅을 위해 웹예능을 제작해도, 경쟁은 재미를 추구하는 방송국의 웹예능 콘텐츠와 하게 된다. 기업 유튜브니까 재미는 조금 덜할 수 있다는 생각은 통하지 않는다. 말 그대로 콘텐츠의 경쟁력이 부족하면, 알고리즘에 도태될 수밖에 없는 구조다.

가령 권은비, KCM 등이 출연하는 〈LG Uplus〉의 '와이낫크루', GS25가 운영하는 채널 〈이리오너라〉의 '우리동네고수'는 기업에서 제작한 웹예능이지만 유튜브에서는 콘텐츠 하나로 노출될 뿐이다. 이들이 CJ ENM의 웹예능 유튜브 채널 〈스튜디오 와플〉의 대표 코너 '바퀴

달린 입'에 못지않은 재미와 경쟁력이 없다면 안정적인 조회수를 유지할 수 없다.

웹예능의 경쟁력을 높이기 위해서 기획, 출연자, 포맷 등에서 정성을 쏟도록 하자. 정성의 결과로 유튜브 시청자들에게 선택받는 기쁨을 누릴 수 있을 것이다.

숏폼 전성시대, 기업들이 '챌린지'를 적극적으로 활용하는 이유

K-팝 아이돌이 앨범을 발매할 때, 필수적으로 진행하는 것이 있다. 바로 틱톡, 유튜브 쇼츠 등 숏폼플랫폼을 활용한 댄스 챌린지다. 이유는 간단하다. 챌린지는 Z세대에게 가장 사랑받는 포맷으로, 홍보하고자 하는 콘텐츠가 Z세대에 가장 사랑받는 플랫폼에 노출되기 때문이다.

챌린지의 확산성은 두말할 것 없이 엄청나다. 그리고 이제는 K-팝 아이돌만 그런 것이 아니라, 일반 기업들도 숏폼 챌린지를 적극적으로 활용하는 추세다. 이쯤에서 이유를 구체적으로 되짚어보자. 숏폼 챌린지는 왜 효과적인 마케팅 전략으로 떠오르는 걸까?

첫째, 다시 말하지만 숏폼은 Z세대를 공략하기에 가장 적합한 포맷이다. 숏폼의 유행을 주도하는 틱톡은 Z세대가 가장 선호하는 플랫폼이다. 주로 1분 미만의 영상들이 올라오는 이곳의 생태계는 정보와 재미를 효율적으로 습득하려고 하는 Z세대의 특성과 맞닿아 있다. 기업으로서는 Z세대를 공략하기 위해 그들이 모인 장소를 찾아가는 건 당연한 일이다.

둘째, 허들이 낮고 확산성이 높다. 숏폼이 높은 조회수와 챌린지 참여율을 기록하는 이유는 허들이 낮기 때문이다. 숏폼 UI는 위아래로 화면을 넘기며 짧은 영상을 편하게 시청할 수 있도록 설계돼 있어 유저들이 많은 콘텐츠를 소비하도록 유도하고, 숏폼 챌린지도 유저들이 큰 부담 없이 만들어 올리도록 기획된다. 쉽고 재밌게 참여하는 것에 방점이 찍힌 만큼 유저들이 콘텐츠를 재생산하기도 쉽다.

당근마켓 #당근이세요 챌린지는 참여자들이 자발적으로 광고 콘텐츠를 밈으로 소비하며 큰 마케팅 성과를 거둔 대표적인 사례다. 당근마켓은 틱톡에서 이용자들인 중고 거래 전에 느끼는 다양한 감정과 경험을 공유하는 #당근이세요 챌린지를 진행했는데, 틱톡의 챌린지 음원을 립싱크로 따라 할 수 있는 재밌는 구성이었다.

하지만 유저들은 더 재밌게 콘텐츠를 소비했다. 유저들은 공식 영상에서 "당근이세요?"라고 질문을 던지는 타이밍에 맞춰 스티커 효과를 사용하여 "아니요, 망고요", "아니요, 오렌지요"라고 답하는 이어 찍기 영상을 만들어 플랫폼에 공유한 것이다.

셋째, 국경에 구애받지 않는 마케팅을 할 수 있다. 틱톡과 유튜브 쇼츠는 글로벌 플랫폼이고, 숏폼 크리에이터들의 팬들도 전 세계에 퍼져 있다. 국내 숏폼 크리에이터들도 이런 맥락에서 종종 해외 기업과의 브랜드 협업을 제안받는다.

기업도 마찬가지다. 맥도날드는 뉴진스와 '뉴진스 치킨 댄스 캠페인'을 진행했는데, 캠페인은 한국 맥도날드가 주도하며 한국을 포함한 아시아 10개국에서 참여를 이끌어 냈다. 마케팅 관점에서 전 세계적인 인기를 얻고 있는 뉴진스가 참여하는 숏폼 챌린지가 한국에만 국한되는 것은 비효율적이고 부자연스러운 일이긴 하다.

이제 '브랜디드 콘텐츠'도
숏폼의 시대다

유튜브 쇼츠는 특성상 상대적으로 조회수가 높은 경향을 보이고, 하나를 보고 손가락을 아래로 내리기만 해도 다음 영상으로 넘어가는 쉬운 UI 덕분에 시청자가 채널 내 다른 영상을 보게 될 확률이 높아진다. 그리고 쇼츠를 보고 재밌으면 본편 영상으로 시청이 이어지기도 한다.

쇼츠 콘텐츠는 두 가지 제작 방향이 존재한다. 첫 번째, 미드폼, 혹은 롱폼 형식의 오리지널 영상을 숏폼 형태로 편집해서 활용하는 방향이다. 이는 최근 방송국에서도 많이 활용하는데, 유재석이 예능에서 출연자와 환상의 호흡을 보여준 장면만을 잘라 쇼츠로 재편집하는 식이다. 유튜브 채널 〈tvN D ENT〉에 공개된 '유재석 수난시대ㅋㅋㅋㅋ' 영상은 2022년 최고 인기 쇼츠 3위를 차지하기도 했다.

기업이 운영하는 유튜브 채널도 마찬가지다. 〈PizzaHut Korea〉는 디지털 광고 '지금 잡으러 갑니다'가 큰 인기를 얻게 되자, 주요 장면을 '상인이 된 조세호', '키오스크에 갇힌 조세호' 등 숏폼 버전으로 편집해 쇼츠에 적극적으로 업로드했다. '특이점이 온 알바 심리테스트 | 편의점 고인물(Convenience Store Veteran) EP05 #shorts'도 〈CU [씨유튜브]〉의 숏폼 시트콤 '편의점 고인물' 장면을 '알바가 빡치는 순간 TOP9'이라는 주제로 재편집해서 공개한 것인데, 영상은 2023년 10월 기준으로 346만 뷰를 기록하고 있다.

영상 일부를 유튜브 쇼츠로
재편집한 콘텐츠(좌)와 카툰
형태의 숏폼 콘텐츠(우).

콘텐츠 하나를 여러 번 사용하는 OSMU 방식은 대세가 되며, 일반적인 편집 포맷으로 자리 잡고 있다. 효율적으로 추가 영상을 제작할 수 있다는 장점이 있기에 이 방식은 더욱 확대될 것으로 예상된다.

두 번째, 아예 숏폼 오리지널 콘텐츠로 제작하는 방향이다. 〈CU [씨유튜브]〉는 '[삼귀는 사이] 편의점 알바생 설렘썰'이라는 카툰 형태의 오리지널 숏폼을 제작하기도 했다. 해당 영상은 쇼츠에 가장 최적화된 세로형 비율로 만들었으며, 1분 미만이라는 시간 안에 압축적으로 스토리를 전달하기 위해 속도감 있는 편집을 시도했다. 이처럼 〈CU [씨유튜브]〉 콘텐츠는 연예인이나 유명한 유튜버가 출연하지 않았음에도 조회수 10만이 넘는 에피소드가 있다.

기업은 강점이 확실한 숏폼 콘텐츠를 등한시할 이유가 없고, 특히 Z세대에게 어필하고 싶다면 숏폼 콘텐츠 제작에 힘을 실어야 고객들의 호응을 얻을 수 있을 것이다.

천기누설,
유튜브 콘텐츠 마케팅 성공 법칙!

지금보다 3개월 후에 떡상(?)할 채널과
협업해야 하는 이유

유튜브 크리에이터와 협업한 브랜디드 콘텐츠 제작이 활발하다. 대기업뿐 아니라 소기업들도 유튜브 크리에이터와 협업을 적극적으로 진행하는데, 이들이 크리에이터와 협업을 늘려가는 이유는 간단하다. 가장 효과적인 마케팅이기 때문이다.

일례로 병맛 더빙 애니메이션으로 약 360만 구독자의 관심을 받는 유튜브 채널 〈장쀼쮸〉와 SK텔레콤이 협업한 '100년 후 전당포' 시리즈의 경우, 높은 조회수뿐 아니라 유튜브 인급동(인기 급상승 동영상)에 선정되며 화제성을 낳았다. 또한 마케팅 포인트를 적절히 녹인 콘텐츠는 메시지도 잘 전달됐다는 평가를 받았고, 언론에서 좋은 사례로 기사화되기도 했다. 이렇듯, 잘 만들어진 브랜디드 콘텐츠 하나는 엄청난 파급력을 낳는다.

많은 기업이 마케팅으로 브랜디드 콘텐츠를 제작하고 있으므로, 가장 핫한 크리에이터는 수많은 러브콜을 받기 마련이다. 기업으로서는 채널의 섭외 단계부터 치열한 경쟁을 벌여야 하는 상황이다. 그러므로 기업의 브랜디드 콘텐츠 담당자는 지금 당장 핫한 채널보다 최소 3개월 후에 떡상(?)할 채널과 협업해야 한다. 필자는 그 이유를 다음과 같이 제시한다.

첫 번째 이유, 협업하는 채널이 정점에 있을 때 자사 콘텐츠를 올리는 게 이득이다. 유튜브 세상은 하루하루가 다를 정도로 빠르게 변화하고 있다. 3~6개월 후에 어떤 채널이 대세를 이루고 있을지는 누구도 확언할 수는 없을 것이다. 그럼에도 콘텐츠가 업로드되는 시기에 지금보다 더 인기가 많아질 수 있는 채널들을 찾아야 확실한 마케팅 효과를 기대할 수 있다.

두 번째 이유, 콘텐츠 제작기간은 최소 2~3개월이 필요하다. 브랜디드 콘텐츠를 기획하고 제작하는 데는 일정 시간이 필요하다. 우선 광고 소재와 마케팅 포인트를 정리해야 하고, 목적에 부합하는 채널들을 리스트업하고 섭외해야 한다. 그리고 기획을 확정하고 촬영, 편집하는 과정도 거쳐야 한다. 일련의 제작기간을 고려한다면 콘텐츠 공개 시기에 가장 큰 시너지를 낼 수 있는 채널과 협업하는 것이 현명하다.

세 번째 이유, 비용의 효율은 중요하다. 지금 가장 뜨는 채널은 광고 단가가 비쌀 수밖에 없다. 물론 지금도 잘 나가는 채널들은 3개월 후에도 많은 인기를 누리고 있을 것이다. 하지만 누구나 많은 돈으로 유튜브 콘텐츠를 제작할 수 있는 것은 아니다. 그러므로 아직 조회수가 높

출처: 유튜브 채널 '하이픽션', '180초', '싱글벙글', '킥서비스'

후발 주자로서 '스케치코미디' 트렌드를 이어간 유튜브 채널들. 섬네일은 위에서 아래로 〈하이픽션〉, 〈180초〉, 〈싱글벙글〉, 〈킥서비스〉 순이다.

진 않지만, 가까운 미래에 지금보다 더 높은 인기를 구가할 것 같은 채널들을 찾아내야 한다.

이를 위해서 마케터는 유튜브 트렌드를 숙지하고 있어야 하고 이를 예측할 수 있는 선견지명이 필요하다. 그렇다면 3개월 후에 대박 날 채널을 찾는 눈은 어떻게 키울 수 있을까? 3개월 후에 대박 날 채널을 찾기 위해서는, 유망한 분야를 빠르게 찾아내고 관련 크리에이터 채널들을 미리 정리해놓아야 한다.

2021년 말에서 2022년 초에 스케치코미디 채널들이 본격적으로 인기를 얻으며, 당시 〈숏박스〉의 '모텔이나 갈까?', 〈너덜트〉의 '당근이세요?' 등 메가히트 영상들이 등장하기 시작했었다. 이때, 브랜디드 콘텐츠를 진행하는 마케터라면 누구보다 빠르게 〈숏박스〉, 〈너덜트〉에게 협업을 제안해야 한다.

협업을 진행한 기업은 어떤 효과를 누리게 될까? 상승세를 탄 채널은 3개월 후에는 더 많은 구독자를 확보하고 큰 인기를 얻고 있을 확률이 높다. 성장성이 높은 채널과 가장 빠르게 협업한다면, 브랜디드 콘텐츠의 가장 큰 목표인 화제성을 확보할 수 있다. 선점 효과는 자연스럽게 따라온다.

떡상(?)할 크리에이터와 협업을 마쳤다면 다음 단계를 준비해야 한다. 담당자는 스케치코미디라는 장르를 빠르게 주목하고 후발주자에 해당하는 채널들을 리스트업하면서 주시해야 한다. 실제로 〈숏박스〉, 〈너덜트〉가 스케치코미디라는 장르 자체를 부흥시키면서, 많은 개그맨들은 자연스럽게 해당 분야로 뛰어들었다.

이때 기업 담당자는 〈싱글벙글〉, 〈180초〉, 〈하이픽션〉, 〈킥서비스〉

등 해당 분야의 성장 가능성이 높은 후발주자들을 미리 리스트업하고 성장성을 살펴보고 있어야 한다. 그리고 적절한 시기에 다른 기업보다 먼저 협업을 제안할 수 있어야 화제성, 선점 효과, 비용 절약이라는 세 마리 토끼를 동시에 잡을 수 있는 것이다.

앞서 언급한 3개월의 법칙은 비단 스케치코미디 장르에만 국한된 것이 아니다. 마케터들은 웹드라마, 웹예능, B급 애니 등 떠오르는 장르별로 어떤 채널이 미래에 성장 가능성이 있는지 꾸준히 살펴야 한다. 흡사 유망한 업체의 주식을 사 놓듯이 말이다.

브랜디드 담당 마케터들은 이러한 흐름을 읽기 위해서 우선 많은 콘텐츠를 봐야 한다. 이를 통해 요즘 어떤 콘텐츠가 사랑받고 있으며, 왜 사랑받는지 이해해야 한다. 이때, 본인의 취향은 배제하는 것이 중요하다. 유튜브 세상은 수많은 세그Seg., Segmentation로 나뉘어 있다. 초등학생들에게 열렬한 인기를 얻는 B급 애니가, 30대 담당자의 취향에 맞을 수 없다.

그다음에는 영상별로 댓글을 상세히 읽어 보는 것이 중요하다. 떡상(?)을 앞둔 채널들은 댓글에서도 콘텐츠의 기획력, 연기력 등에 대한 칭찬이 이어지는 경우가 많다. 담당 마케터는 이를 통해 구독자들에게 콘텐츠 완성도 측면에서 얼마나 인정받고 있는지 가늠해볼 수 있다. 긍정적인 댓글이 많은 채널들은 반드시 인기를 얻기 마련이다.

여기서 하나 더, 단순히 핫한 채널을 무조건 선정하는 것도 위험하다. 조회수는 높지만 해당 콘텐츠와 관련된 내용이 댓글에서 거의 발견이 되지 않는 영상들이 있다. 이 경우, 콘텐츠는 큰 마케팅 효과를 봤다고 말할 수 없다. 이 때문에 댓글 등을 통해 브랜디드 요소를 잘 녹일 수 있는 채널로 리스트를 압축해가야 한다. 앞서 언급한 3개월의 법칙은 브랜디드 담당 마케터라면 꼭 실행해야 한다. 지금 핫한 채널도 물론 중요하지만, 최소 3개월을 내다보는 내공을 키워야 하는 것이다.

전문 제작 스튜디오와 협업해 성공 확률 높이기

〈CU [씨유튜브]〉의 숏폼 시트콤 '편의점 고인물'의 경우, 웹드라마 전문 제작사 플레이리스트와 협업한 콘텐츠다. 참고로 이들의 유튜브 채널 〈PLAYLIST ORIGINALS 플레이리스트 오리지널〉은 '뉴연폴리', '만 찢남녀', '블루버스데이' 등 다양한 히트작을 배출해내며, 웹드라마를 전문적으로 제작하고 있다.

기업 유튜브 채널이 각 분야별 전문 채널과 협업하는 이유는 무엇일까? 오리지널 콘텐츠의 높은 퀄리티를 위해서다. MZ세대 타깃의 웹드라마를 성공시켜 본 경험이 있는 제작사와의 협업은 여러모로 실패의 가능성을 낮추고, 콘텐츠의 퀄리티를 담보해준다. '편의점 고인물' 콘텐츠도 MZ세대 코드가 잘 녹여내면서 숏폼, 스케치코미디, 웹드라마 등에서 인지도를 쌓은 출연자들을 등장시켜서 시청자에게 친근한 재미를 전달해냈다.

성공 경험이 많은 전문 제작 스튜디오와의 협업은 수많은 장점을 갖고 있을 수밖에 없다. 롯데의 계열사를 체험하는 웹예능 시리즈 '승진왕'도 2023년 9월 기준으로, 평균 약 300만 뷰를 기록하고 있는 〈전과자〉를 제작한 ootb STUDIO와 협업으로 완성도 높은 콘텐츠를 제작해낸 좋은 사례다. 웹예능 그 자체로서 경쟁력을 높아진 '승진왕'은 시청자들에게 큰 사랑을 받았고, 인기는 자연스럽게 브랜드를 널리 알리는 효과로 연결됐다. 〈롯데 LOTTE〉 유튜브 채널의 '승진왕' 사례만 봐도, 기업과 전문 제작사 간의 협업은 더욱 활발해질 것으로 보인다.

하지만 모든 걸 전문 제작사에 기대해서는 안 된다. 분명 제작사와의 협업은 반응 좋은 콘텐츠를 만드는 지름길이지만 이들에게만 기대서는 기업이 원하는 효과를 얻을 수 없다. 단순히 재미있는 콘텐츠는 제작할 수 있겠지만, 기업 측면에서는 얻을 것이 없는 콘텐츠에 그칠 위험도 있다는 의미다. 하지만 '승진왕' 사례처럼 콘텐츠에 계열사별 특징을 적절히 녹여내는 식으로 제작한다면 성공적인 오리지널 콘텐츠가 될 수 있을 것이다.

유튜브 마케팅 필패必敗 전략! 영상 하나에 모든 욕심을 담는 것은 금물

기업을 위한 유튜브 콘텐츠를 제작할 때, 금기시해야 하는 법칙이 있다. 바로 영상 한 편에 모든 욕심을 담는 것이다. 마케팅을 목적으로 한 유튜브, 틱톡 콘텐츠를 기획할 때, 가장 빠지기 쉬운 오류이기도 하다. 예산은 제한적인데, 전달하고 싶은 마케팅 포인트는 너무 많은 것이다. 하지만 이럴수록 욕심을 버려야 한다.

영상 한 편에 마케팅 포인트를 과하게 담으면 어떤 현상이 일어날까? 콘텐츠의 재미가 떨어질 확률이 높다. 특히 스케치코미디, 웹예능, 웹드라마 등 재미를 우선시하는 콘텐츠일수록, 마케팅 포인트를 가득

담는 데 한계가 있다. 예를 들어 20대 대학생의 청춘과 사랑을 주제로 하는 웹드라마가 있다고 해보자. 해당 영상에 새로 나온 멤버십, 할인 정보, 주요 제휴처 등 많은 요소를 녹이려 한다면 시청자들이 20대 대학생들의 러브 스토리를 감상할 여유가 있을까? 이런 경우는 핵심 메시지에 집중해서 콘텐츠에 자연스럽게 녹이는 전략이 필요하다.

그렇다면 기업의 마케팅 담당자는 어떤 전략을 구사해야 할까? 영상의 포트폴리오 전략을 짜는 것이 중요하다. 화제성을 창출할 콘텐츠, 상품 혹은 서비스의 세부 사항을 전달하는 콘텐츠, 고객 참여를 확산하기 위한 콘텐츠 등등. 카테고리별로 역할을 분명히 해야 한다. 화제성, 상품의 특장점, 고객 참여 등을 영상 한 편으로 해결하기보다 영상 여러 개를 제작해서 역할을 분산한다면 성공적인 유튜브, 틱톡 마케팅을 진행할 수 있을 확률이 높다.

새로 출시하는 '노트북'을 마케팅한다고 해보자. 1단계는 빅 크리에이터들과의 협업을 통해 화제성을 창출해야 한다. 〈장삐쭈〉의 '노트북' 영상처럼 제품의 장점을 상세히 나열하기보다는, 스타벅스에서도 당당히 들고 들어갈 수 있는 예쁜 디자인과 같은 핵심 메시지를 살리는 기획을 해야 한다.

마케팅 메시지를 과도하게 넣지 않으면서, 콘텐츠의 재미를 통한 화제성을 창출하는 것이 1단계의 핵심이다. 1단계에서 메시지를 조금이라도 더 넣고 싶은 유혹에 빠질 수 있지만, 철저히 화제성과 콘텐츠의 재미에만 집중해야 한다.

2단계는 장점을 상세히 설명하는 콘텐츠다. 새로 출시한 노트북의 차별화된 디자인, 가격 대비 성능, 경쟁사 대비 강점 등 다양한 요소를 설명하기 위한 콘텐츠를 제작하는 것이다. 다양한 IT 크리에이터와 협업해 리뷰 콘텐츠를 시리즈로 제작할 수 있고, 기업 채널에서 해당 제품의 디자이너나 마케팅 담당자가 출연하는 예능형 콘텐츠도 기획할 수 있다. 핵심은 1단계와 달리 노트북의 다양한 강점을 제대로 전달하는 데 있다. 물론 이 단계에서도 화제성은 중요하다.

다만 화제성에만 집중했던 1단계와 다르게 2단계에서는 기업의 마케팅 메시지를 많이 담아야 한다. IT 크리에이터가 새롭게 출시되는 노트북의 장점을 상세히 소개하는 방식은 재미를 해치는 일이 아닌, 오히려 많은 정보를 정확히 전달하면서 제품에 흥미를 더할 수 있게 한다.

3단계는 고객 참여를 확대하는 캠페인을 운영해야 한다. 틱톡 댄스 챌린지처럼 고객의 직접 참여를 유도하는 캠페인을 기획하는 것도 좋은 방법이다. 좀 더 구체적으로 언급하자면 노트북을 키워드에 어울릴 만한 챌린지를 구상하고 콘텐츠가 효과적으로 바이럴될 방안을 고민해 보자. 이 단계에서 기업은 고객과 함께 즐기는 장을 마련해야 한다.

예를 들면, 노트북 댄스 챌린지, 노트북 카페 인증 이벤트 등을 진행할 수 있다. 3단계의 핵심은 1, 2단계에서 전달하고자 하는 핵심 메시지를 '확산'하는 것이다. '어느 카페에나 당당하게 들고 갈 수 있는 예쁜 노트북'이라는 포인트를 살리기 위해, 카페 속 노트북의 외관을 틱톡, 인스타그램 계정에 올리게 한다면 영상을 통해 전달하고자 했던 마케팅 포인트를 확산할 수 있겠다.

이렇게 소재별 영상 콘텐츠의 포트폴리오를 정리하도록 하자. 이를 통해 단계별 목적성을 명확히 하고, 그 목적성에 따라 협업할 업체, 채널을 정리하는 것이다. 평소에 큰 재미를 뽑아내던 채널들이 기업과 협업하면서 갑자기 조회수가 훅 떨어지기도 한다. 이런 불상사를 막기 위해서, 협업하는 채널의 장점에 맞는 마케팅 포인트를 정리하고 그에 맞춰 재미를 극대화할 필요가 있다.

명확한 채널 정체성을 갖고 있는 기업 채널만이 살아남는다

전 국민 누구나 알 만한 대기업의 공식 유튜브나 인스타그램 계정에 들어가 보면 생각보다 구독자의 반응이 없고 썰렁한 분위기를 풍기는 곳들이 많다. 마케팅 비용을 충분히 쓰고 있을 기업임에도, 이런 현상이 일어나는 이유는 무엇일까?

답은 해당 채널에는 이야기를 전해주는 사람이 보이지 않기 때문이다. 한마디로 확실한 채널 페르소나를 갖고, 콘셉트에 맞는 화자가 이야기를 풀어가야만 성공적인 유튜브 마케팅을 실행할 수 있다는 의미다.

사람들에게 사랑받는 기업 유튜브 채널의 특징은 무엇일까? 바로 채널의 명확한 정체성을 갖고 있다는 것이다. GS25가 운영하는 〈이리오너라〉는 편의점 브랜딩을 기반으로 즐길 수 있는 예능 채널을 표방한다. 박재범, 김계란, 김해준 등 다양한 크리에이터들과 협업한 예능 콘텐츠들을 제작해가며 명확한 페르소나를 강화하고 있다. 이들은 2023년 8월에 100만 구독자를 달성하는 성과를 내기도 했다. GS25는 〈이리오너라〉 채널의 특성을 한 문장으로 명확히 정리한다.

"가장 예능에 진심인 편의점 채널."

이처럼 채널의 정체성은 명확하게 한 문장으로 설명할 수 있어야 한다. 채널의 특성을 한두 문장으로 정의한 후에는 정체성과 연계된 다양한 카테고리를 살펴봐야 한다.

〈이리오너라〉는 '우리동네고수', '미쳐버린 편의점', '갓생기획', '못배운놈들' 등 다양한 카테고리를 보유하고 있다. 더 디테일하게는 스케치코미디, 웹예능 등의 포맷으로 제작하고 있지만, 예능이라는 채널의 정체성에 기반했다는 공통점이 있다. 또한, 어떤 형식으로라도 편의점 채널의 아이덴티티가 카테고리별로 스며들어 있다.

유튜브 채널 〈현대카드 뉴스룸〉은 현대카드의 비즈니스, 테크, 기업문화, HR 관련 소식을 영상으로 전달한다는 채널 정체성을 갖고 있다. 이러한 페르소나 속에서, 일상 속 궁금증과 현대카드의 상품을 연계한 '어떻게든ㅎㅋPR', 스토리를 통해 금융과 테크의 만남을 설명하는 '금융테크 잡학사전' 등 흥미로운 코너들을 운영 중이다. 이렇듯 〈현대카드 뉴스룸〉은 광고와 웹예능 위주인 〈현대카드〉와 명확히 구분된 채널 정체성을 갖고 성공적으로 채널을 관리하고 있는 셈이다.

기업 유튜브 채널은 우선 채널 전체를 관통하는 명확한 정체성이 중요하다. 어떤 기업은 자사 채널을 운영할 때 한눈에 들어오는 정체성을 설정하지 않고, 채널 하나에 TV 광고, 자체 제작 등으로 이뤄진 잡다한 콘텐츠를 마구잡이로 올리기도 한다. 이는 시청자들의 선택을 받기 좋은 운영 방식이라고 할 수 없겠다.

이때 필요한 것이 채널 분화 전략이다. MBC의 〈14F 일사에프〉는 채널 내 카테고리였던 '소비더머니'를 새로운 채널로 독립시키기도 했다. 〈14F 일사에프〉 채널에 너무 다양한 카테고리가 함께 있으면, 채널의

컬리가 운영하는 〈일일칠 – 117〉은 '맛있는 거 먹으면서, 맛있는 거 보세요'라는 콘셉트로 사랑받고 있다. 〈일일칠 – 117〉의 '덱스의 냉터뷰' 시리즈는 덱스와 게스트가 대화하고 요리하면서 컬리에 입점된 제품을 자연스럽게 노출하는 식으로 브랜디드 콘텐츠가 제작된다.

정체성이 명확해지지 않을 우려가 있기 때문이다.

기업 채널도 새로운 채널을 따로 운영하며 명확한 채널 정체성을 구축하기도 한다. 아모레퍼시픽이 운영하는 〈뷰티포인트 Beauty Point〉와 컬리가 운영하는 〈일일칠 – 117〉이 대표적이다. 컬리의 공식 채널 〈컬리〉는 브랜드의 TV 광고 콘텐츠와 다양한 기업 소식을 전달하고, 〈일일칠 – 117〉은 음식을 주제로 한 웹예능을 올리고 있다. 이들은, 아예 새로운 채널을 운영하며 채널 정체성을 확실하게 확보한 셈이다.

과일 바구니가 풍성하게 보였으면 하는 욕심에 과일을 있는 대로 욱여넣으면 어떨까. 조잡해보일 뿐이다. 운영 중인 기업 유튜브 채널이 너무 많은 주제, 소재, 포맷을 다 담기 버거운 상황이라면 부캐 개념의 새로운 채널을 개설하는 것을 적극적으로 추천하는 바다.

작은 브랜드를 위한
유튜브 마케팅이 대세?

플랫폼의 특징을 이해한다면,
꼭 비싸게 만들지 않아도 통한다!

앞선 이야기들을 읽고, '유튜브, 마케팅은 규모가 크고 예산이 충분한 기업들만 할 수 있는 거 아니야?'라는 자괴감이 들었을지도 모른다. 이제부터는 큰 비용을 들이지 않고도 성공적인 마케팅을 이어가고 있는 사례들을 설명하려고 한다.

앞에 말한 대로 주요 기업들은 유튜브, 콘텐츠를 제작하는 데 큰 비용을 투자하고 있다. 유명 크리에이터, 핫한 제작사와의 협업에는 자연스럽게 큰 비용이 들기 마련이다. 하지만 큰 비용을 들인 콘텐츠가 무조건 성공하는 것은 아니다. 유튜브라는 영상 플랫폼의, 특징을 제대로 이해하고 그에 따른 성공 방정식을 콘텐츠에 잘 반영하는 게 더 중요하다. 어울리지 않는 역할을 유튜브 크리에이터에게 적용하거나, 과한 마

플랫폼을 이해한 저예산 기획으로 사랑받고 있는 유튜브 채널 〈충주시〉.

케팅 메시지를 반영하려 한다면 많은 예산을 들인 콘텐츠라도 실패할 확률은 얼마든지 있다.

그럼에도 불구하고, 혹자는 "기업만큼 투자하지 않으니, 한계가 명확할 것이다"고 말할 수도 있겠다. 반은 맞고, 반을 틀렸다. 유튜브 채널 〈충주시〉는 운영자인 공무원의 아이디어가 빛을 발하며 사랑을 받고 있다. 홍보하고자 하는 충주시의 정책과 유행하는 유튜브 트렌드, 구독자가 좋아하는 기획이 조화를 이뤄 적은 제작비에도 높은 조회수를 기록하고 있다. 모두가 이렇게 좋은 기획을 할 수 있는 것은 아니지만, 분명 〈충주시〉 사례는 유튜브 콘텐츠에 엄청난 제작비를 쓰지 않더라도 충분히 사랑받을 수 있다는 것을 증명하고 있다.

좀 더 직접적으로 말하자면, 유튜브 트렌드를 잘 반영한 콘텐츠라면 스마트폰으로 소박하게 찍은 영상도 언제든 높은 조회수를 기록할 수 있다는 말이다.

출판사 유튜브 채널 〈민음사TV〉는 콘텐츠 그 자체의 경쟁력으로 큰 사랑을 받고 있다. 실제 출판사 직원들이 기획, 출연, 제작해가고 있는 채널은 유명인이나 엄청난 제작비라는 요소는 없지만, 구독자들의 타깃에 적합한 기획으로 성공적인 기업 브랜딩을 이어가고 있다. 이 채널의 비결은 무엇일까?

첫째, 타깃에 맞는 기획력이다. 〈민음사TV〉의 메인 타깃은 책, 그중에서도 문학책에 관심이 높은 사람들이다. 채널의 유튜브 콘텐츠 대부분은 그 타깃에 맞게 잘 기획돼 있다. 예를 들어, '세계문학전집 월드컵, 여성 작가 특집'은 여성의 날을 맞아 고전 소설을 추천하는 콘텐츠다. 민음사의 대표적인 상품인 '세계문학전집'을 소재로 특히 문학을 많이 소비하는 여성을 타깃으로 잘 기획됐다.

그 외에도 '출판사 직원들이 뽑은 올해의 책', '노벨 문학상 월드컵' 등 타깃이 관심을 가질 만한 콘텐츠를 제작해가고 있다. 타깃에 맞는 콘텐츠를 제작하는 것은 기본 중의 기본이지만, 모든 채널이 이 부분을 잘 활용하고 있는 것은 아니다.

채널을 운영하는 마케터라면 유튜브 스튜디오 기능을 통해 채널의 지역, 성별, 나이별 특징 등에 맞춰서 기획해야 한다. 또한 콘텐츠별로 통계를 잘 파악한 후 다음 기획에 적용하는 것이 필수다. 가령 '축구장에서 팀 워크샵 브이로그'라는 콘텐츠의 조회수가 다른 콘텐츠에 비해 현저하게 낮다면 해당 영상의 타깃이 메인 타깃과 얼마나 달라졌는지 파악해서 다음 기획에 반영해야 한다.

둘째, 유튜브 트렌드를 적극적으로 반영했다. 〈민음사TV〉는 분명 출판사 직원들이 책을 이야기하는 채널이지만 매번 같은 포맷으로 제작

타깃에 맞는 기획을 통해 존재감을 발하고 있는 〈민음사TV〉 유튜브 채널.

한다면 어떨까. 구독자가 흥미를 잃을 가능성이 높다. 이런 위험을 타파하기 위해 〈민음사TV〉는 이상형 월드컵 포맷을 적용해 세계문학전집을 다양한 각도로 소개하고, 채널의 크리에이터인 직원들의 가방을 공개하는 등 유튜브 트렌드를 적극적으로 반영하고 있다. 모두 채널의 신선함을 유지하기 위한 노력일 것이다. 유튜브 채널을 운영하는 기획자라면 채널의 신선함을 계속 불어넣는 것이 중요하다.

셋째, 직원이 직접 출연하면 그에 대한 매우 정확한 이유가 있다. 기업 유튜브들은 보면, 직원이 출연하는 콘텐츠가 유행일 때 그냥 겉모습만 따라 하는 케이스들이 간혹 있긴 하다. 하지만 이는 그리 좋은 방식이라고 할 순 없다. 직원이 출연하는 콘텐츠는 기획의 방향성과 직원의 특성이 잘 연계돼 있어야 한다. 그렇지 않으면 애써 출연한 직원은 구독자들에게 심심하고 불필요한 존재처럼 느껴질 것이다.

〈민음사TV〉의 '마르셀 프루스트의 잃어버린 시간을 찾아서 시작 가이드'는 해외문학팀 직원이 직접 출연해서 독서 가이드를 전달하는 콘텐츠다. 제작진은 마르셀 프루스트의 《잃어버린 시간을 찾아서》에 대해 잘 알고 있는 직원을 영상에 출연시켰고, 콘텐츠는 빛을 발할 수 있었다. 기업 채널에 직원을 등장한다면 이처럼 콘텐츠에 핏Fit 하게 출연시

커야 한다.

〈민음사TV〉 사례는 유튜브 채널의 성공 법칙을 잘 적용한다면 꼭 엄청난 제작비가 아니더라도 충분히 타깃에게 사랑받는 콘텐츠를 제작할 수 있음을 몸소 보여주고 있다.

누구나 '0.5초 정우성'이 될 수 있다? 소상공인 유튜브 마케팅의 비밀

여기 '청담동 0.5초 정우성'이라고 불리는 남자가 있다. 이 남자는 개그맨 이용진이 진행하는 웹예능 '튀르키예즈 온 더 블록'에 출연해 본인의 끼를 맘껏 펼쳤으며, 숏폼에 무수한 짤들이 돌아다닐 정도로 셀러브리티가 됐다. 그런데 이 남자의 본업은 연예인이 아니라, '카멜커피'라는 카페의 사장이다. 한국에 열한 개의 매장을 오픈하고, 최근에는 뉴욕 록펠러 센터 주최로 맨해튼에서 커피 트럭을 선보인 카멜커피라는 커피숍을 한 번씩은 들어본 적이 있을 것이다.

어떻게 연예인이 아닌 카페 사장이 웹예능의 출연자로 나오고, 셀러브리티 이상의 인기를 얻게 된 것일까?

카멜커피의 대표인 박강현은 인스타그램 셀러브리티다. 그의 인스타그램(@barkuaaang) 팔로워는 2023년 9월을 기준으로 약 19만명에 달한다. 개인적으로 박강현이 셀러브리티로 성장한 이유는 숏폼 기반의 콘텐츠를 제작하는 감각과 본인의 남다른 끼 덕분이라고 본다. 이 능력을 누구나 갖고 있는 것은 아니지만, 반대로 감각이 있는 사람이라면 누구나 SNS를 통해 셀러브리티가 될 수 있는 세상이 왔다는 말이 된다.

사실 SNS로 누구나 셀러브리티가 될 수 있다는 말은 이제 진부하다. 하지만 이번 사례가 특별한 것은 박강현은 본인의 끼를 통해 SNS 셀러브리티가 됐으며, 이는 자연스럽게 그가 운영하는 카멜커피의 홍보로 이어졌다는 점이다. 인스타그램 피드는 카페 홍보보다 일상 이야기로 채워져 있다.

하지만 사람들은 박강현의 인간적인 매력과 콘텐츠의 재미에 빠져든 다음, 카멜커피에 관심을 갖기 시작했다. 이미 멋진 브랜딩과 깊은 맛으로 인기를 얻고 있었던 카멜커피는 셀러브리티인 사장과 맞닿으면서 스파크를 내게 된 것이다. 본인이 운영하는 〈미스터카멜〉뿐만이 아니라, 유튜브 채널 〈남스타〉, 〈튀르키예즈온더블록〉 등에 출연하면서 마케팅 효과는 더욱 두드러지게 나타나고 있다.

카멜커피의 사례는 큰 비용을 들이지 않고도, 개인 사업자들이 본인의 끼와 각 영상 플랫폼별 특징을 콘텐츠에 잘 적용할 수 있다면 충분한 홍보가 가능하다는 것을 보여준다. 우리가 새로운 식당을 열었고 가게 홍보가 시급한 상황이라고 해보자.

일반적인 방법으로는 온라인 광고, 전단지 배포 등 큰 비용이 드는 것들을 떠올릴 수 있겠지만, 이때 숏폼 영상 하나만 잘 찍어도 큰 화제성을 끌어모을 수 있겠다. 내가 갖고 있는 스마트폰으로 큰 비용 없이도 지금 당장 시작할 수 있는 것이다.

실제로 개인 병원, 카페, 식당 등 다양한 사업자들이 다양한 형태로 콘텐츠를 제작해가며 유튜브 마케팅 활동을 이어 나가고 있다. 사실 이 분야에서 두각을 보이는 채널은 개인 병원이다. 그중에서도 치과 채널들이 많은 활동들을 하고 있다.

의사는 전문가다. 그러므로 전문성이라는 무기만으로도 우선 콘텐츠를 충분히 제작해갈 수 있는 준비가 돼 있는 것이다.

예를 들어 〈치과의사 이상수〉 채널은 '일반인은 모르는 양치법', '사랑니도 다 쓰임이 있다?' 등 치아 관리와 관련된 정보성 콘텐츠를 제작하고 있다. 〈이해주는 남자들〉 채널은 숏폼 콘텐츠를 주력으로, 'AI로 치과치료를 할 수 있을까' 같은 호기심을 자극하는 영상부터, '자녀가 치과의사가 되고 싶다고 한다면?'처럼 친숙함을 불러일으키는 콘텐츠를 만들고 있다. 그 밖에도 '이순신 장군은 치아도 완벽 그 자체였다' 등 기획의 완성도가 있는 콘텐츠도 제작하며 다양한 가능성을 보여주고 있다.

개인 병원의 경우, 스스로를 홍보할 기회가 많지 않은 것이 사실이다. 하지만 유튜브는 병원의 전문성과 친숙한 이미지를 동시에 드러낼 수 있는 좋은 툴이 된다. 의사들은 유튜브 채널을 통해 치아에 대한 해박한 지식을 전달하는 전문적인 이미지와 병원 직원들과 허물없이 소탈한 일상을 보내는 친근한 이미지를 동시에 구축할 수 있을 것이다.

앞으로 병원, 카페와 같은 소상공인의 경우 유튜브, 틱톡을 통한 마케팅을 확대해갈 것으로 예상된다. 점차 콘텐츠 편집의 허들은 사라져 간다. 편집 앱은 갈수록 편리해지고 있고, 틱톡은 자체 편집 프로그램도 제공하고 있다. 그리고 다시 강조하지만, 소셜미디어 콘텐츠는 적은 예산으로도 제작할 수 있다. 물론 적절한 기획이 필요하지만 말이다.

기업의 '팬덤 마케팅'에 최적화된
'유튜브 브랜디드 콘텐츠'의 시대가 온다.

이현숙 | ootb STUDIO 대표

KT와 홍보대행사 등에서 15년 동안 마케팅 일을 하다가. 트위터 코리아 미디어 파트너십 이사로 옮겨 본격적으로 미디어와 연을 맺었다. 이후 디즈니와 허스트가 합착해 만든 미국 미디어 그룹 '에이앤이네트웍스'에서 한국 진출을 주도했다. 이곳에서 이현숙 대표가 디지털 오리지널 콘텐츠 제작과 비즈니스를 총괄했던 스튜디오가 바로 〈네고왕〉으로 유명한 '달라스튜디오'다. 2022년부터는 〈네고왕〉 제작팀과 멀티플랫폼 종합 콘텐츠 기업인 'ootb'를 설립해 티빙 오리지널인 〈제로섬게임〉을 비롯해, 평균 조회수가 100~300만 뷰에 이르는 웹예능 〈전과자〉, 〈상팔자〉, 〈대표자〉, 〈승진왕〉 등을 제작하고 있다.

최근 기업들이 TV 광고를 일부 축소하고, 이 비용을 디지털 기반의 '브랜디드 콘텐츠'에 투자하고 있습니다. 그중에서도 웹예능 제작에 많은 투자를 하고 있는데요. 대표님이 생각하시기에 기업들이 TV 광고를 줄이고, 브랜디드 콘텐츠(특히 웹예능)에 투자를 확대하는 이유는 무엇이라고 생각하는지 이러한 추세는 지속될 것으로 예상하는지요?

저는 트렌드를 가장 정확하게 파악하고 있는 사람들이 마케터들이라고 생각합니다. 제한된 마케팅 예산을 애지중지 아껴 쓰는 것이 그들의 숙명이니까요. 콘텐츠가 흥하면 제일 먼저 몰려오는 사람들이 마케터들입니다.

반대로 콘텐츠가 좀 덜 잘됐다 싶으면 뒤도 안 돌아보고 떠나는 것도 항상 마케터들입니다. 그런 마케터들이 웹예능을 많이 만들기 시작했다는 것은, 그만큼 유튜브가 우리 일상에서 가장 지배적인 미디어가 됐다는 방증입니다.

게다가 유튜버가 콘텐츠 제작의 진입 장벽을 낮추다 못해 아예 허물어 버렸기에 일반인뿐 아니라 기업들도 쉽게 콘텐츠를 만들 수 있게 됐습니다. 비싼 광고대행사를 쓰지 않아도, 비싼 TV 매체비가 없어도 적절한 예산이 있고, 의지만 있다면 아주 쉽게 연예인을 섭외해 우리 브랜드를 위한 웹예능을 만들 수 있는 시대가 된 것이죠. 거기다 누구나 성공할 순 없지만 브랜디드 웹예능임에도 시청자들의 큰 사랑을 받는 사례들도 간간이 나와주고 있기에 웹예능을 한번 만들어 볼 만하게 된 겁니다.

하지만 결정적으로 이러한 트렌드가 지속되는 이유는 아웃풋보다는 과정을 중시하는 브랜드가 성공한다는 '프로세스 이코노미'의 출현 때문이라고 생각해요. 정보와 브랜드가 넘쳐나는 요즘, 기업의 상품과 브랜드가 변별력을 갖기 위해서는 '과정'을 팔아야만 성공할 수 있거든요. 그 과정을 보여주기에 웹예능만큼 좋은 수단도 없죠.

웹예능을 통해 상품과 브랜드가 만들어지는 스토리나 과정을 소비하며 소비자들은 브랜드와 상품에 더 높은 관여도와 로열티를 갖게 되고, 즉시적인 구매 욕구도 가지게 되거든요. 그것이 브랜드들이 끝임없이 웹예능을 직접 만들거나 웹예능에 PPL을 하는 이유라고 생각합니다.

○●○○○

ootb STUDIO는 〈전과자〉, 〈상팔자〉 등 지속적인 히트작을 만들어 내고 있습니다. 최근 방송국을 포함한 다양한 플레이어들이 유튜브 오리지널 웹예능을 제작하고 있는데, 이 성공 방정식은 간단합니다. '공감과 정보'. 고동완 PD를 중심으로 한 우리 제작팀은 누구나 공감하며 재미를 느끼고 콘텐츠를 본 후 웃기고 재밌다는 감정 외에 정보 혹은 어떤 유익함이 남았으면 좋겠다는 원칙을 갖고 만듭니다. 말로는 참 쉬운데 이걸 재미있게 담아내는 것은 누구나 할 수가 없는 것 같아요. 그것이 바로 크리에이티브라고 생각합니다.

또 저희 우리 사명인 ootb는 out of the box의 앞 글자를 따서 만들었거든요. 틀을 깬다는 사명을 따라, 우리는 고정관념에서 벗어나 새로운 것을 해야 한다는 집착과 광기가 있습니다. 그래서 항상 새로운 콘텐츠를 기획할 때 뭐라도 하나 완벽하게 새로운 것이 있는지를 늘 점검합니다.

마지막으로 하나 더 들자면 강력한 포맷이 아닐까 싶어요. 요즘 웹예능엔 포맷이 있는 콘텐츠가 드문데 ootb STUDIO 콘텐츠들은 IP가 확고히 자리 잡게 하려고 초반에 상당한 공을 들입니다.

제작해보면 그 포맷을 유지하는 것이 생각보다 매우 힘듭니다. 중간중간에 거액의 브랜디드, 엄청난 게스트의 출연 제안 등을 모두 물리치고 포맷을 강화하는 방향성으로만 제작하고 있거든요. 포맷이 강력하다 보면 지루함을 줄 수도 있기에 그 안에서 지루하지 않도록 새로운 크리에이티브를 만들어야 하고요.

하지만 이런 포맷이 강력한 IP를 만드는 기초가 된다고 생각합니다. ootb STUDIO 제작팀이 기존에 만든 필모그래피들을 보면 〈워크맨〉, 〈네고왕〉 등이 있거든요. 이 두 콘텐츠는 담당 피디가 바뀌어도, 출연자가 바뀌어도 그 인기가 계속되고 사업성을 증명하는 몇 안 되는 롱런 콘텐츠인데요. 롱런의 이유는 초반에 포맷 강화에 상당한 노력을 기울인 덕분이라고 생각합니다. 현재 ootb STUDIO에서 만들고 있는 〈전과자〉, 〈상팔자〉, 〈대표자〉도 마찬가지로 강력한 포맷을 기반으로 하고 있습니다.

ootb STUDIO는 다른 웹예능 제작사보다 적극적으로 기업과의 협업을 진행하고 있습니다. 방영 중인 모든 에피소드에 PPL이 붙어 화제가 되기도 했는데요. ootb STUDIO의 웹예능 콘텐츠들이 기업과 강력하게 결합하는 기획으로 제작되는 이유가 있는지, 이

부분에서 다른 제작사 대비 ootb STUDIO만의 강점은 무엇이라고 생각하나요?

ootb STUDIO에서 진행하는 PPL은 B급 감성을 장착한 앞 광고 스타일로, 콘텐츠별로 고유의 포맷과 개성을 가지고 있을 만큼 특별합니다. 다른 유튜브 채널들과 달리 모든 콘텐츠가 매주 빠짐없이 PPL을 소화하고 있는 것도 특이하죠. 그만큼 기업들의 만족도가 높아 PPL이 많이 들어오기 때문에 가능한 일이기도 하고 ootb STUDIO만의 특별한 PPL 매력이 있기 때문이기도 하죠.

디지털 콘텐츠의 제작비는 PPL 말고는 회수할 방법이 없습니다. TV용 콘텐츠나 OTT용 콘텐츠는 광고나 구독료로 제작비를 충당하고 PPL을 추가 수익으로 가져갈 수 있다면, 디지털 콘텐츠에 PPL은 선택이 아니라 필수예요. 유튜브 광고 수익으로는 제작비 10분의 1도 회수할 수가 없거든요.

1인 혹은 소규모 팀을 가진 유튜버라면 제작비를 최소화할 수 있겠지만, ootb STUDIO 같은 디지털 스튜디오는 제작비가 TV 예능 못지않게 발생해요. 길이가 짧다고 제작비가 적어지지 않아요. 그런 의미에서 PPL은 선택이 아닌 필수가 됐어요.

이렇게 어차피 할 수밖에 없는 PPL이라면 'PPL도 예능 콘텐츠가 되게 만들자'가 ootb STUDIO 제작팀의 생각입니다. 그래서 매주 ootb STUDIO 제작팀은 PPL을 웃기게 녹이기 위해 정말 많이 고민합니다. 그런 노력을 구독자들도 알아줬는지 ootb STUDIO의 PPL들은 어이없게 웃겨서 킹받는, 콘텐츠 일부로 자리 잡았어요.

○○○●○

최근 기업들은 자신들의 기업 유튜브 채널의 오리지널 콘텐츠 제작을 확대하는 추세에 있습니다. 〈롯데 LOTTE〉 '승진왕', 〈이리오너라〉 '우리동네고수' 등 다양한 오리지널 콘텐츠들이 제작되고 있는데, 기업들이 본인들의 채널을 강화하는 전략을 운영하는 이유는 어디에 있다고 생각하나요? 이러한 기업의 유튜브 운영 방향은 앞으로 확대될 것이라 보나요?

앞서 이야기한 것처럼 브랜드와 제품의 스토리와 과정을 보여주는 프로세스 이코노미를 완성하기 위해 기업들의 유튜브 계정 운영과 유튜브 콘텐츠 제작은 지속될 것 같습니다. 또, 프로세스 이코노미의 종착역이면서 요즘 마케팅의 핵심은 '팬덤'이라고 할 수 있는데요. 마케팅은 예전처럼 일반 대중mass audience을 대상으로 하면 성공하기 쉽지 않습니다. 연예인이나 아이돌에게만 있던 팬덤이 브랜드에도 강력하게 형성되는 추세이기에 기업의 마케팅도 계속해 팬덤 마케팅화 돼 가고 있죠.

취향의 시대라고 불리는 요즘, 정보와 아이템이 넘쳐나기 때문에 다들 '취향'에 따른 '버티컬 그룹'을 형성하는 추세이기에 브랜딩과 마케팅도 자연스럽게 그렇게 변하고 있는 것이죠. 그런 측면에서 팬덤을 모으고 육성하기에 유튜브만큼 좋은 채널이 또 있을까 싶어요.

유튜브는 애초에 단순히 영상 콘텐츠를 게시하는 플랫폼이 아니라 커뮤니티가 결속되는 속성이 있는 플랫폼입니다. 그러니 기업에도 유튜브는 이런 커뮤니티, 즉 팬덤을 만들기에 적합한 공간이에요.

아직은 재미있는 콘텐츠로 어필하는 것 외에 커뮤니티 빌딩에 신경 쓰는 브랜드들은 많이 보지 못한 것 같아요. 하지만 조만간 그런 사례들이 자연스럽게 만들어지지 않을까 합니다. 인기 유튜버나 디지털 스튜디오들의 운영 형태를 자세히 참고하면 좋을 것 같습니다. 재미있는 콘텐츠를 뛰어넘어 구독자와 엄청나게 상호작용하며 하나의 거대한 커뮤니티를 만들어 나가는 것이 핵심입니다.

○○○○●

최근 기업의 웹예능은 이전보다 '재미' 그 자체에 집중하는 모습을 보입니다. 브랜드를 영상에 녹이는 것이 중요하지만, 보지 않으면 아무 소용이 없다는 것을 기업도 깨달은 것 같은데요. 기업과 협업해서 제작하는 콘텐츠에 있어 최근 재미와 브랜드의 비율을 어느 정도로 잡고 기획과 제작을 진행하나요? 기업에서 요구하는 우선순위는 무엇인지 궁금합니다.

세상의 모든 마케터는 정말 욕심이 많습니다. 우리 회사가 제작만큼이나 마케팅 서비스를 전문적으로 하고 있고, 저 역시 마케터 출신이자 여전히 마케팅 업무를 활발하게 하고 있기에 자신 있게 말씀드릴 수 있습니다. 욕심 많은 마케터들은 언제나 재미와 브랜딩 모두를 잡고 싶어 해요. 뭐 하나 포기해도 된다는 마케터는 정말 없지 말입니다.

하지만 성공하는 콘텐츠를 만드는 브랜드들은 내부에 콘텐츠를 제대로 이해하고 있는 사람이 있고, 그분이 내부의 노잼 필터를 장착하신 분들과 싸워서 이길 수 있는 맷집을 가지고 있다는 공통점이 있습니다. 이 이야기는 재미를 지킬 수 없다면, 콘텐츠를 만들어봐야 그냥 사내 방송에 틀 콘텐츠 하나 잘 만든 것 외에 아무 의미가 없다는 뜻입니다. 연예인이나 유명 크리에이터가 나온다고 해도 재미가 없다면 싸늘하게 외면당하는 게 요즘 유튜브 생태계의 현실이거든요. 앞서 여러 번 언급했다시피 콘텐츠는 너무 많아요. 요즘 사람들은 재미없는 콘텐츠를 챙겨볼 겨를이 없습니다.

그런데 재미라는 것이 꼭 B급 감성의 어떤 재미를 말하는 건 절대 아니에요. 그게 지식일 수도 있고 공감일 수도 있고 감동일 수도 있죠. 중요한 건 얼마나 우리의 스토리텔링 과정에 시청자들을 몰입시킬 수 있냐는 부분입니다. 몰입에 성공하면, 그 자체가 재미가 됩니다.

기업의 브랜드 콘텐츠를 만들 때, 남의 재미를 흉내 내기보다는 내 브랜드와 프로덕트가 가지고 있는 날 것의 스토리를 끄집어내, 진솔한 형태로 이야기하는 것이 중요합니다. 기업 관점이 아닌 시청자 관점에서 공감할 수 있는 접점을 찾아내, 브랜드 이야기를 확장하는 것도 좋은 방법이고요. 앞으로는 브랜드들이 유튜브 콘텐츠용 소재를 고를 때, 브랜드와 제품이 만들어진 과정을 잘 풀어내면서 그것이 공감을 끌어낼 수 있는지 사전 판단을 하는 것도 매우 중요할 것 같습니다.

틱톡, 틱톡 또 틱톡
그럼에도 크리에이터 퍼스트!

미국 Z세대가
열광하는 플랫폼

현대인은 바쁘다. 그렇기 때문에 매일 숨 가쁘게 돌아가는 하루 속에서 1분 1초를 보내더라도 기왕이면 더 재밌고 알차게 보내고 싶은 마음이 가득하다. 하루는 한정적인데 오늘의 할 일을 끝내고 나서야 비로소 나만을 위한 시간이 시작되기 때문이다.

이런 특징은 밥 먹을 때 극대화되는데, 넷플릭스에 접속해서 뭐 보면서 먹을까 고민만 하다가 정작 밥을 다 먹을 때까지 콘텐츠 제목만 훑다가 끝나는 현상이 꽤 많이 나타난다. 1시간은 당연하고, 30분 분량의 콘텐츠마저도 흥미가 보장되지 않으면 섣불리 시간을 쓰기가 싫은 것이다.

소위 말해 리스크 테이킹Risk taking을 하기 싫은 것일지도 모르겠다. 그렇기 때문에 영상도 러닝타임이 길면 도전하기 주춤해진다. 영상들도, 콘텐츠도 점점 짧아진다. 바야흐로 숏폼의 시대가 열린 것이다.

전 세계가 틱톡으로 난리다. 틱톡, 들어만 봤지 얼마나 유명하고 10대 사이에서 왜 인기가 있는지는 잘 체감하지 못했다. 그런데 사실 틱톡은 출시 5년 만에 글로벌 MAU 10억명을 달성했는데, 페이스북, 유튜브, 인스타그램이 MAU 10억명 달성까지 평균적으로 약 8년 정도의 시간이 걸린 점을 고려해보면 틱톡의 성장세가 얼마나 가파르게 올라왔는지 객관적 수치로도 체감할 수 있다.

앞서 언급했다시피, 특히 틱톡은 Z세대 중심으로 파급력이 확대되고 있다. 틱톡의 10억명 이용자 60%가 Z세대다.

미국에서만 약 1.5억명의 이용자가 틱톡을 사용하고 있는데, 역시 그중 80%가 Z세대다. 미국의 Z세대를 사로잡으면서 미국은 틱톡의 가장 큰 시장이 되었는데, 역설적으로 미국 정부는 틱톡이 중국 정부와 연계돼 있고 개인정보를 유출할 우려가 있다는 이유로 강력한 대중 규제를 펼치며 첨예한 갈등이 지속되고 있다. 이미 2022년 미국 정부 소유 모바일 기기에서의 틱톡 사용이 전면 금지됐고, 2023년 5월 미국에서는 몬태나주가 최초로 틱톡금지법안에 서명하며 갈등의 골이 깊어지고 있긴 하나 여전히 미국 Z세대 사이에서 틱톡의 인기는 식을 줄 모르며 그 영향력이 크다는 점은 무시할 수 없다.

연구 결과에서도 틱톡의 인기를 실감할 수 있는데 미국의 마케팅 연구기업인 comscore에 따르면, 2023년 4월 기준 미국 Z세대들이 가장 많이 이용하는 소셜플랫폼은 유튜브로 84%라는 압도적인 비중을 차지했는데, 2위는 61%로 틱톡이 차지했다.

확실히 Z세대는 글이나 사진보다는 영상 중심으로 미디어를 소비하고 있음을 알 수 있다. 흥미로운 조사 결과가 하나 더 있는데, 미국 Z세

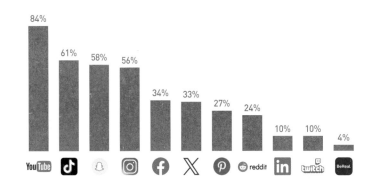

출처 comscore

대가 가장 많이 방문한다는 유튜브는 1년 전과 비교해 이용률은 1%밖에 늘지 않았는데, 틱톡은 1년 전 대비 방문 횟수가 12% 증가했다. 같은 기간 동안 인스타그램은 7%, 페이스북은 8% 감소했다. 그리고 틱톡은 미국에서 일반 이용자보다 Z세대 이용자가 75% 더 많은 반면, 인스타그램은 47% 많았고, 페이스북은 오히려 39% 감소하는 모습을 보였다. 조사 결과에서 보여주듯이 확실히 틱톡은 미국 Z세대 사이에서 주류 플랫폼으로 우뚝 섰고, 가장 핫한 플랫폼이라는 점은 부정할 수가 없다.

왜 이렇게 미국 Z세대는 틱톡에 열광하게 됐을까? 자세한 배경은 뒤에서 설명하겠지만, 틱톡이 주는 사용자 편의성이 기존에 존재하던 소셜플랫폼의 그것과는 달랐기 때문이다. 필자는 틱톡이 Z세대를 스펀지처럼 끌어당기며 성장하게 된 배경은 틱톡의 알고리즘에 있다고 판단한다.

페이스북이나 인스타그램, 유튜브, 트위터 같은 기존 SNS에서는 팔로워나 팔로잉 혹은 구독을 중심으로 이용자의 피드를 구성하는 관계망 기반의 콘텐츠를 소비했다. 그렇다 보니 이용자의 관심사 기반 콘텐츠를 추천해주기는 하나 간혹 이용자의 지인이 관심을 보인 사진 혹은 영상을 피드에 추천해주기도 한다.

인스타그램의 경우는 내가 팔로우한 사용자가 댓글을 달거나 '좋아요'를 누른 다른 사용자의 사진이 내 피드에 뜨기도 하고, 유튜브는 내가 구독하고 있는 이용자가 시청한 영상 혹은 같은 사람을 구독하는 다른 사람이 시청한 영상을 나에게 추천해주기도 한다.

틱톡 역시 관계망 환경을 구성하고 있기는 하나 철저히 관심사 중심으로 운영된다는 점이 차별화된다. 이용자의 미디어 사용 패턴을 분석해서 '좋아요'를 표시하거나 방금 본 영상을 참고해 비슷한 유형의 영상을 이어서 추천하는 방식으로 틱톡의 몰입도를 높이며 이용자 맞춤 콘텐츠를 제공한다.

심지어 영상의 길이도 15초 남짓으로 짧다 보니, 질릴 틈 없이 내 관심사 기반의 콘텐츠가 홍수처럼 밀려오는 것이다. 한번 시작하면 1시간이 눈 깜짝할 새 사라져 버리기 때문에 플랫폼 체류 시간이 자연스레 길어진다.

영상 제작 방식의 간소화도 틱톡의 가파른 성장을 뒷받침하는 이유인데, 유튜브의 경우는 영상 제작부터 기획, 촬영, 편집까지 수많은 시간이 필요하다. 그에 반해 틱톡은 다양한 템플릿과 필터를 통해 누구나 쉽게 콘텐츠를 제작하고 편집할 수 있다.

이렇게 만들어진 영상이 확산되면서 새로운 챌린지와 밈이 만들어지고, 이는 다시 더 많은 사람의 참여를 촉진시켜 2, 3차 콘텐츠로 이어지고, 하나의 거대한 판이 형성되며 판 플레이 문화가 형성되는 것이다.

틱톡에 따르면 하루에 '좋아요'를 최소 한 번 누르는 사용자는 61%에 달하고, 댓글을 다는 경우는 13%, 공유는 23%를 차지한다. 즉 틱톡은 콘텐츠를 재해석해 2차 콘텐츠로 만들어 전파하고 놀이문화를 시작하는 시점인 '시그널'이 수개월부터 몇 년까지 이어질 정도로 길고, 수년에 걸쳐 많은 국가에 영향력을 전파할 만큼 강력한 문화 현상으로 발전하는 '파워'가 강력하다. 사용자가 그만큼 적극적으로 플랫폼 생태계에 참여하기 때문이다.

Z세대에게 틱톡은 기존 소셜플랫폼과 생태계 자체가 달랐고, 새로운 경험을 두려워하지 않고 적극적으로 받아들이는 Z세대 사이에서 틱톡은 당연히 화제의 중심이 될 수밖에 없었다.

이번 챕터에서는 틱톡이 Z세대를 중심으로 어떻게 빨리 성장할 수 있었는지 자세하게 알아보고, 글로벌 시장에서 영향력을 높이려는 틱톡의 야심이 어디까지 뻗어왔고 얼마나 뜨거운지 같이 확인해보려 한다. 이 챕터를 읽기 전에는 단순히 틱톡은 15초짜리의 짧은 영상을 올리는 숏폼플랫폼 그 이상도 이하도 아니라고 생각했겠지만, 이 챕터의 마지막에 도달하면 어느새 틱톡을 다운로드 받고 있는 나를 발견하게 될지도 모른다.

당신이 들어본 그 노래,
틱톡에서 먼저 유행했어요

흔히 이런 말을 한다.

"페이스북에 올라오는 밈들은 이미 한물갔고, 공중파에 나오면 '두 물' 간 유행어다."

이제 유행어를 막 접한 나로서는 어찌 보면 서운한 말이다. 써볼 기회 한 번을 주지 않고 끝나버리니 말이다. 그런데 다시 생각해보면 트렌드에 가장 민첩하고 예민하게 반응하는 Z세대들은 더 이상 해당 플랫폼에서 놀지 않는다는 뜻이다.

트렌드가 점점 더 마이크로 해지고 변화 속도도 빨라지고 있으므로 최신 트렌드를 따라잡기 위해서는 트렌드가 만들어지고 시작되는 플랫폼으로 가야 한다. Z세대가 자발적으로 콘텐츠를 생산하고 확산하며 뛰어노는 플랫폼이 어디일까? 트렌드의 상류이자 Z세대의 놀이터인 틱톡이다.

틱톡 하면 가장 먼저 생각나는 단어가 '챌린지'와 '해시태그'일 것이다. 다양한 챌린지와 해시태그를 통해 틱톡이 Z세대 사이에서 급부상했다는 것은 모두가 아는 유명한 사실이다. "나는 몰랐는데?"라고 생각해도 괜찮다. 대신 최근 쇼츠나 릴스, 틱톡에 아이돌이 컴백하면 후렴구의 핵심 안무를 다른 가수들과 같이 추는 짧은 동영상을 한 번쯤은 스치듯 접한 경험이 있을 것이다.

그도 그럴 것이 아이돌이 이제는 신곡을 발매할 때 틱톡을 통해 신곡 홍보를 하고, 다른 아이돌 멤버와 같이 챌린지 영상을 찍어 올리는 풍경이 당연한 현상이 됐다.

어떻게 보면 15초 남짓의 짧은 동영상에 불과하지만 해시태그를 타고 입소문이 퍼지면 그 파급력은 상상 이상이 되고, 딱히 프로모션을 하지 않아도 틱톡을 통한 홍보 효과를 알았기 때문이다.

특수성이 있겠으나 2023년 가장 유행했던 챌린지 중 하나인 스모크 챌린지는 틱톡 해시태그 조회수 4억 회를 기록하며 다양한 아이돌 중심으로 챌린지가 퍼져나가고 있는데, 음원 공개 한 달이 지난 후에도 멜론 TOP100 차트 4위에 머물러 있었다. 음원 홍보가 목적이 아님에도 음원 차트 순위권을 기록하고 있는 것이다.

2023년 8월에 신곡을 발매한 AKMU의 경우도 Love Lee 챌린지의 틱톡 해시태그 조회수가 3.7억 회를 기록하며 큰 인기를 끌고 있는데 음원 발매 한 달 반이 지났던 시점에도 멜론 TOP100 차트 1위, 일간, 주간, 월간 차트에서 모두 1위를 기록하며 챌린지를 통한 음원 홍보 효과를 톡톡히 누리기도 했다. 당연히 기획사들도 틱톡 프로모션을 고려했겠지만, 틱톡의 홍보 효과는 상상 그 이상이 됐다.

이제 틱톡은 음악시장을 얘기할 때, 빼놓고는 얘기할 수 없을 정도로 흥행 척도가 됐다. 음악을 소비하는 대중들의 청취 방식이 달라진 탓이다. 노래가 인기를 끌기 위해서는 대중에게 여러 번 반복적으로 노출돼야 하는데, 과거에는 그 역할을 하던 플랫폼이 TV였다면 지금은 다양한 사람들이 모인 틱톡이 그 역할을 하고 있다.

틱톡을 키면 동영상과 함께 배경음악이 나온다. 유저는 자신도 모르게 음악을 듣게 된다. 음악은 보통 귓가에 한번 맴돌기 시작하면 대중들의 기억에 더 오래 남을 수 있고 이에 따라 자연스러운 바이럴 효과가 발생하곤 한다.

도자 캣Doja cat의 'Say so', 서브 어반Sub Urban의 'Cradles', 릴 나스 엑스Lil Nas X의 'Old Town Road' 등 뭔가 익숙한 제목에 어디선가 들어본 것 같은 선율의 이 곡들이 유명해진 이유도 모두 틱톡 덕분이다.

이외에도 미국의 괴물 신인으로 불리는 올리비아 로드리고Olivia Rodrigo는 데뷔곡 'Drivers License'가 틱톡 배경음악으로 유명해지면서 빌보드 HOT100 차트 1위를 팔 주 연속 기록해 순식간에 스타덤에 올랐고, 더 키드 라로이The Kid LAROI 역시 저스틴 비버와 함께 발표한 싱글 'Stay'를 통해 빌보드 차트 정상에 사 주간 머무르며 단숨에 유명 인사가 됐다.

조금 더 우리에게 익숙한 예시를 들자면 최근 한국에서 급부상한 이마세imase라는 일본 가수가 있다. 2022년 8월 이마세가 발매한 '나이트 댄서'라는 곡이 틱톡, 쇼츠, 릴스 등 숏폼플랫폼에서 입소문을 타기 시작하며 알려졌고, 2023년 10월을 기준으로 틱톡에서만 무려 16억 회

'나이트 댄서'는 틱톡, 쇼츠, 릴스 등 숏폼플랫폼에서 입소문을 타면서 유명세를 얻었다.

이상의 조회수를 기록하고 있다.

스트레이 키즈, 엔하이픈과 같이 다양한 K-팝 아티스트들도 나이트 댄스 챌린지에 참여하면서 11만 개 이상의 영상이 만들어지기도 했다.

틱톡에서의 흥행 효과로 J-팝으로는 최초로 멜론 TOP100 차트에 진입했고 최고 17위까지 올랐다. 인기에 힘입어 500명 규모의 내한 쇼케이스를 개최했고, 르세라핌과의 협업에 이어 하이브의 팬 플랫폼인 위버스에도 입점했다. 위버스 내 이마세 커뮤니티 팔로워 수는 벌써 3만명에 가깝다.

피프티 피프티도 마찬가지다. 'Cupid' 곡이 처음 한국에서 발매됐을 때는 한국에서 이렇다 할 반응이 없었지만, 틱톡을 통해 유저들의 입소문을 타기 시작하며 글로벌 시장으로 뻗어나가 빌보드 HOT100 차트에 입성하는 쾌거를 이뤘다. HOT100 차트에 입성한 국내 아티스트는 대부분 대형 기획사 소속인데, 틱톡 효과로 미국시장에서 먼저 인지도를 쌓은 덕분에 중소 기획사라는 허들을 극복하고 HOT100 차트에 이름을 올리게 된 것이다.

위 예시들의 공통적인 특징은 국적은 다르지만, 틱톡에서 얻은 관심이 고스란히 음원 차트와 아티스트 인지도로 이어져서 좋은 결과를 가져왔다는 점이다. 스트리밍 사이트에서 흥행한 음악이 틱톡의 배경음악으로 사용되는 것이 아닌 틱톡에서 흥행한 곡을 스트리밍 사이트에서 다시 찾아 듣는 반대의 흐름이 그려지고 있다는 것이 흥미롭다.

미국 MRC 데이터에 따르면 틱톡 사용자의 75%가 틱톡을 통해 새로운 아티스트를 발견했다고 응답했으며, 63%는 한 번도 듣지 못했던 음악을 틱톡으로 접했고, 67%는 틱톡에서 접한 음악을 스트리밍 사이트에서 찾아볼 의향이 있다고 답변한 설문 결과가 있다.

틱톡에서 밈이 되고 바이럴이 된 곡은 무조건 성공한다는 공식이 괜히 나온 말이 아닌 것 같다. 우리가 체감하는 것 이상으로 음악 시장에서 틱톡의 영향력은 상당해보인다. 그래서 엔터 기획사들은 의도적으로 틱톡 챌린지를 많이 만들어 낸다. 곡의 길이도 점점 짧아지고, 쉽게 따라 할 수 있는 핵심 안무가 하나씩 배치된 점도 모두 다 기획 단계부터 의도적으로 만들어 낸 결과다.

그런데 최근 Z세대의 놀이 방식은 조금 다르다. 주어진 곡을 수동적으로 소비하는 것이 아닌 기존 챌린지를 변형하며 적극적이고 능동적으로 챌린지 문화를 이끌어가고 있다. 누구나 플레이어로서 놀이에 동참하고 있는 것이다.

블랙핑크 지수의 꽃 챌린지도 포인트 안무에 강아지 얼굴을 등장시키는 '꽃개 챌린지'로 재구성되고, 아이브의 After like 챌린지와 르세라핌의 Unforgiven 챌린지 모두 바닥에 앉아서 추는 안무를 사람이 풀썩하고 넘어져도 멋있게 일어나는 챌린지로 재탄생시켰다. 다양한

Z세대는 능동적으로 챌린지 문화를 이끌어간다. 블랙핑크 지수의 꽃 챌린지는 포인트 안무에 강아지 얼굴을 등장시키는 '꽃개 챌린지'로 유행하다가 반려동물 얼굴을 등장시키는 놀이로 확장되기도 했다.

장소와 콘셉트, 개성 있는 카메라 무빙을 가미하며 챌린지에 재미를 더한 것이다.

공식 안무가 없던 곡에 틱톡 크리에이터가 따라 하기 쉬운 댄스를 창작해 인기 챌린지가 된 사례도 많은데, 트레저의 '다라리'나 엔하이픈의 '폴라로이드 러브'가 대표적이다. 다라리 챌린지는 트레저의 타이틀 곡이 아님에도 불구하고 무려 14억 회 이상의 해시태그 조회수를 기록하며 글로벌 시장에서 트레저라는 그룹을 알리는 계기가 됐다.

한 단계 더 나아가 원곡보다 130~150% 빠르게 곡의 속도를 조정한 스피드 업 버전도 틱톡 내에서 하나의 장르로 자리를 잡으며 상당한 인기를 끌고 있다. 앞서 언급한 피프티 피프티의 'Cupid'도 스피드 업 버전이 먼저 틱톡에서 인기를 끌게 됐고, '땡땡땡땅송'이라 불리며 국내에서도 유행한 베트남 가수 호앙 투 링Hoàng Thùy Linh의 '시 팅See Tinh'도 스페드 업 버전이 인기를 끌었다.

최근에는 2004년 발매한 허밍 어반 스테레오의 '바나나 쉐이크'에서 "너무 휘어졌어"라는 가사가 스페드 업 버전에서 '나문희의 첫사랑'으로 들리는 데에 착안해 나문희의 첫사랑 챌린지가 유행하기도 했다. 인기에 힘입어 2023년 2월 '바나나 쉐이크'는 스페드 업 버전이 공식 발매됐다.

2023년 8월 컴백한 스테이시 미니 3집에는 타이틀곡의 스페드 업 버전이 아예 정식 음원으로 수록돼 있을 정도로 대중에 의한 2차 창작이 음악 시장에 흥미로운 변화의 바람을 불러일으키고 있다.

상황이 이렇다 보니 아티스트들은 더욱이 틱톡을 의식할 수밖에 없다. 기업도 마찬가지다. 2022년 7월부터는 국내 대중음악 공인 차트인 써클차트의 소셜 차트에 틱톡 데이터가 반영되면서 틱톡 내에서 바이럴이 갖는 영향이 커지고 있음을 간접적으로 증명했다.

아티스트로부터 생성된 오리지널 챌린지건, 유저에 의해 2차 창작된 챌린지건 틱톡을 통한 음악 유통은 앞으로도 지속될 것이다. 그 중심에는 Z세대가 있으며, 이들의 입맛에 맞추기 위해 음악도 길이가 더 짧아지거나, 곡의 핵심 안무가 따라 하기 쉽게 만들어지거나, 스페드 업 버전이 등장하거나 혹은 이와 다른 다채로운 방식으로 숏폼에 잘 어우러지도록 바뀌고 있다. Z세대는 알게 모르게 틱톡으로 대중음악을 변화시키고 있는 것이다.

2024 콘텐츠가 전부다

Z세대 취향 저격
커뮤니티

Z세대는 다채로운 크리에이터이자 재미있고 흥미로우면 자발적으로 문화를 확산시키는 능력을 갖추고 있는 집단이다. Z세대에서 이런 특징이 두드러지는 이유는 이들이 숏폼 콘텐츠를 소비하고 생산하는 데 적극적이기 때문이다.

소비자 데이터 플랫폼 기업 오픈서베이에 따르면 20대 미만 Z세대의 80%가 숏폼 콘텐츠를 시청한 경험이 있다고 밝혔고, 대학내일20대연구소에 따르면 숏폼 콘텐츠를 제작하고 업로드하는 데 걸리는 시간도 Z세대는 1분 미만이라고 응답한 사람이 24.7%로 가장 높았다.

밀레니얼 세대가 보통 5분에서 10분 미만이 걸린다고 응답한 사람이 26.2%로 가장 많았다는 점을 비교하면 Z세대는 영상 중심의 콘텐츠를 생산하는 데 걸리는 시간이 상당히 빠르다는 것을 확인할 수 있다.

Z세대가 글보다도 영상에 익숙하다는 특징은 틱톡의 콘텐츠 성격을

변화시키고 있다. 과거에는 온라인 카페나 페이스북 같은 플랫폼을 통해 글이나 사진 중심으로 소통했다면, 이제는 일상을 기록하고 소통하는 주요 콘텐츠가 짧은 영상이 되며 틱톡으로 Z세대가 모이고 있다. Z세대가 틱톡을 통해 진짜 생각과 일상을 공유하기 시작하면서 플랫폼으로 하나둘 모이기 시작했고, 평범한 나날을 공유하면서 그들만의 거대한 커뮤니티가 형성됐고, 그 안에서 새로운 트렌드가 유통되고 있는 것이다.

틱톡이 발행한 리포트 〈What's Next Trend Report 2023 한국〉에 따르면, 2022년 한 해 동안 틱톡에서 무섭게 성장한 해시태그 중 하나가 #티로그였다. 티로그란 틱톡에 올라오는 짧은 브이로그를 의미하는데, 이는 틱톡에서 무려 40억 회 이상의 조회수를 기록했으며, 티로그를 올리는 크리에이터를 의미하는 #티로거 해시태그를 사용한 영상 생성수는 2021년 대비 22,706%나 증가했다.

틱톡에 따르면, Z세대 20.2%가 일상 기록을 위한 숏폼 동영상을 올린 경험이 있다고 밝혔는데, 실제로 엔데믹으로 일상이 회복되며 오프라인에서 활발한 활동을 즐기는 모습을 담은 숏 브이로그가 유행하고 있다. Z세대가 얼마나 일상 기록에 진심인지 수치로 보여주는 것이다.

Z세대는 최근 가장 유행하는 식당이나 카페, 신상 스토어 등을 다녀온 방문 후기를 영상으로 제작해 트렌드를 확산시키고 있다. 그중에서도 팝업 스토어는 최근 Z세대 사이에서 일상적인 여가 공간으로 급부상하며 영상을 통해 어느 공간이 핫하고 인기 있는지 빠르게 공유된다.

특히 Z세대들은 팝업 스토어의 이모저모를 보여주며 만족스러웠던 점, 불편했던 점과 가기 전에 참고해야 할 점은 무엇인지 등 다양한 정보를 공유하고 어떤 상품을 사 왔는지 보여주는 등 커뮤니티의 관심과 흥미를 불러일으킬 만한 생생한 경험을 전달한다.

한 예로, 유튜브 구독자 147만명을 보유하고 있는 〈빵빵이의 일상〉 채널은 영상별 평균 조회수가 450만 회에 달하며 틱톡에서는 1천만 좋아요를 달성한 유명 크리에이터다.

2023년 7월, 빵빵이 캐릭터들의 팝업 스토어가 열렸었는데, 오픈 첫날부터 8일 연속 2천명에 가까운 오픈런 고객들이 긴 대기줄을 만들며 장사진을 이뤘다. 4일 만에 1만명이 넘는 관람객이 팝업 스토어에 방문했으며 12일 동안 총 2만명 이상의 관람객이 방문했다. 틱톡에 언급된 #빵빵이팝업스토어 해시태그 영상들은 무려 740만 회의 조회수를 기록했다.

특정 브랜드와 아티스트, 팬이 많은 틱톡에서는 #덕질로그 해시태그도 많이 언급되고 있다. #덕질로그 조회수는 11억 회 이상을 기록하며 2021년 대비 무려 2,206,035%나 늘었고, 영상 생성수도 46,433% 증가하며 상당한 규모의 커뮤니티를 형성하고 있다.

덕질로그에서는 주로 좋아하는 아이돌의 앨범을 언박싱하는 '앨범깡'이나 포토 카드 케이스를 꾸미는 '탑꾸', 아이돌 생일 카페나 팝업 스토어 방문과 같이 덕질하는 일상을 주로 다룬다.

그중에서도 아이돌 덕질에 특화된 유저들의 성향이 드러나는 해시태그인 #타팬에게도추천 영상 생성수는 2021년 대비 1,029% 증가하며 틱톡 내에서 자발적인 팬덤 확장이 이뤄지고 있음을 보여준다.

이외에도 음식이나 DIY, 공간 꾸미기, 캐릭터, 패션 등 다양한 분야의 덕질 영상을 업로드하며 틱톡은 단순히 일상을 기록하는 플랫폼을 넘어 같은 관심사와 취향을 공유하고 비슷한 취미를 향유하는 커뮤니티로 자리 잡고 있다.

이렇다 보니 점점 Z세대는 틱톡에서 모든 것을 해결하고 있다. 이미 Z세대 절반은 검색을 위해 구글창을 켜는 대신 틱톡에 접속하고 있는데 #다이소추천, #다이소깡, #추천템, #올영추천템, #이니스프리와 같이 구매를 위한 정보성 해시태그뿐 아니라 #헤어꿀팁, #뷰티꿀팁, #메이크업 등 소소하지만 실생활에 도움 되는 유용한 정보들도 얻고 있다.

실제로 위의 해시태그는 2022년 동안 틱톡 내에서 유의미하게 유행했던 해시태그들이며, 그중에서도 #생활꿀팁 영상 생성수는 2021년 대비 18,787% 증가했고, #살림꿀팁 영상 조회수는 13,015% 증가하며 Z세대들의 라이프 스타일에도 영향을 끼치고 있다.

특히 제품을 사기 전 다른 사람이 올린 영상을 보고 구매 의사를 결정한다거나 직접 써보고 좋은 아이템을 추천하면서 완판을 만들기도 하며 틱톡은 Z세대에게 실용적인 정보를 주고받을 수 있는 플랫폼으로 자리 잡고 있다.

이외에도 Z세대는 틱톡을 통해 운동, 어학, 영상 편집 등 자기계발 콘텐츠도 꾸준히 시청하고 있다. 일상에 소소하게 도움이 되는 정보도 중요하지만, 실제로 능력치를 높이는 데 도움이 되는 정보들도 적극적으로 탐색하고 있다는 의미다.

자기계발 콘텐츠 중 최근 급부상하고 있는 콘텐츠가 스포츠와 운동인데, #틱톡스포츠 해시태그는 2021년 대비 영상 생성수가 3,600%, #틱톡운동은 435% 증가했다. 이뿐만 아니라 축구, 야구, 골프 등 스포츠 종목별 해시태그도 인기가 높아지면서 틱톡을 통해 다양한 종류의 스포츠를 접하고 배우는 유저가 많아지고 있다.

틱톡이 Z세대에게 끼치는 영향은 생각보다 방대하다. 틱톡이 그저 Z세대가 온라인에서 가볍게 즐기는 콘텐츠들이 가득한 플랫폼이라고 치부하기에는 이미 이들의 라이프 스타일 전반을 아우르는 거대한 커뮤니티로 자리 잡았고, 그 영향은 갈수록 점점 더 확대되고 있다.

이제 틱톡은 일상과 취미를 공유하는 친구이자 실생활에 도움되는 유용한 정보를 알려주는 언니도 됐다가, 자기계발을 도와주는 선생님도 되고 있다. 틱톡은 누구보다도 Z세대의 실생활과 맞닿아 있는 생활정보 플랫폼으로 진화하고 있다.

당연히 매체도 시대에 따라 변화한다. 글자에서 사진으로, 그리고 영상으로 이어지는 미디어 소비 트렌드에 따라 페이스북에서 인스타그램으로, 그리고 이제는 틱톡과 같은 숏폼플랫폼이 시장을 장악하고 있다.

특히 숏폼에서는 Z세대의 일상이 실시간으로 공유되기 때문에 그 자체만으로도 하나의 정보로 작용할 수 있고, 정보검색 채널의 흐름이 롱폼 영상에서 숏폼 영상으로 변화하게 되면서 시대의 흐름에 발맞추기 위해 유튜브는 쇼츠를, 인스타그램은 릴스를 출시하며 미국의 전통 SNS 기업들도 숏폼 시장에 뛰어들었다. 상황이 이렇다 보니, 상대적으로 경쟁력을 잃어버린 페이스북도 지인 중심에서 관심사 기반으로 추천 알고리즘을 강화하고 있다.

소위 굴러온 돌이 박힌 돌을 빼고 있는 모양이다. 페이스북에서 인스타그램으로 넘어갈 때 혁신을 경험한 것처럼 경쟁이 심화되면서 언젠가 시장을 뒤바꿀 또 다른 플랫폼이 등장할 수도 있겠다. 다만 Z세대 사이에서의 틱톡의 인기는 단시간 내 식기 힘들어 보인다.

콘텐츠의 탈을 쓴 광고
(feat. 커머스)

이제 기업과 크리에이터 관점에서 틱톡을 바라보자. 결론부터 말하면, Z세대가 틱톡을 좋아하는 것처럼 광고주도 틱톡을 좋아한다. 어찌 보면 너무나도 당연한 결과인데 대중들이 틱톡을 좋아하기 때문에 광고주로서는 굳이 이탈할 이유가 없는 것이다. 그리고 소비의 주축이 되는 Z세대의 생활과 커머스와 관련된 문화가 틱톡을 통해 확산되고 있다 보니 자연스럽게 기업들은 틱톡에 관심을 가질 수밖에 없다.

틱톡은 초창기에 1분 이내의 짧은 영상을 노출하다 보니 정보를 전달하거나 공유하기보다는 엔터테인먼트의 요소가 강해서 댄스나 노래, 연기와 같은 콘텐츠들이 인기를 끌었다. 그렇다 보니 Z세대 중심으로 콘텐츠가 생산되며 소비되기 시작했는데, 점점 호흡이 짧은 영상을 선호하는 문화가 확산되고 다양한 나이대의 이용자가 유입되기 시작하면서 요리, 뷰티, 운동, IT, 게임, 스포츠 등으로 콘텐츠가 다채로워지기 시작했다. 다루는 콘텐츠의 카테고리가 많아지다 보니 자연스럽게 해당 산업을 영위하는 광고주의 풀이 넓어질 수밖에 없다.

유입되는 유저층이 다변화되는 동시에 사용자가 관심 있어 할 만한 콘텐츠를 지속해서 노출하며 관심을 끌어올리고, 짧지만 새로운 영상이 무한 제공되면서 부담 없이 접하게 되고, 그러면서 유저들의 플랫폼 체류 시간이 길어지다 보니 광고주로서는 광고하기에 이만한 플랫폼이 없던 것이다.

틱톡은 2021년 중소기업과 스타트업을 주요 타깃으로 하는 광고 솔루션인 '틱톡 프로모션TikTok Promote'을 출시했다. 기존의 틱톡 콘텐츠를 광고 영상으로 설정해 추천 피드에 노출시키는 기능으로, 영상 조회수나 팔로워 증대와 같이 원하는 목표에 따라 광고를 집행할 수 있으므로 마케팅 예산이나 인력이 부족한 중소기업이나 크리에이터에게 각광받았다.

2023년 들어 틱톡 프로모션에는 네 가지 기능이 추가됐다. 이들의 공통점은 영상에 드러난 다양한 장치들을 통해 잠재 고객과의 소통을 활발하게 이끌어, 정교한 타깃팅을 통해 광고 효율을 높인다는 점이다. 또한 위치 기반 광고를 통해 지역 커뮤니티를 대상으로 정밀한 광고 집행도 할 수 있게 됐다. 틱톡은 기업들의 효과적인 광고를 위해 틱톡 내에 다양한 기능들을 추가 및 확대하고 있다. 그래서 많은 기업들이 마케팅 목표 달성을 위해 오늘도 틱톡을 찾게 된다.

실제로 광고 효과는 생각보다 꽤 크게 나타나고 있다. 틱톡에 따르면, 주간 이용자 중 Z세대 74%가 틱톡 광고를 보고 해당 상품에 대해 더 많은 정보를 알아본다는 결과가 있으며 유저들의 광고 콘텐츠 참여율(좋아요, 댓글, 공유 등 게시글 참여율)도 유튜브나 릴스 등 다른 플랫폼에 비해 상대적으로 높은 편이다. 인스타그램 브랜드의 경우 사용자가 광고 콘텐츠를 클릭해서 시청하거나 댓글을 달고, 공유하는 등의 표준 참여율이 0.6%인 반면 틱톡은 6% 정도로 광고 전환이 더 수월한데, 유저들이 직접 검색하기보다는 틱톡 알고리즘의 추천 검색 위주로 콘텐츠를 소비하다 보니 광고에 대한 거부감이 상대적으로 낮기 때문이다.

특히 틱톡은 콘텐츠형 광고를 통해 광고도 하나의 콘텐츠처럼 느껴지도록 만들고 있는데, 가령 재미있는 특수효과 혹은 스티커를 활용하는 방법은 사용자가 더 직관적으로 브랜드의 정보와 가치를 느낄 수 있는 한편 유저들은 챌린지의 하나로 받아들이기 때문에 광고이지만 거부감이 덜하다.

실제로 틱톡에 따르면, 틱톡을 이용하는 Z세대의 42%는 재밌기만 하다면 브랜드 광고도 선호한다는 결과가 있으며, 57%는 틱톡 광고가 이들로 하여금 새로운 제품이나 브랜드를 발굴하도록 이끈다는 결과가 있다.

이외에도 Z세대는 직접 마켓플레이스에서 쇼핑하는 것에 비해 틱톡 커뮤니티에 의해 구매 영향을 받을 가능성이 1.8배 더 높다는 결과가 있으며, Z세대의 3명 중 1명은 직접 제품을 보고 살 수 있다는 장점 때문에 틱톡 라이브에서 제품을 구매하는 것을 선호한다고 밝혔다. 심지어 틱톡 라이브로 구매한 상품의 반품률이 일반 커머스숍에서 구매했을 때 보다 50%나 낮다는 결과까지 있다 보니 광고주들도 틱톡에서의 광고비 집행을 확대하고 있다.

시장조사기관 eMarketer는 2023년과 2024년에도 틱톡이 다른 플랫폼 대비 탄탄한 성장률을 기록할 것으로 전망한다. 광고 업황이 안좋다 하면서도 틱톡의 광고 매출이 꾸준히 성장할 것으로 전망하는 데에는 타깃팅할 대상이 명확하고, 사용자들의 플랫폼 체류 시간이 길고, 콘텐츠형 광고를 통해 거부감을 낮춰 사용자들의 구매 전환이 높아 광고 효과가 높다는 이유가 있다.

로이터에 따르면, 2022년 틱톡의 광고 매출은 100억달러를 돌파했는데 이는 전년 대비 155% 증가한 결과이며, 2022년 광고 매출의 약 60% 정도가 미국에서 발생한 것으로 파악된다. 미국 정부에서 강력한 규제를 하고 있음에도 여전히 미국시장에서의 인기가 상당하다는 점을 알 수 있다. 또한 틱톡은 이미 스냅챗과 트위터의 광고 매출을 능가했는데, 심지어 이 둘을 합산한 금액보다도 틱톡의 광고 매출이 높은 점을 보면 틱톡의 광고가 얼마나 폭발적인 성장세를 보이고 있는지 체감할 수 있다.

플랫폼의 특성상 뭐가 됐건 가장 중요한 것은 트래픽이다. 트래픽을 기반으로 규모 있는 커뮤니티가 형성되면 그 안에서 다양한 비즈니스 모델을 구현할 수 있기 때문인데, 틱톡은 다양한 형태의 광고를 제공해 광고주 풀을 빠르게 확대하고 있고, 한발 더 나아가 이제는 광고를 넘어 이커머스 플랫폼인 틱톡숍으로 사업 모델을 확장하고 있다.

틱톡숍은 틱톡에서 운영하는 이커머스 플랫폼으로 2021년 영국에서 출시된 이후 현재 아시아 7개국에서 운영 중이며, 대부분 수요는 라이브 쇼핑이 인기 있는 인도네시아와 같은 동남아시아 지역에서 이루어지고 있다.

《블룸버그》에 따르면 인도네시아의 틱톡 월간 활성 이용자 수는 1억 명이 넘고 사용 시간도 매일 평균 100분 이상으로 긴 편이다. 심지어 인도네시아는 동남아시아에서 가장 경제 규모가 크고 청년 인구가 많으므로 모바일에 익숙하면서 틱톡 특유의 숏폼 콘텐츠를 선호하는 문화가 있다. 그래서 틱톡은 영국에 이어 동남아시아 중에서는 인도네시아에서 처음으로 틱톡숍을 출시했고, 결과는 대성공이었다.

시장이 커지자 라이브를 통한 제품 판매를 넘어 크리에이터와 브랜드를 연결해주는 대행사가 생겨났고, 틱톡용 스튜디오까지 생기며 방송 환경을 개선하자 급속도로 인기가 확산됐다. 틱톡숍에서 보여주는 즉흥성과 생생함이 판매자와 이용자 간의 긴밀한 연결을 조성하며 인기를 끌게 된 것이다. 틱톡숍을 통한 수익 창출은 틱톡의 유명 인플루언서나 채널이 브랜드와 협업해 제품을 판매하면 틱톡은 수수료를 취

▶▶ 틱톡숍 글로벌 매출 분포

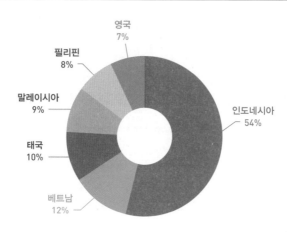

영국
7%

필리핀
8%

말레이시아
9%

태국
10%

베트남
12%

인도네시아
54%

출처 NativeX

2024 콘텐츠가 전부다

득하는 방식이다.

모바일 마케팅 플랫폼 네이티브엑스Nativex가 발표한 보고서에 따르면, 인도네시아는 틱톡숍 글로벌 매출의 54%를 차지하는 가장 큰 시장이다. 바이트댄스에 따르면, 2023년 틱톡숍 글로벌 매출은 전년 대비 4배 증가한 200억달러에 달할 것으로 예상하며, 이중 인도네시아에서의 매출은 50억달러 이상이 될 것으로 전망한다.

틱톡숍은 아직 아시아 일부 국가에서만 서비스 중이지만, 조만간 브라질, 스페인, 호주 등 더 많은 국가에서 선보일 준비를 하고 있다. 사실 처음으로 진출한 영국에서는 라이브 커머스라는 개념이 통하지 않아 영국을 시작으로 유럽, 이어 미국까지 진출하려던 틱톡의 계획은 무산된 듯 보였으나 최근 서구권 이커머스 인력들을 재배치해 다시 본격적으로 진출하려고 한다.

틱톡은 2022년 11월부터 미국에서 틱톡숍 론칭을 위해 다양한 시도를 해왔는데, 당시에는 큰 호응을 얻지도 못했을뿐더러 지역의 중소사업자가 틱톡을 통해 제품을 판매하는 방식이었기 때문에 성공적으로 자리 잡지 못했다. 그러다가 2023년 9월 드디어 미국시장에서 틱톡숍이 정식 론칭하게 됐는데, 아직 초기 단계이지만 틱톡숍의 가장 많은 트래픽을 자랑하던 인도네시아보다 훨씬 많은 1억 5천만명의 잠재 고객을 대상으로 한 이커머스숍이 오픈했다는 점은 주목할 필요가 있다.

먼저 새로운 수익원이 될 만한 커머스 시장이 열렸다는 점에서 의미가 있으며 여기에 더해 틱톡이 아마존에 버금가는 이커머스 플랫폼 론칭을 통해 미국에서 커머스 플랫폼 강자로 자리 잡고, 틱톡숍 확대를 통해 외형 성장을 추구하고자 하는 야심을 엿볼 수 있기 때문이다.

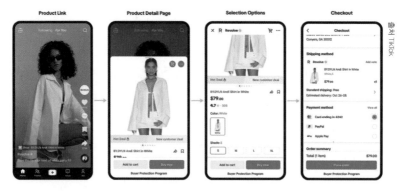

미국 틱톡숍 예시. 미국의 틱톡숍은 크리에이터 영상 안에서 물건을 더 쉽게 구매할 수 있도록 유도하고 있다.

미국에 론칭된 틱톡숍은 브랜드와 크리에이터의 관심 분야에 따라 참여도가 높은 사용자와 연결되도록 지원한다. 크리에이터 영상에서 물건을 더 쉽게 구매할 수 있도록 제품에 태그를 지정하거나 브랜드 프로필에 제품 포트폴리오를 확인할 수 있는 자체 페이지 구축을 지원하는 등 상품 구매율을 높일 수 있는 풍부한 쇼핑 경험을 제공한다.

이외에도 사용자가 제품을 검색하고, 추천을 통해 제품을 찾고, 카테고리들을 탐색하고 주문을 관리할 수 있는 전용 탭을 구축했으며, 판매자가 커미션 공유를 기반으로 크리에이터와 협력할 수 있는 크리에이터 제휴 프로그램Creator Affiliate Program도 운영하고 있다.

실제로 뷰티 브랜드 Love&Pebble의 핵심 제품인 '뷰티팝 아이스 마스크 키트'는 크리에이터와 커미션을 공유하는 크리에이터 제휴 프로그램을 통해 캠페인을 진행했는데, 평균 가격보다 훨씬 저렴하게 판매됐음에도 불구하고 매출이 1,194% 증가했으며 캠페인 비용 대비 수익을 의미하는 ROASreturn on ad spend (광고 수익률)가 3.2배나 개선됐다.

흥미로운 점은 외신에 따르면 최근 틱톡은 영국에서 '트렌디 비트 Trendy Beat'라는 새로운 쇼핑 기능을 테스트 중인데, 쉽게 말해 화제가 되는 틱톡 영상에 나온 제품을 판매하는 쇼핑 섹션이다. 미국에서도 올해 5월 상표 출원을 마쳤기 때문에 해당 기능이 정식으로 론칭 된다면, 도입될 가능성이 높을 것으로 기대한다.

《파이낸셜 타임스》에 따르면 틱톡은 더 나아가 영상에 나온 제품을 직접 만들어 판매하려는 계획까지 준비 중인 것으로 파악된다. 자세한 내용은 공개되지 않았으며 언제든 바뀔 가능성이 높지만, 중국 제조업체와 유통업체로부터 제품을 공급받아 보관, 물류, 마케팅 등 미국 내 판매에 필요한 다양한 서비스를 제공할 것으로 예상된다.

이렇게 중국산 제품을 미국시장에 판매하는 방식으로 시장 진출을 준비하는 전략은 이미 미국에서 성공 가도를 달리고 있는 쉬인SHEIN과 테무TEMU 라는 중국회사를 의식한 것으로 보인다.

쉬인과 테무는 중국 제품을 아주 싼 가격에 미국시장에서 판매하며 가성비를 강점으로 미국의 Z세대를 성공적으로 공략했다. 쉬인이 먼저 2017년 미국에 진출해 Z세대 여성 소비자를 겨냥한 초저가 의류를 판매하기 시작했고, 테무는 2022년 9월 미국시장에 진출해 생활용품부터 의류, 가전까지 다양한 제품을 판매하며 점유율을 높여갔다.

그 결과 쉬인과 테무는 2022년 미국에서 가장 다운로드 수가 많은 쇼핑 앱 2위와 8위에 각각 위치했고, 순 방문자 수도 견조한 수치를 유지하며 나름대로 미국시장에서 안정적으로 사업을 펼치고 있다.

1억 5천만명의 거대한 시장이 열리면서 틱톡은 아마존을 넘어 쉬인과 테무의 자리까지 넘보며 미국에서 명실상부 1위 커머스 플랫폼으로

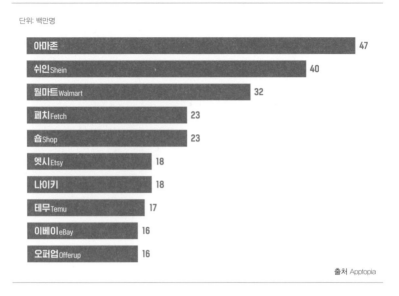

단위: 백만명

아마존	47
쉬인 Shein	40
월마트 Walmart	32
페치 Fetch	23
숍 Shop	23
엣시 Etsy	18
나이키	18
테무 Temu	17
이베이 eBay	16
오퍼업 Offerup	16

출처 Apptopia

자리 잡으려는 야심을 보인다. 이제는 틱톡의 경쟁 상대가 유튜브와 인스타그램이 아닌, 아마존과 같은 이커머스 업체로 확대된 것이다. 이미 #TikTokMadeMeBuyIt 해시태그를 사용한 영상들의 조회수가 690억 회를 상회한 점에서 알 수 있듯이 틱톡은 실제로 사용자들의 쇼핑 습관에 꽤 유의미한 영향력을 끼치고 있다.

다시 말하면, 틱톡 영상에 나온 제품을 충동적으로 구매하는 사람이 꽤 많다는 의미다. 트렌드의 가장 상류에 있는 제품을 영상으로 보여주며 사용자 트래픽을 높인 후에 해당 제품의 구매까지 원스톱으로 이루어지는 시스템을 구축했다는 점은 상당히 강력한 무기다. 트래픽도 높이면서 체류시간까지 늘리고 있으니, 틱톡의 영향력이 어디까지 뻗어

나갈지 궁금해진다.

구체적인 그림은 앞으로 차차 확인해 나가야겠지만, 판매자뿐 아니라 크리에이터도 수익을 창출할 수 있는 틱톡의 신선한 커머스 플랫폼이 얼마나 가파르게 성장하며 놀라운 성과를 보여줄지 같이 지켜보자. 이제 틱톡은 동영상을 시청하는 미디어플랫폼의 역할에서 더 나아가 미디어와 커머스를 통합하는 미디어 커머스 플랫폼으로 변화하고 있다.

레거시 미디어를 넘어
독보적 콘텐츠 회사로

이렇게 Z세대의 삶에 스며들며 영향력을 확대해온 틱톡은 광고와 커머스라는 비즈니스 모델을 통해 Z세대의 지갑까지 열게 했고 이제는 레거시 미디어의 자리까지 엿보며 Z세대의 모든 삶의 패턴을 틱톡으로 결집하고 있다. 이제 Z세대는 뉴스도 《뉴욕타임스》나 구글이 아닌 틱톡에서 검색한다.

로이터저널리즘연구소에 따르면 SNS 중 가장 큰 뉴스 소비 창구는 페이스북으로, 2020년에는 SNS 이용자 중 36%가 페이스북에서 뉴스를 소비했지만 2023년에는 28%로 하락하며 그 영향력이 점점 떨어지고 있다.

반면 틱톡으로 뉴스를 접하는 이용자는 점점 늘어나고 있는데, 2020년 틱톡을 통해 뉴스를 접하는 이용자는 고작 1%에 불과했지만 2023년 6%로 증가했다.

특히 Z세대로 범위를 좁히면 결과는 더 놀랍다. Z세대의 79%가 SNS로 뉴스를 접하는 가운데 온라인 뉴스를 찾는 Z세대 사이에서 그 비중은 27%를 차지한다. 갑자기 Z세대가 틱톡으로 뉴스를 많이 접하게 된 이유는 무엇일까?

Z세대의, Z세대에 의한, Z세대를 위한 레거시 미디어?

미디어의 큰 소비층인 Z세대가 레거시 미디어가 아닌, 숏폼플랫폼으로의 이동이 뚜렷하게 보이다 보니 전통 미디어 업체들도 위기의식을 느끼며 숏폼 제작에 하나둘 뛰어들고 있다. 이미 《워싱턴 포스트》와 BBC 뉴스 등 해외의 주요 언론들은 틱톡에 공식 채널을 개설하고 경쟁적으로 숏폼 영상을 만들고 있다.

그중에서도 《바이스 뉴스Vice News》는 틱톡 팔로워 수만 350만명을 기록하며 눈에 띄는 성장을 보이고 있는데, 러시아의 우크라이나 침공 이후 기존에는 보지 못했던 새로운 포맷과 뉴스를 업로드하면서 팔로워가 급성장하고 있다.

특히 기존의 레거시 미디어와 달리 뉴스보다는 기자를 강조하는 방식의 포맷이 유저들에게 신선하게 다가왔는데, 크리에이터 중심인 플랫폼에서 일방적인 정보 전달이 아닌 기자라는 크리에이터의 시선을 따라 정보를 제공하고 유저들과의 소통을 확대하는 방식을 추구한다.

그런데 이런 변화는 해외의 일만은 아니다. 영향력은 아직 적지만, 숏폼플랫폼이 레거시 미디어를 대체하려는 현상은 국내도 동일하다.

한국언론진흥재단에 따르면, SNS로 뉴스를 접하는 20대는 23%로 그 중에서도 유튜브를 통한 뉴스 소비가 43%로 가장 높았다. 틱톡은 아직 점유율이 낮긴 하지만 틱톡으로 뉴스를 접하는 사용자가 증가하는 추세는 해외나 국내나 비슷하다.

다만 해외 언론사와 국내 언론사 간 차이가 있는 것은 해외 언론사들은 자체적으로 공식 채널을 만들어 다양한 사회적 쟁점과 소식을 전달하고 있는 반면, 국내는 언론사들이 존재를 숨기고 버티컬 브랜드를 만들어 새로운 구독층을 확보하기 위해 노력하고 있다는 점이다.

Z세대가 틱톡을 통한 뉴스를 선호하는 이유가 단어가 어렵지 않고 길이가 짧아 원하는 내용을 한번에 이해하기 쉽다는 점에서인데, 언론사임이 드러나면 언론사에 대한 선입견으로 호불호가 갈려 심리적 거리감이 멀어질 수 있기 때문이다. 그래서 먼저 흥미를 유발할 수 있는 콘텐츠 중심으로 독자층을 넓힌 다음에 언론사 브랜드를 알리려는 전략을 펼치고 있다.

Z세대를 향한 숏폼 뉴스를 제작하는 《경향신문》의 '암호명3701'(좌), 《이데일리》의 '하이니티'(우). 모두 기자가 출연하고 Z세대가 좋아할 법한 이야기를 기자의 시선에서 전달한다.

대표적으로 《이데일리》의 '하이니티', 《경향신문》의 '암호명3701', 《한겨레》의 '디스커버리' 등은 모두 기자가 출연해 Z세대가 좋아할 만한 정보를 설명하고 전달하는 점이 특징이다. 위 채널들의 공통점이라 하면 기존의 뉴스와는 다르게 기자의 시선에서 사용자들에게 다양한 시사점을 제시하며 이들과의 소통을 중요시하고 있다는 점이다.

크리에이터 퍼스트,
모두의 놀이터를 꿈꾸는 틱톡

틱톡의 변화는 여기서 그치지 않는다. 레거시 미디어의 소비 방식을 변화시킨 것에 더해 이제는 직접 콘텐츠 제작에도 뛰어들고 있다. 틱톡은 최근 광고주를 위한 새로운 숏폼 동영상 콘텐츠를 제작하고 브랜디드 콘텐츠를 만들기 위해 전 디즈니 CEO 케빈 마이어와 COO 톰 스태그가 이끄는 미국의 미디어 회사인 캔들미디어와 손을 잡았다. 같은 미디어 콘텐츠를 향유하는 회사와 손을 잡다니 틱톡의 행보가 조금 이해가 가지 않는다.

그럼에도 틱톡이 이렇게 다양한 시도를 하는 이유는 유저들의 플랫폼 체류시간을 늘리기 위해서고, 그렇기 위해서 양질의 콘텐츠를 만드는 크리에이터가 필요하기 때문이다. 특히 캔들미디어의 핵심은 배우 리즈 위더스푼이 설립한 콘텐츠 제작사 '헬로 선샤인'이다.

헬로 선샤인은 〈빅 리틀 라이즈〉, 〈프롬 스크래치〉, 〈작고 아름다운 것들〉과 같이 주로 여성 서사 중심의 메가히트작들을 많이 만들었는데, 대부분 원작 소설을 기반으로 만들어진 작품으로 창의적이고 쟁쟁한 크리에이터를 다수 보유하고 있다는 점이 특징이다. 또한 매달 새로운 도서를 추천하는 '#ReesesBookClub'을 통해 다양한 책을 발굴해 출판업계에 상당한 영향을 끼칠 정도로 대규모 커뮤니티를 형성하고 있다는 점도 눈여겨볼 점이다. 결국 틱톡은 헬로 선샤인의 경쟁력 있는 크리에이터들과 협업할 기회가 생겼고, 이들의 스토리텔링을 통해 틱톡의 사용자 기반을 확대할 발판이 생긴 것이다.

실제로 #BookTok은 해시태그 조회수 1,600억 회 이상을 기록할 만큼 틱톡에서 유명한 커뮤니티 중 하나인데, 헬로 선샤인과의 협업을 통해 신진 작가들에게 목소리를 낼 기회를 제공하고 양질의 스토리텔러를 발굴해 더 나아가 이들의 작품을 드라마 혹은 영화화하면서 콘텐츠 시장의 선순환을 유도할 수 있다. 즉, 플랫폼의 화제성을 높여 더 많은 유저의 방문율을 끌어낼 수 있는 것이다.

이외에도 틱톡은 캔들미디어 산하의 콘텐츠 스튜디오들과 협업해 광고주들을 위한 콘텐츠를 만들어 갈 것이고, 광고 시장이 위축되는 분위기에 굴하지 않고 다양한 파트너십을 통해 지속 가능한 매출을 확대할 계획이다.

한 예로 2023년 6월 틱톡은 유니레버와 #CleanTok 파트너십을 발표했는데, 이미 #CleanTok은 해시태그 조회수가 938억 회에 다다를 정도로 틱톡에서 상당히 유명하고 참여율이 높은 커뮤니티 중 하나이다. 사십 주간 진행되는 이번 파트너십을 통해 유니레버는 전 세계 10개국에서 다양한 크리에이터와 청소 콘텐츠를 제작하고, 틱톡은 이 콘텐츠를 큐레이션해 공개하고 있다.

유니레버는 영향력 있는 커뮤니티 유저들의 자발적인 참여를 이끌어

넘과 동시에 영상 속에 자연스럽게 브랜드를 녹여내며 광고 효과도 얻고 틱톡 트래픽도 높이며 서로가 상생하는 전략을 펼치고 있다.

한국에서도 기업과 협업해 새로운 수익을 창출하고자 했던 사례가 있다. 2023년 8월 틱톡은 교보문고와 #BookTok챌린지를 진행했다. 한국에서는 올해 처음으로 교보문고와 틱톡이 함께 진행했던 챌린지인데, 앞서 언급했듯이 #BookTok은 전 세계 50개국 이상에서 진행되는 틱톡의 책 추천 커뮤니티로 이미 해외에서는 #BookTok에서 소개된 도서의 오프라인 구매가 늘어날 정도로 영향력 있는 캠페인이다.

#BookTok에서는 베스트셀러를 소개하거나 인상 깊었던 문구, 서평, 인기 소설의 줄거리 등을 소개하며 모든 형태의 독서 관련 콘텐츠를 다루고 있는데, 매일 #BookTok을 통해 약 19,400개의 콘텐츠가 만들어지고 있고, 콘텐츠의 일일 평균 조회수는 1억 1,500만 회에 이를 만큼 강력한 영향력을 가지고 있다.

#BookTok이 단순히 챌린지에 불과하다고 생각할 수는 있지만 이 챌린지가 중요한 이유는 여전히 크리에이터 퍼스트인 시장에서 #BookTok의 해시태그는 많은 독서 애호가의 영감을 불러일으킬 뿐 아니라 출판 산업이나 미디어 등 다양한 분야로 관심이 확산되며 도서 판매를 촉진할 수 있기 때문이다. 어떻게 보면 영상과 책이 서로 상충한다고 생각하기 쉽지만, 숏폼 콘텐츠를 통해 책과 독서 문화를 알릴 수 있다는 점에서 틱톡과 전통 미디어 기업과의 협업은 계속 확대될 것으로 생각한다.

아직 한국에서는 글로벌 시장 대비 틱톡의 이용 비중이 그렇게 높지는 않다. 다만 여전히 전 세계 Z세대가 가장 활발하고 빈번하게 접속하는 앱이 틱톡인 점은 사실이고, 해외 트렌드를 따라가며 틱톡의 영향력이 점차 한국에서도 빠르게 올라올 것으로 생각한다.

최근 네이버가 숏폼 클립을 전면에 내세우고 개인 맞춤 기술을 강화한 새 앱을 선보일 예정이라고 언급한 것만 봐도 그렇다. 한국인은 구글보다도 네이버에서 검색을 많이 할 정도로 네이버는 한국인의 검색 플랫폼으로 확실하게 자리 잡았음에도 숏폼 시장에 진출한다는 점을 보면 미디어의 소비 트렌드가 이제는 영상, 그것도 숏폼 중심으로 변화하고 있다는 것은 부인할 수가 없다.

네이버는 공식 크리에이터도 모집할 정도로 숏폼 시장에 적극적으로 진출할 준비를 하고 있는데, 크리에이터에 집중하는 이유는 네이버가 2022년 9월 '숏클립'이라는 이름으로 베타 서비스를 시작했을 때 주로 중소사업자들의 판매 지원 도구로 활용되어 왔기 때문이다. 숏클립 콘텐츠의 80%가 네이버에서 물건을 판매하는 중소사업자가 생성한 판매 연계 영상이었던 점이 이를 방증한다.

그런데 이제는 유저들의 플랫폼 체류 시간을 늘리기 위해 일반 크리에이터 모집을 통해 대중성을 잡으려고 하고 있다. 결국 크리에이터 퍼스트인 숏폼 시장에서 틱톡의 영향력은 더 강화될 수밖에 없을 것으로 보인다.

결국 숏폼플랫폼의 성공 여부는 양질의 콘텐츠를 다루는 크리에이터의 존재인데, 그런 점에서 틱톡은 양질의 크리에이터뿐 아니라 전 세계의 기발한 크리에이터들이 자발적으로 모이는 장소이자 다양한 콘텐츠가 끊임없이 생산, 소비되고 그 안에서 새로운 트렌드가 만들어지며 전 세계를 들썩이게 하는 유행을 이끌고 이를 유통하고 있는 유일무이한 플랫폼이다.

그리고 이런 변화의 움직임 속에서 얻을 수 있는 인사이트는 지금과는 다른 방식으로 접근한다면 기업도, 크리에이터도 틱톡에서 수익 창출의 기회를 찾을 수 있다는 것이다. 틱톡은 영상의 길이가 짧으므로 유튜브처럼 영상의 앞이나 중간에 광고를 넣기가 힘든 구조다. 그래서 크리에이터와 기업 간의 협업을 바탕으로 광고 캠페인이 이루어질 수밖에 없고, 틱톡 유저는 다른 플랫폼과는 다르게 영상을 단순히 '시청' 하기 보다는 '참여'하며 영상을 확산시키는 특징이 있기 때문에 유저의 참여를 자연스럽게 유도하는 콘텐츠를 생산할 필요가 있다.

콘텐츠는 더 짧고 재밌게
지금은 숏폼, 틱톡의 시대!

틱톡에는 영상만 재미있다면 언제든 글로벌 시장으로 확산시켜 화제성을 높여줄 준비가 된 수많은 유저가 있으므로 틱톡에서 가장 중요한 것은 영상이 재미있어야 하고, 어떤 커뮤니티의 참여도가 활발하고 파급력이 큰지를 확인할 필요가 있다는 것이다.

인기 있는 해시태그의 사용도 당연히 중요하지만, 틱톡 스티치Stitch 같은 인앱 편집 기능들을 다채롭게 활용해 밈들을 생성하는 것 역시 중요하다. 챌린지뿐 아니라 검색 엔진으로서의 중요성이 높아지고 있는 점을 고려했을 때 유저들이 좋아하고 관련성 있는 키워드를 조사한 후 비디오 캡션이나 화면 텍스트에 통합한 검색 마케팅에도 집중할 필요가 있다.

최근 틱톡은 검색 표시줄 혹은 댓글 섹션의 추천 키워드같이 검색 엔진 기능을 다양화하며 경쟁력을 강화하고 있으므로 검색을 위한 키워드도 고민해봐야 한다. 경쟁이 치열하다고 생각하기에는 여전히 틱톡에는 기업과 크리에이터들이 충분히 수익화할 수 있는 영역이 많이 있다.

페이스북과 유튜브가 출시된 지 아직 20년도 채 되지 않았다. 지난 20년 동안 글에서 사진으로, 다시 영상으로 변화하는 미디어 소비 패턴이 갈수록 빠르고 세부적으로 변하고 있다. 틱톡이 출시된 지는 이제 7년밖에 지나지 않았고, 그 시간 동안 영상은 더 짧은 영상으로 바뀌고 있다.

미디어 시장의 유행은 빠르다. 그만큼 소비자들의 시간은 한정적이고, 짧은 시간에 만족도를 높일 수 있는 콘텐츠를 만들기 위한 시장의 노력은 계속될 것이다. 뉴스를 보도하는 전통 레거시 미디어들이 숏폼 플랫폼으로 진출하고 있고, 틱톡이 더 많은 크리에이터와 협업해 미디어에서 수익 기회를 창출하기 위해 노력하는 부분처럼 말이다.

소비자들의 관심이 옮겨 감에 따라 페이스북이 인스타그램으로, 다시 틱톡으로 변하면서 시장을 선도하는 플랫폼이 바뀌어 온 것처럼 틱톡의 인기가 언제까지 계속될지 모르겠다. 다만 지금 미디어 시장의 중심에 틱톡이 있다는 사실은 분명하다.

숏폼, 첫 3초만 잡아라?
더 빨라지는 콘텐츠!

김가현 | 뉴즈 대표

아나운서, 방송 PD, 기자를 거치며 쌓은 경험을 바탕으로 숏폼플랫폼 기반의 뉴 미디어 기업 '뉴즈'를 설립했다. 이후 인공지능과 증강현실, AR 등 4차 산업혁명 의 중요성을 체감하며 틱톡에서 국내 1호로 테크와 트렌드 채널 〈뉴즈〉를 개설 했다. 숏폼 포맷으로 교육 콘텐츠 제작 및 크리에이터 양성까지 정보성 콘텐츠 의 가능성을 제시하며 파장을 일으켰다. 현재 뇌과학자 장동선 박사, 오상진 아 나운서 등 지식 크리에이터들이 뉴즈에 소속돼 있다.

김가현 대표는 2019년 Decentralized People's Award에서 '올해의 언론인상', 2020년 틱톡 세로광고제 은상, 2021년 클린콘텐츠 캠페인 공모전 과학기술정 보통신부 장관상을 받았다.

틱톡이 대중화됐다지만, 여전히 우리는 틱톡을 음악 중심의 챌린지 영상이 올라오는 10대들의 플랫폼으로 한정 지어 바라보고 있는 것 같습니다. 뉴스 설립 배경이 테크 관련 콘텐츠를 쉽고 재미있게 전달하기 위함인데요.

틱톡이라는 엔터테인먼트 성격의 소셜미디어에서 정보성 콘텐츠를 제작하시게 된 계기가 있나요? 그리고 이런 콘텐츠를 제작하실 때 가장 중요하게 생각하시는 점은 무엇인가요?

팩트 체크가 가장 중요하다고 생각합니다. 뉴스가 제일 중요하게 생각하는 점이 클린 콘텐츠인데요. 자극적인 콘텐츠가 바이럴도 많이 되고, 화제성도 높아서 욕심날 때도 있지만 뉴스의 목표는 10년 뒤 리더가 될 미래 세대가 어떻게 하면 똑똑하게 자랄 수 있을지 방향성을 제시하는 겁니다.

따라서 이 친구들의 미래를 위해 깨끗한 콘텐츠를 제작하는 것이 가장 중요합니다. 그래서 팩트 체크가 가장 중요하고요. 소통을 중요시하기 때문에 팔로워들과 자유롭게 소통하는 콘텐츠 제작에도 신경을 쓰고 있습니다.

○●○○

현재 전 세계적으로 틱톡의 월 순방문자 수는 10억 1천만명 정도입니다. 체류시간도 더 늘어가고요. 한국시장도 사용량이 대폭 늘어났지만 체감 인기는 인스타그램 대비 높지 않은 것 같은데요. 콘텐츠와 IT 소셜미디어가 강한 한국에서 틱톡이 글로벌 시장 대비 대중화가 더디게 이루어지는 이유가 어디에 있다고 생각하시나요?

플랫폼마다 핵심 타깃이 다릅니다. 2030세대 여성을 타깃으로 한다면 인스타그램, 1020세대가 타깃이라면 틱톡을 메인 플랫폼으로 사용하는 것처럼 말이죠. 다만 주목할 점은 숏폼이 삶의 많은 부분을 변화시키고 있다는 것입니다.

대로변의 광고판을 보시면 디지털 사이니지가 '세로'로 바뀌고 있고, 옥외광고도 다 '세로' 디스플레이로 바뀌고 있습니다. 세로형 디스플레이에 나오는 콘텐츠가 중요해지고 있다는 점인데요. 그러다 보니 숏폼 영상에 대한 수요가 늘어날 수밖에 없고, 앞으로도 그 수요는 더 많아질 수밖에 없습니다.

콘텐츠의 흥행 여부는 매력적인 스토리텔러, 즉 크리에이터에게서 나온다고 생각합니다. 실제로 많은 크리에이터들이 숏폼 시장에 뛰어들고 있는데요. 한편으로는 그만큼 경쟁이 치열해지면서 과거만큼 성장 기회가 많이 있을까 고민되기도 합니다. 여전히 틱톡은 도전하기 유효한 시장이라고 보나요? 만약 그렇다면, 틱톡에서 경쟁력 있는 크리에이터로 성공하기 위해서는 어떤 점이 필요할까요?

본인만의 이야기가 있어야 합니다. 크리에이터는 콘텐츠를 끊임없이 만들어 내고, 기획해야 합니다. 당연히 본인의 이야기가 없으면 한계가 올 수밖에 없어요. 나만의 경험담이나 나만의 스토리가 많은 사람, 나만의 전문성을 보여줄 수 있는 사람이 경쟁력 있는 크리에이터로서의 자질을 갖췄다고 봅니다.

콘텐츠 측면에서 재미있는 점은 대중들이 숏폼 콘텐츠에 집중하는 시간이 점점 짧아지고 있다는 거예요. '첫 3초만 잡아라'라는 말이 있습니다. 쇼츠의 한방은 추천 피드에 떴을 때 손가락으로 다음 영상으로 올리냐 내리냐에서 결정되는데, 다음 영상으로 넘길지 판단하는 시간이 3초라고 합니다.

그래서 3초 안에 대중을 사로잡아야 하는데 지금은 1.5초가 되고 있어요. 그리고 컷 전환도 2초에서 지금은 1.5초, 그리고 1초 텀으로 점점 빨라지고 있어요. 더 빨리, 대중을 사로잡을 만한 내용의 콘텐츠가 중요합니다.

페이스북, 인스타그램, 유튜브의 성장 로드맵을 보면, 통상 유저 트래픽이 늘어나면서 프로 크리에이터들이 유입되고 그 유입으로 다시 유저 트래픽과 시너지가 납니다. 그렇게 플랫폼에 사람들이 확장되면 기업들의 마케팅이 시작되는데요.
물론 글로벌 기업인 현대자동차나 삼성전자가 틱톡에서 글로벌 캠페인을 하기 시작한 지는 오래전이지만, 최근 한국시장에서도 기업들의 틱톡 마케팅에 대한 움직임이 있어 보입니다. 구체적으로 어떤 산업군과 기업들이 어떠한 방식으로 마케팅을 진행하고 있는지요?

대기업들은 과거에도 마케팅을 많이 진행해왔었고요. 올해는 패션쪽 광고가 많은 편이고, 최근에는 금융권에서도 연락이 올 정도로 정말 다양한 산업군에서 틱톡 마케팅을 진행하고 있습니다.

틱톡은 영상 길이가 짧아서 기업 마케팅에서 불리하지 않을까 생각하실 수도 있는데요. 오히려 영상 길이가 짧아서 제작과 편집이 수월하고, 조회수도 롱폼 영상 대비 높고, 알고리즘을 통해 확산 속도도 빠릅니다.

기업들은 계정을 자체적으로 운영하면서 관련 내용을 아카이빙할 수 있다는 이유 때문에도 선호하기도 하고요. 예를 들면, 넷플릭스는 콘텐츠의 하이라이트 부분을 틱톡 클립 영상으로 공개해 흥미를 유발해 풀버전 영상을 보도록 유인하기도 하고요.

〈CU [씨유튜브]〉는 정말 빠르게 성장했는데, 롱폼은 백만 뷰 이하이지만 쇼츠 조회수는 대부분 천만 뷰가 넘습니다. 쇼츠가 바이럴이 더 높고 조회수는 10배가 높아요. 이러니 기업들이 숏폼 마케팅을 안 할 수 없는 거죠. 특히 숏폼은 하나의 콘텐츠만 만들면 쇼츠, 릴스, 틱톡 모든 플랫폼에서 다 호환이 되기 때문에 롱폼 대비 제작 측면에서도 훨씬 매력이 높기도 하고요.

최근에는 팝업스토어 광고가 많은데 틱톡을 통해 팝업스토어의 방문을 높여 화제성을 높이기도 합니다. 과거에는 패션, 음식과 같이 한정된 산업 분야에서만 광고가 이루어졌다면, 최근에는 금융권까지 카테고리가 다양해지고 있습니다.

감사의 말

마지막으로 우리 저자들은 Super Ego, Jin, S.O, K Jin, 이송현님, 함경재님, 박상욱님, 한서이님, 이몽룡님, 우리집 박사님, 우리집 교수님, 우리집 유학생, 피식대학 정재형님, 강윤성 감독님, 김민석 대표님, 이현숙 대표님, 김주미 상무님, 이운산 배우님, 권율 배우님, 강숙경 작가님, 이현송 대표님 남기형 배우님, 이희대 교수님, 이우영 교수님, 이근재 교수님, 개그맨 송준근, 정범균님, 박수진, 신정은, 정보경 기자님, 손희애님, 신병규님, 강보성님, 하희봉님, 이재효님, 강정수님, 김기훈님, 신현범님, 정연준 대표님, 김건우 대표님, 박정수 대표님, 이미래 대표님, 장이지 대표님, 성우 김혜성님, 김재희 PD님, 유튜버 주연님, 유튜버 LEEPLAY님, 최서영님, 무철부부님, 절대광자님, 이권복님, 황헬린님, 하봄님, 렛츠교우님, 틱톡커 미인님, 민현님, 쿨언니님, 나기님, 짧짓수님, 리군님, 리제님, 호기님, 연우님, 김용호 작가님, 김가현 대표님, 차우진 평론가님, 태윤정 대표님, 김희수 작가님, 한정훈 대표님, 최원준 대표님, 김상균 교수님, 이호성 대표님, 이소라 팀장님, 신새미 팀장님, 이승우 상무님, 오동진 위원장님, 김태훈 선배님, 최성은님, 연희재님, 남한길님, 김요한님, 박희록님, 이영제님, 허선님, 김민정님, 채혜지님, 권빛나님, 오제욱 대표님, 이주연 연구원님, 이정훈님, 김정현님, 조형석님, 박정엽님, 허영주님, 김봉제님, 이상협님, 빈쭈님, 박준휘 대표님, 송은주 이사님, 안소연님, 최하나 변호사님, 그리고 미래의창 김성옥 주간님과 김다울 과장님께 가장 큰 고마움을 전한다.

노가영, 선우의성, 이현지, 주혜민

2024 콘텐츠가 전부다

초판 1쇄 발행 2023년 11월 17일
초판 2쇄 발행 2023년 12월 21일

지은이 노가영 · 선우의성 · 이현지 · 주혜민
펴낸이 성의현
펴낸곳 (주)미래의창

주간 김성옥
책임편집 김다울
디자인 공미향 · 강혜민

출판 신고 2019년 10월 28일 제2019-000291호
주소 서울시 마포구 잔다리로 62-1 미래의창빌딩(서교동 376-15, 5층)
전화 070-8693-1719 **팩스** 0507-0301-1585
홈페이지 www.miraebook.co.kr
ISBN 979-11-92519-95-1 (03320)

※ 책값은 뒤표지에 표기되어 있습니다.

생각이 글이 되고, 글이 책이 되는 놀라운 경험. 미래의창과 함께라면 가능합니다.
책을 통해 여러분의 생각과 아이디어를 더 많은 사람들과 공유하시기 바랍니다.
투고메일 togo@miraebook.co.kr (홈페이지와 블로그에서 양식을 다운로드하세요)
제휴 및 기타 문의 ask@miraebook.co.kr